AI로 경영을 혁신하라

AI로
경영을 혁신하라!

양회창 지음

도서출판 새빛
AEVIT

AI와의 공생 시대

21세기에 접어들면서 인공지능(AI)은 단순한 기술 혁신을 넘어 사회 전반에 걸친 변화를 주도하는 핵심 동력으로 자리 잡았습니다. 우리는 이제 AI와의 공생 시대에 살고 있으며, 이는 단순한 자동화 도구가 아니라 우리의 사고방식과 행동 양식을 변화시키는 촉매제가 되고 있습니다. 이러한 변화는 개인의 일상에서부터 조직의 전략적 의사결정에 이르기까지 광범위하게 나타나고 있으며, AI와 인간의 협력 가능성을 새롭게 조명하고 있습니다.

왜 이 책을 쓰게 되었는가

제가 AI에 대한 관심을 갖게 된 건 일반인뿐 아니라 기업인, 교수들까지도 자신의 전문 지식을 충분히 활용하지 못하는 현실을 보면서 시작되었습니다. 제가 직접 경험해 보니 AI를 학습하고 적용하면 누구나 더 전문적이고 효율적인 문제 해결이 가능하다는 확신이 들었습니다. 특히, 회사나 학교 내부의 문제를 효과적으로 접근하지 못한 사례를 많이 접했고, 그때마다 예산을 투입하기 전 전략을 수립하고 시뮬레이션을 실행하지 않아 실패하는 경우를 빈번히 목격했습니다. AI를 통해 다양한 사전 진단이 가능하다는 점을 발견하면서, 최대한 AI의 발전 속도를 따라가지 않으면 도태될 수밖에 없다는 절박함을 가지게 되었습니다.

AI가 우리의 사고를 변화시키는 방식

AI는 단순히 데이터를 처리하는 도구를 넘어, 우리의 사고방식과 문제 해결 방식을 근본적으로 변화시키고 있습니다. 인간은 기존에 없던 새로운 질문을 던지고, AI는 이에 대한 답변을 제공합니다. 이는 인간과 AI 간의 상호작용이 단순히 정보의 전달이 아니라, 새로운 형태의 사고를 촉진하는 과정임을 보여줍니다.

첫째, AI는 정보 접근성을 확대함으로써 인간의 사고 범위를 확장하고 있습니다. 과거에는 많은 양의 데이터를 처리하거나 복잡한 문제를 해결하는 데 시간이 오래 걸렸지만, 이제는 AI의 도움으로 즉각적인 통찰을 얻을 수 있습니다. 예를 들어, 기업 경영진은 AI를 활용하여 시장 트렌드를 분석하고, 소비자의 행동 패턴을 예측하며, 이를 기반으로 더 나은 의사결정을 내릴 수 있습니다. 이러한 변화는 단순히 정보를 빠르게 얻는 것을 넘어, 인간의 사고 과정을 더욱 체계적으로 만들고 있습니다.

둘째, AI는 창의적 사고를 촉진하는 도구로 사용되고 있습니다. 과거에는 창의적 작업이 인간만의 영역으로 여겨졌으나, 오늘날 AI는 예술, 디자인, 문학 등 다양한 분야에서 창의성을 발휘하고 있습니다. 예를 들어, AI는 소설의 줄거리를 생성하거나 음악 작곡을 지원하는 데 활용되고 있으며, 이는 인간의 창의적 아이디어를 보완하고 새로운 영감을 제공하고 있습니다. 이러한 협력은 인간의 창의성을 제한하는 것이 아니라, 오히려 확장하는 역할을 합니다.

셋째, AI는 문제 해결 방식을 혁신적으로 변화시키고 있습니다. 기존의 문제 해결 방식은 주로 인간의 직관과 경험에 의존했지만, AI는 데이터 기반의 분석과 예측을 통해 더 과학적이고 체계적인 접근을 가능하게 합니다. 예를 들어, 금융 분야에서는 AI가 시장 데이터를 분석하여 투자 전략을 제안하거나, 위험 요소를 미리 감지하는 데 사용되고 있습니다. 이는 인간이 기존에 경험하지 못한 새로운 관점을 제공함으로써, 더 나은 결과를 도출할 수 있도록 돕습니다.

AI가 우리의 행동을 변화시키는 방식

AI는 단순히 우리의 사고를 변화시키는 데 그치지 않고, 우리의 행동 방식에도 큰 영향을 미치고 있습니다. 이는 개인의 일상적인 선택부터 조직의 전략적 행동까지 모든 수준에서 나타납니다.

첫째, AI는 개인의 행동을 더욱 효율적이고 체계적으로 만듭니다. 예를 들어, 스마트폰에 내장된 AI 비서(예: Apple의 Siri, Google Assistant)는 사용자에게 맞춤형 일정을 추천하거나, 교통 상황을 실시간으로 분석하여 최적의 경로를 제안합니다. 이러한 기능은 사용자가 더 적은 시간과 노력으로 더 많은 작업을 완료할 수 있도록 돕고 있습니다.

둘째, AI는 조직의 행동 방식을 혁신적으로 변화시키고 있습니다. 기업은 AI를 통해 업무 프로세스를 자동화하고, 생산성을 극대화하며, 비용을 절감할 수 있습니다. 예를 들어, 제조업에서는 AI를 활용하여 예측 유지보수를 수행함으로써 기계 고장을 사전에 방지하고 생산성을 높이고 있습니다. 또한, 고객 서비스 분야에서는 챗봇이 고객의 문의를 실시간으로 처리하여 고객 만족도를 향상하고 있습니다.

셋째, AI는 사회적 행동에도 영향을 미치고 있습니다. 예를 들어, AI는 소셜 미디어 플랫폼에서 사용자에게 맞춤형 콘텐츠를 제공함으로써 개인화된 경험을 제공합니다. 이는 사용자의 참여도를 높이는 동시에, 정보 소비 방식을 변화시키고 있습니다. 그러나 이러한 개인화된 콘텐츠는 동시에 정보의 다양성을 제한할 위험이 있으므로, 이를 균형 있게 활용하는 것이 중요합니다.

AI와 함께하는 미래

AI와의 공생 시대는 우리에게 도전과 기회를 동시에 제공합니다. AI는 사고와 행동을 근본적으로 변화시키고 있으며, 이는 개인과 조직, 그리고 사회 전반에 걸쳐 긍정적인 영향을 미치고 있습니다. 하지만 AI의 부작용과 한계를 인식하고 이를 보완하기 위한 노력이 필요합니다.

AI와 인간의 협력은 단순한 기술적 혁신을 넘어 더 나은 미래를 만들어가는 과정입니다. 이를 위해 우리는 AI를 단순한 도구로 여기는 것을 넘어 신뢰할 수 있는 파트너로 받아들여야 합니다.

이 책은 AI와의 협력을 통해 문제를 해결하는 새로운 방법을 제시하고자 합니다. 특히, ChatGPT와 Perplexity와 같은 다양한 AI 도구를 활용하여 독자들이 실질적인 활용 방법을 이해할 수 있도록 돕고자 합니다. AI와 함께 더 나은 세상을 만들어가고자 하는 여정에 여러분을 초대합니다.

CONTENTS

PART 2

경영 전략 기법을 활용한
실전 프로세스 프롬프팅

6장. 전략 및 기획 프로세스 프롬프팅

7장. 운영 및 품질 프로세스 프롬프팅

CONTENTS

PART 3

프롬프팅을 통한 문제 해결 여정과 혁신

PART 1

AI와
프롬프팅의 이해

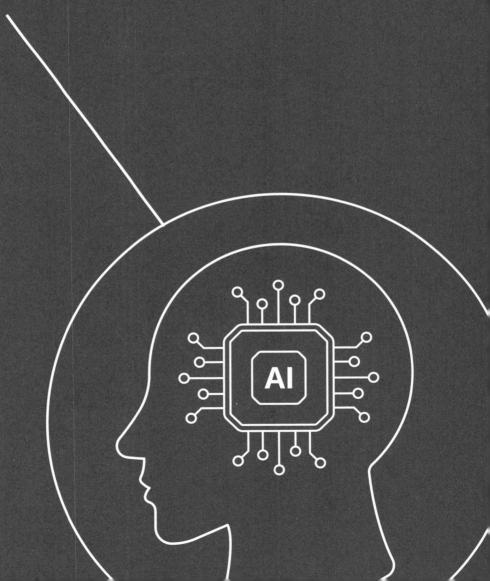

AI의 작동 원리와 활용법

1. AI의 기본 원리: 생성형 AI의 작동 방식

인공지능(AI)은 데이터를 기반으로 학습하고, 이를 바탕으로 새로운 정보를 생성하거나 분석하는 기술입니다. 특히, GPT와 같은 생성형 AI는 언어 모델의 일종으로, 많은 양의 텍스트 데이터를 학습하여 사람과 유사한 수준의 언어 이해와 생성 능력을 보여줍니다.

생성형 AI의 작동 원리를 이해하기 위해서는 세 가지 핵심 개념을 살펴봐야 합니다.

가. 데이터 학습
- 생성형 AI는 대규모 데이터 세트를 기반으로 학습하며, 텍스트의 패턴, 구조, 의미를 이해합니다.
- 뉴스 기사, 책, 대화 등 다양한 텍스트 데이터를 통해 AI는 언어의 문법, 문맥적 의미, 단어 간의 연관성을 학습합니다.

나. 신경망 구조

- 생성형 AI는 딥러닝 기술을 활용하며, 다층 신경망을 통해 텍스트를 처리합니다.
- 특히, GPT 모델은 트랜스포머(Transformer)라는 아키텍처를 사용하여 문맥을 효과적으로 이해하고[1], 이전 입력값을 기반으로 다음 단어를 예측합니다.

다. 생성과 최적화

- 생성형 AI는 입력된 프롬프트에 따라 가장 적합한 출력을 생성하기 위해 확률 기반의 계산을 수행합니다[2].
- AI는 다양한 가능성을 고려하며, 가장 자연스러운 결과를 제안합니다.

2. 생성형 AI의 다양한 활용 사례

생성형 AI를 활용한 사례는 다양한 분야에서 찾을 수 있습니다. 아래의 내용은 그 중 비교적 많이 활용되는 내용을 정리했습니다.

그림 1.1 생성형 AI의 다양한 활용 사례

1. Vaswani, A. (2017). Attention is all you need. Advances in Neural Information Processing Systems.

2. Brown, T., Mann, B., Ryder, N., Subbiah, M., Kaplan, J. D., Dhariwal, P., ... & Amodei, D. (2020). Language models are few-shot learners. Advances in neural information processing systems, 33, 1877-1901.

가. 콘텐츠 생성

- 블로그 글, 소셜 미디어 게시물, 마케팅 카피 등을 생성하는 데 활용됩니다.
- 예를 들면, 기업이 AI를 이용해 고객 맞춤형 이메일 마케팅 콘텐츠를 자동 생성합니다.

나. 번역 서비스

- AI 기반 번역 도구는 언어 간의 장벽을 허물고 글로벌 커뮤니케이션을 촉진합니다.
- 예를 들면, Google 번역 및 DeepL이 AI 모델을 활용해 문맥 기반의 정확한 번역을 제공합니다.

다. 교육과 학습 지원

- 학생들에게 맞춤형 학습 자료를 제공하거나, 복잡한 주제를 쉽게 이해할 수 있도록 돕습니다.
- 예를 들면, AI 기반 튜터링 시스템이 학생의 학습 패턴을 분석하고 맞춤형 교육 계획을 제공합니다.

라. 창의적 작업

- 음악 작곡, 그림 그리기, 소설 작성 등 창의적인 작업에도 활용됩니다.
- 예를 들면, OpenAI의 DALL·E가 사용자의 텍스트 설명을 기반으로 창의적인 이미지를 생성합니다.

3. AI와 인간의 협력적 사고 과정

AI는 인간의 사고와 의사결정을 보조하는 강력한 도구로, 협력적 사고 과정을 통해 새로운 가능성을 열어줍니다[3].

데이터 분석과 통찰 제공	의사결정 지원
창의적 문제 해결	반복 작업의 자동화

그림 1.2 AI와 인간의 협력적 사고 과정

가. 데이터 분석과 통찰 제공
- AI는 데이터를 빠르게 분석하고 유의미한 패턴을 찾아냅니다.

나. 의사결정 지원
- AI는 복잡한 문제를 구조화하고, 다양한 해결책을 시뮬레이션하여 최적의 선택을 제안합니다.

다. 창의적 문제 해결
- AI는 기존 데이터와 인간의 입력을 기반으로 창의적인 아이디어를 생성하는 데 도움을 줍니다.

라. 반복 작업의 자동화
- AI는 반복적이고 시간이 많이 소요되는 작업을 자동화함으로써 인간

---

3. Lee, M. C., Scheepers, H., Lui, A. K., & Ngai, E. W. (2023). The implementation of artificial intelligence in organizations: A systematic literature review. Information & Management, 60(5), 103816.

이 더 고차원적인 작업에 집중할 수 있도록 돕습니다.

4. 협력적 사고 과정의 실제 사례

다양한 산업과 업종에서 AI와의 협력적 사고 과정이 알려지고 있습니다. 아래에는 이 중 일부 산업의 예를 들었으며 여러분의 업종과 분야에서도 이런 실제 사례를 찾아낼 수 있을 겁니다.

가. 의료 산업

• AI는 방대한 의료 데이터를 분석하여 질병 진단과 치료법을 제안합니다. 예를 들면, 병원에서는 AI를 활용해 환자의 의료 기록을 분석하고 최적의 치료 방법을 추천하는 데 도움을 줍니다.

나. 금융 산업

• 금융 기관은 AI를 활용해 시장 데이터를 분석하고 투자 전략을 수립합니다. 예를 들면, AI는 주식 시장의 과거 데이터를 분석하여 투자자들에게 최적의 매수·매도 시점을 제안합니다.

다. 교육

• AI는 맞춤형 학습을 지원하며, 학생들의 학업 성과를 개선하는 데 이바지합니다. 예를 들면, AI 기반 학습 플랫폼은 학생 개개인의 학습 패턴을 분석하여 맞춤형 학습 콘텐츠를 제공합니다.

라. 스마트 도시 관리

• AI는 교통, 에너지, 안전 관리 등 스마트 도시의 핵심 요소를 최적화

합니다. 예를 들면, AI는 실시간 교통 데이터를 분석하여 신호 체계를 조정하고 교통 체증을 줄이는 데 이바지합니다.

AI의 기본 원리와 인간과의 협력적 사고 과정을 이해하면, AI를 보다 효과적으로 활용할 수 있습니다. GPT와 같은 생성형 AI는 다양한 분야에서 가치를 창출하고 있으며, 올바른 프롬프팅 전략을 적용하면 더욱 효율적인 결과를 도출할 수 있습니다. 앞으로 AI 기술의 발전에 따라 협력의 범위는 더욱 확대될 것이며, 이를 통해 조직의 혁신을 가속할 수 있습니다. 이 장에서는 AI의 기본 원리와 협력적 사고 과정을 살펴보았으며, 이를 바탕으로 AI와 함께하는 미래의 가능성을 열어가는 첫걸음을 디뎠습니다.

다음 장에서는 ChatGPT 가입 및 설정에 대해 알아보도록 하겠습니다.

ChatGPT 알아보기

1. ChatGPT 가입 및 로그인

ChatGPT 가입 및 로그인 절차는 아래와 같습니다. 차례대로 따라 하시면 쉽게 가입하고 로그인할 수 있습니다.

가. 가입 절차 개요

그림 2.1 ChatGPT 가입 및 로그인 방법

- ChatGPT의 다양한 기능을 활용하려면 먼저 계정을 생성해야 합니다. 가입 과정은 간단하며, 이메일 주소와 기본 정보를 입력하는 절차로 진행됩니다.

나. 계정 생성 방법

- ChatGPT 웹사이트(https://openai.com/chatgpt)에 접속합니다.
- '가입' 버튼을 클릭한 후 이메일 주소를 입력합니다.
- 이메일 인증을 완료하고, 비밀번호를 설정합니다.
- Google, Microsoft 계정을 이용한 간편 로그인 옵션도 제공됩니다.

그림 2.2 계정 생성 페이지 예시

다. 로그인 및 계정 보안 설정

- 계정 보안을 강화하기 위해 2단계 인증(2FA)을 설정하는 것이 권장됩니다.
- 비밀번호 재설정 및 계정 복구 방법을 사전에 숙지해 두면 유용합니다.

- 가입 과정 중 발생할 수 있는 문제 해결을 위한 FAQ 참고가 가능합니다.

2. 유료 버전 등록 및 기능 비교

많은 생성형 AI들이 무료로 일부 사용이 가능하지만, 무료는 결과물에 한계가 있는 것이 많고, 사용자가 무료 버전을 사용하다 실망하고 AI 학습을 포기하는 경우가 많습니다. AI를 활용해서 원하는 목적을 달성하려면 어쩔 수 없이 유료 사용이 효과적임은 부인할 수 없습니다. 그러나 작업을 해보고 어느 정도 확신이 섰을 때 단기간 유료 사용을 하시는 것이 훨씬 바람직합니다.

가. ChatGPT 무료 vs 유료(Plus) 비교
- 무료 버전은 기본적인 텍스트 생성 기능을 제공하지만, 유료 버전(Plus)은 고급 AI 모델 사용, 우선적 응답 속도, 향상된 성능을 제공합니다.

무료	유료
• GPT 4o mini에 액세스 • 표준 음성 채팅 • GPT-4o에 제한적 액세스 • 파일 업로드, 고급 데이터 분석, 웹 검색, 이미지 생성 등에 제한적 액세스 • 맞춤형 GPT 사용	• 모든 것이 무료 • 메시지, 파일 업로드, 고급 데이터 분석, 이미지 생성에 한도 증가 • 고급 음성 및 영상 입력에 액세스 • o1 및 o1-mini에 제한적 액세스 • 새 기능 테스트 기회 • 프로젝트를 생성, 사용하고 GPT를 맞춤 설정하세요 • Sora 영상 생성에 제한적 액세스

그림 2.3 무료 및 유료 사용자 혜택 비교

나. 결제 방법 및 플랜 선택
- 결제는 신용카드 및 PayPal을 통해 가능하며, 월간 또는 연간 구독

옵션을 선택할 수 있습니다.

다. 유료 기능 활용법

• 유료 플랜을 통해 더 긴 텍스트 생성, 고급 분석, API 사용 등의 기능을 활용할 수 있습니다.

라. 구독 취소 및 환불 정책

• 구독 취소는 계정 설정에서 언제든지 가능하며, 환불 정책은 구매 후 14일 이내로 적용됩니다.

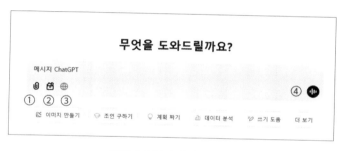

그림 2.4 인터페이스 소개

① 파일첨부: 압축하지 않는 경우 10개의 파일(512M 이내)을 업로드할 수 있습니다.

② 도구모음: 그림, 검색, 논리적 설명(o1 사용), 캔버스를 설정할 수 있습니다.

③ 검색: Bing 기반의 웹 검색이 가능합니다.

④ 음성모드: 음성모드로 프롬프트를 입력할 수 있습니다.

3. GPT 맞춤 설정

GPT 맞춤 설정이 필요한 이유는 사용자의 특정 요구사항을 충족하고, 보다 효율적이고 정교한 결과를 도출하기 위함입니다. 맞춤 설정을 통해 사용자의 목적과 관심사에 최적화된 정보를 제공할 수 있으며, 이를 통해 업무 생산성과 학습 효율성을 극대화할 수 있습니다. 또한, GPT의 응답 방식과 표현 스타일을 사용자의 선호에 맞게 조정함으로써 보다 직관적이고 만족스러운 사용자 경험을 제공합니다.

그림 2.5 ChatGPT 설정 및 맞춤 설정

가. 사용자 인터페이스 설정

사용자가 선호하는 인터페이스 레이아웃을 선택하고, 글꼴 크기 및 테마를 조정할 수 있습니다.

나. 대화 스타일 및 톤 조정

원하는 응답 스타일(예: 친근함, 공식적)을 설정하여 더욱 맞춤형 응답을 받을 수 있습니다.

다. 프롬프트 최적화 기본 설정

프롬프트 예시를 활용하여 원하는 답변을 더욱 효과적으로 얻을 수 있도록 조정합니다.

라. 맞춤형 학습을 위한 설정 팁

GPT의 성능을 최적화하기 위해 사용자 데이터를 분석하여 패턴을 학습할 수 있습니다.

4. GPTs 이용하기와 내 GPTs 만들기

GPTs를 이용하고 직접 맞춤형 GPTs를 만드는 것은 현대의 다양한 업무 및 학습 환경에서 더욱 효과적인 문제 해결과 생산성 향상을 위해 필수적입니다. 이를 통해 사용자는 방대한 정보를 신속하게 처리하고, 개별적인 요구사항에 맞춘 최적의 솔루션을 도출할 수 있습니다.

이용자들이 사전에 만들어 제공하는 GPTs는 광범위한 데이터를 기반으로 즉각적인 정보 제공, 분석, 자동화를 지원합니다. 이를 활용하면 복잡한 의사결정 과정이 단순화되고, 반복적인 작업이 자동화됨으로써 시간과 비용을 절감할 수 있습니다. 또한, GPTs는 다양한 분야의 콘텐츠 생성, 학습 보조, 비즈니스 전략 수립 등 여러 방면에서 활용할 수 있어 전문성을 높이는 데 이바지합니다.

반면, 특정한 요구사항을 충족하기 위해서는 사용자의 목표와 환경에 최적화된 맞춤형 GPTs가 필요합니다. 조직의 내부 데이터를 반영하거나, 특정 업무 흐름과 용어를 적용함으로써 더욱 정교하고 효율적인 작업이 가능해집니다. 맞춤형 GPTs를 통해 브랜드의 톤을 유지하고, 일관된 커뮤니케이션을 제공하며, 특정한 문제 해결을 위한 전문적인 지원이 가능합니다.

결론적으로, GPTs를 이용하는 것은 빠른 적용과 전반적인 효율성을 높이는 데 도움을 주고, 내 GPTs를 만드는 것은 특정 요구에 맞춘 최적화된 솔루션을 제공하여 더욱 정밀한 결과를 도출할 수 있도록 합니다. 두 가지를 적절히 활용함으로써 개인 및 조직의 목표를 효과적으로 달성할 수 있습니다. 지금부터 내 GPTs 만들기를 중심으로 설명하겠습니다.

가. GPT 커스터마이징의 개념

GPT를 특정 목적에 맞게 커스터마이징하여 다양한 작업에 활용할 수 있습니다.

나. GPTs 생성 방법 및 활용 사례

GPTs 만들기는 간단한 프롬프트와 설정을 통해 가능하며, 고객 지원, 교육 콘텐츠 제작 등 다양한 분야에서 활용할 수 있습니다.

다. API 연동 및 비즈니스 적용

기업 환경에서는 API를 활용하여 워크플로우 자동화 및 데이터 분석 기능을 통합할 수 있습니다.

라. 사용자 지정 데이터 적용 방안

특정 데이터를 활용하여 맞춤형 GPT를 개발할 수 있으며, 이를 통해 비즈니스 인사이트 도출이 가능합니다.

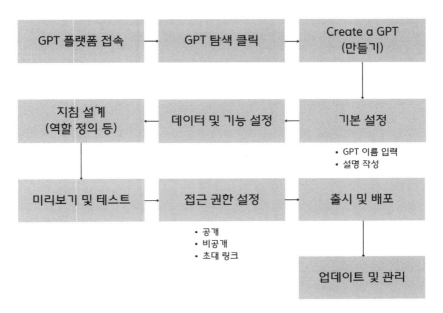

그림 2.6 GPTs 생성 절차

2장의 내용을 요약하면 다음과 같습니다. 먼저, ChatGPT를 활용하려면 먼저 계정을 생성하고, 보안 강화를 위한 2단계 인증(2FA) 설정이 필요합니다. 가입 과정은 간단하며, 이메일이나 Google, Microsoft 계정을 통해 빠르게 진행할 수 있습니다. 유료 버전(Plus)은 무료 버전에 비해 고급 기능과 빠른 응답 속도를 제공하며, 신용카드 또는 PayPal을 통해 결제가 가능합니다. 사용자 맞춤 설정을 통해 인터페이스, 대화 스타일, 프롬프트를 최적화할 수 있으며, 필요에 따라 GPTs를 생성해 다양한 비즈니스 및 개인 용도로 활용할 수 있습니다. 다음 장에서는 프롬프트 엔지니어링의 기본 원리에 대해 심층적으로 탐구하겠습니다.

3장

프롬프트 엔지니어링의 기본

1. 프롬프팅의 정의와 핵심 요소

프롬프팅은 인공지능(AI)이 정확하고 유용한 결과를 생성할 수 있도록 적절한 입력을 제공하는 과정입니다. 단순히 질문을 던지는 것이 아니라, AI가 최적의 답변을 도출할 수 있도록 구조적이고 체계적인 방법론을 적용해야 합니다. 효과적인 프롬프팅을 위해서는 AI의 특성과 작동 방식을 충분히 이해하고, 원하는 목표를 명확히 설정해야 합니다. 특히, AI가 학습한 데이터와 패턴을 바탕으로 최적의 결과를 도출할 수 있도록 다양한 접근 방식을 검토해야 합니다.

프롬프팅의 핵심요소는 다음과 같습니다.

그림 3.1 프롬프팅의 핵심 요소

- **명확성**(Clarity): 모호하지 않고 구체적인 표현을 사용해야 합니다. 명확한 질문을 통해 AI가 올바른 방향으로 답변을 생성할 수 있도록 유도합니다.
- **간결성**(Conciseness): 불필요한 정보를 제거하고 핵심 내용만 포함해야 합니다. 간결한 프롬프트는 처리 속도를 높이고 명확한 결과를 얻는 데 도움이 됩니다.
- **관련성**(Relevance): AI의 목적과 일치하는 정보를 제공해야 합니다. 목표와 관련이 없는 질문을 피하고, 필요한 정보만을 포함하도록 합니다.
- **적응성**(Adaptability): AI의 반응에 따라 프롬프트를 조정할 수 있는 유연성을 갖춰야 합니다. AI의 응답 패턴을 모니터링하고 지속해서 최적화를 진행해야 합니다.
- **구조화**(Structure): 프롬프트는 논리적인 흐름을 갖추고 있어야 하며, 필요에 따라 세분된 질문을 구성할 수 있어야 합니다.

2. 효과적인 프롬프트 작성의 원칙

효과적인 프롬프트를 작성하기 위해서는 AI가 제공하는 정보를 올바르게 해석하고, 기대하는 결과를 명확하게 정의해야 합니다. 이를 위해 프롬프트 작성자는 문제의 본질을 깊이 이해하고, AI의 제한사항과 강점을 고려한 입력을 설계해야 합니다. 또한, 프롬프트는 명확하고 간결해야 하며, 구체적인 지침을 포함해야 합니다. 이를 통해 AI는 혼란을 최소화하고, 정확하고 유용한 응답을 생성할 수 있습니다.

AI 프롬프팅의 효과를 극대화하기 위해 다음과 같은 주요 원칙을 준수해야 합니다. 첫째, 프롬프트는 명확한 목표를 가져야 합니다. 둘째, 필요하지 않은 요소를 배제하고 핵심 내용을 강조해야 합니다. 셋째, 프롬프트는 AI의 능력을 최대한 활용할 수 있도록 설계되어야 하며, 피드백을 통해 지속해서 개선될 수 있어야 합니다.

이를 위해 두 가지 대표적인 프레임워크를 적용할 수 있습니다.

가. CLEAR 프레임워크

CLEAR 프레임워크는 AI의 효율적인 응답을 유도하기 위해 다섯 가지 핵심 원칙을 제시합니다[4]. 이 프레임워크는 주로 데이터 분석, 고객 서비스 자동화, 콘텐츠 생성 등의 다양한 AI 응용 분야에서 활용됩니다.

- C (Concise, 간결함): 짧고 간결하게 표현하여 핵심을 전달해야 합니다.

---

4. Somerville, J. G., Jonuscheit, S., & Strang, N. C. (2023). Framework analysis for Vision Scientists: A clear step-by-step guide. Scandinavian Journal of Optometry and Visual Science, 16(1), 1-22.

- L (Logical, 논리적임): 논리적인 구조로 프롬프트를 구성해야 합니다.
- E (Explicit, 명확함): 불분명한 표현을 피하고 구체적인 지침을 제공해야 합니다.
- A (Actionable, 실행 가능함): AI가 즉각적으로 실행할 수 있는 명령을 포함해야 합니다.
- R (Relevant, 관련성): 주제와 관련된 정보를 제공해야 합니다.

그림 3.2 CLEAR 프레임워크

나. CO-STAR 프레임워크

CO—STAR 프레임워크는 AI 기반 시스템이 효과적인 결과를 제공할 수 있도록 프롬프트를 체계적으로 작성하는 데 활용되며, 프롬프트 작성 시 고려해야 할 여섯 가지 요소를 제시합니다[5]. 이 프레임워크는 비즈니스 인텔리전스, 고객 상호작용 자동화, 제품 추천 시스템 등 다양한 AI 응용 분야에서 주로 사용됩니다.

그림 3.3 CO-STAR 프레임워크

5. Voorberg, W., Vermeeren, B., &Van Buuren, A. (2023). The clear model as a predictor of candidacy for council membership. Local Government Studies, 49(1), 54-77.

- C (Context, 상황): 프롬프트의 배경을 명확히 제공해야 합니다.
- O (Objective, 목표): 기대하는 결과를 분명하게 제시해야 합니다.
- S (Scope, 범위): 질문의 범위를 명확하게 지정해야 합니다.
- T (Tone, 톤): AI가 응답할 때의 어조를 설정해야 합니다.
- A (Audience, 대상): 답변의 대상이 누구인지 명확히 해야 합니다.
- R (Result, 결과): 기대하는 결과의 형식을 명확히 제시해야 합니다.

3. 일반적인 프롬프팅 유형과 사례

프롬프팅의 유형은 다양하므로 사용자가 직접 수행해서 가장 좋은 결과가 나온 것들을 잘 모아두면 효율적으로 업무를 수행할 수 있습니다. 대표적으로 다음과 같은 사례가 있습니다[6].

가. 데이터 수집 프롬프트
- AI에게 특정 정보를 수집하도록 요청하는 방식입니다.
- 예시: "2024년 경제 성장률에 대한 최신 보고서를 찾아 요약해주세요."

나. 문제 해결 프롬프트
- 특정 문제에 대한 해결책을 도출하도록 유도하는 방식입니다.
- 예시: "우리 회사의 고객 불만을 줄이기 위한 전략을 제안해 주세요."

---

6. Yap, J. Q., & Lim, E. (2022). A legal framework for artificial intelligence fairness reporting. Cambridge Law Journal, 81(3), 610-644.

다. 창의적 프롬프트

- 아이디어 생성이나 콘텐츠 제작을 위해 활용하는 방식입니다.
- 예시: "신제품 출시를 위한 독창적인 마케팅 캠페인 아이디어를 제공 해주세요."

라. 분석 프롬프트

- 특정 데이터를 분석하고 인사이트를 도출하도록 요청하는 방식입니다.
- 예시: "지난 5년간의 판매 데이터를 분석하고 트렌드를 파악해주세 요."

마. 학습 보조 프롬프트

- 학습 과정에서 AI가 특정 개념을 설명하거나 연습 문제를 제공하도 록 요청하는 방식입니다.
- 예시: "기계 학습의 주요 알고리즘에 대해 설명하고 연습 문제를 제 공해주세요."

프롬프팅은 AI가 효과적으로 응답을 제공하도록 돕는 중요한 기술입니다.

4. 중요한 프롬프팅 유형과 사례

효과적인 경영기법을 구현하기 위해서는 프롬프트 프라이밍, 샷 프롬프팅, CoT(Chain of Thought)와 같은 중요한 프롬프팅 기법을 활용하는 것이 필수적입니다. 이러한 프롬프팅 유형은 경영 프로세스의 각 단계에서 일반적인 프롬프트와 결합할 때, AI가 더욱 정교하고 체계적인 응답을 제공하도록 유도합니다. 이를 통해 의사결정 과정의 정확성과 효율성이 향상되며, 복잡한 문제 해결 및 창의적 아이디어 도출이 가능해집니다. 따라서 중요한 프롬프팅을 전략적으로 활용하면 AI 기반 의사결정의 품질을 극대화할 수 있습니다.

중요한 프롬프팅 유형은 다음과 같습니다.

가. 프롬프트 프라이밍

- AI에게 특정한 맥락이나 배경 정보를 제공하여 보다 정확하고 일관된 응답을 유도하는 방식입니다. 프라이밍을 통해 AI는 사용자의 의도를 명확하게 파악하고, 적절한 답변을 제공합니다.
- 예시: "사용자가 신입 직원이라면, IT 지원 요청 시 상세한 절차를 제공해주세요."

나. 샷 프롬프팅

- AI가 문제를 해결하는 데 필요한 예시 개수에 따라 Zero, One, Few Shot 프롬프팅으로 나뉩니다.
- Zero Shot 프롬프팅: AI에게 사전 정보 없이 질문을 제공하는 방식입니다.
- 예시: "오늘의 날씨를 알려주세요."
- One Shot 프롬프팅: 하나의 예시를 제공한 후 AI가 유사한 방식으로 응답하도록 유도하는 방식입니다.
- 예시: "번역 예시: 'Hello'는 '안녕하세요'로 번역됩니다. 'Goodbye'는?"

- Few Shot 프롬프팅: 여러 개의 예시를 제공하여 AI가 패턴을 학습하도록 하는 방식입니다.
- 예시: "사과는 과일입니다. 당근은 채소입니다. 바나나는?"

다. CoT(Chain of Thought) 프롬프트

- AI가 복잡한 문제를 단계별로 분석하고 해결할 수 있도록 유도하는 방식입니다. 단계별 추론 과정을 거쳐 더욱 정확한 응답을 제공하며 현재 제공되는 O1모델은 기본적으로 CoT를 기반으로 추론합니다.
- 예시: "어떤 상품을 구매할지 결정할 때 고려해야 할 요소들을 단계별로 설명해 주세요."

라. 표 형식 프롬프트

- 데이터를 표 형태로 구성하여 보다 구조적인 응답을 얻을 수 있도록 하는 방식입니다. AI가 정보를 정리하고 비교하는 데 유용합니다.
- 예시: "스마트폰 비교표를 만들어주세요. 브랜드, 가격, 주요 기능을 포함해야 합니다."

마. 응답 전 질문 프롬프트

- AI가 더욱 정확한 답변을 제공하기 위해 추가적인 질문을 하도록 유도하는 방식입니다.
- 예시: "내일 모임에 뭐 입을지 추천해 주세요." → "날씨나 모임 장소를 알려주시겠어요?"

바. 관점 프롬프팅

- AI가 특정한 관점에서 정보를 분석하거나 답변을 생성하도록 유도하는 방식입니다.

- 예시: "환경 보호 관점에서 전기차의 장점을 설명해 주세요."

사. 자기 정제(Self-refinement) 프롬프팅

- AI가 스스로 응답을 검토하고 개선할 수 있도록 유도하는 방식입니다.
- 예시: "주어진 답변을 다시 검토하고,∼ 더 명확하게 표현해 주세요."

아. 비교 프롬프팅

- 여러 대상을 비교하여 차이점을 명확하게 제시하도록 하는 방식입니다.
- 예시: "iOS와 Android의 차이점을 기능, 보안, 가격 측면에서 비교해 주세요."

프롬프트를 효과적으로 작성하기 위해서는 명확성, 간결성, 관련성, 적응성, 구조화를 고려해야 합니다. CLEAR 프레임워크와 CO-STAR 프레임워크는 이러한 원칙을 구현하는 데 도움이 됩니다. CLEAR는 간결하고 논리적인 프롬프트 작성을 강조하며, CO-STAR는 문맥과 대상에 맞춘 구체적인 프롬프트를 설계하도록 안내합니다. 다양한 유형의 프롬프팅은 데이터 수집, 문제 해결, 창의적 아이디어 생성, 분석, 학습 보조 등 여러 분야에서 활용될 수 있습니다.

4장

──────────────────────── AI

프롬프팅의 과학과 예술

1. 과학적 측면: AI 응답의 원리와 최적화 방법

AI 응답의 원리는 인간의 입력(프롬프트)에 따라 데이터를 분석하고 전문성에 기반을 둔 출력을 제공하는 과정입니다. 이는 기계학습(딥러닝, 신경망, 트랜스포머 모델)의 원리를 기반으로 설명할 수 있습니다. AI는 인간의 언어를 이해하고, 축적된 데이터로부터 패턴을 학습하며, 이를 기반으로 사용자의 요구에 맞는 답변을 생성합니다.

가. AI 응답의 작동 원리

- **딥러닝 기법:** AI는 대량의 데이터 집합을 학습하여 특정한 규칙 없이 스스로 패턴과 상관관계를 파악합니다. 이를 통해 새로운 입력이 주어졌을 때 이전에 학습한 내용을 기반으로 적절한 출력을 생성합니다.
- **전체 스크린 원리:** 전체 데이터를 기반으로 가장 적합한 단어와 문장

을 선택하는 과정으로, AI가 문맥을 파악하고 자연스러운 흐름을 유지할 수 있도록 도와줍니다.

- **트랜스포머 모델:** AI의 기본 구조로, 문맥과 단어 간의 연관성을 이해하고 최적의 결과를 도출하는 데 도움을 줍니다. 트랜스포머 모델은 자기주의 메커니즘을 통해 문장 내의 단어 관계를 정확하게 분석합니다[7].

항목	설명
딥러닝 기법	데이터 학습을 통해 규칙 없이 스스로 패턴과 상관관계를 파악함
전체 스크린 원리	문맥을 파악하여 적합한 단어와 문장을 선택. 자연스러운 흐름을 유지함
트랜스포머 모델	단어 간 연관성을 이해하고, 자기주의 메커니즘으로 최적의 결과를 도출함

표 4.1 AI 응답의 작동 원리

나. AI 응답의 최적화 방법

- **명확한 프롬프트 작성:** 구체적이고 정확한 질문을 통해 AI의 이해도를 높이며, 간결한 언어로 원하는 정보를 명확하게 전달해야 합니다.
- **프롬프트 반복 테스트:** 동일한 질문을 다양한 방식으로 입력하여 최적의 결과를 찾고, 다양한 표현 방식을 적용하여 AI의 반응을 개선합니다.
- **프롬프트 세분화:** 복잡한 요청을 작은 단위로 나누어 처리하여 AI의 처리 능력을 극대화하고 정확도를 향상합니다.

---

7. Vaswani, A., Shazeer, N., Parmar, N., et al. (2017). Attention Is All You Need. Advances in Neural Information Processing Systems, 30, 5998-6008.

- **컨텍스트 제공:** AI에게 충분한 배경 정보를 제공함으로써 더욱 정교하고 유용한 응답을 받을 수 있습니다.

항목	설명
명확한 프롬프트 작성	구체적이고 간결한 언어로 원하는 정보를 정확하게 전달함.
프롬프트 반복 테스트	다양한 방식으로 질문을 입력하여 최적의 결과를 찾음.
프롬프트 세분화	복잡한 요청을 작은 단위로 나누어 정확도와 처리 능력을 높임.
컨텍스트 제공	충분한 배경 정보를 제공해 더 정교하고 유용한 응답을 얻음.

표 4.2 AI 응답의 최적화 방법

다. 적용 사례

- **고객 서비스 챗봇:** 대형 유통사는 AI를 활용하여 고객 문의에 대한 신속한 응답을 제공합니다. 예를 들어, AI 기반의 챗봇은 주문 상태 조회, 환불 절차 안내 등을 자동화하여 고객 만족도를 높입니다.
- **의료진단 지원 시스템:** 병원에서는 AI를 통해 환자의 증상과 병력을 분석하여 맞춤형 치료 방안을 제안합니다. AI는 질병의 초기 징후를 조기에 감지하고 의사들에게 실시간으로 권장 조치를 제공합니다.
- **금융 리스크 분석:** 금융 기관에서는 AI를 이용하여 대출자의 신용도를 평가하고 리스크를 예측합니다. 예를 들어, AI는 고객의 금융 거래 패턴을 분석하여 사기 탐지를 수행합니다.

2. 예술적 측면: 창의적 질문을 통해 혁신적 답변을 유도하는 기술

창의적인 프롬프팅은 AI의 잠재력을 최대한 발휘할 수 있도록 혁신적 질문을 통해 새로운 관점을 도출하는 데 중점을 둡니다. 창의적 프롬프팅은 주어진 정보를 기반으로 새로운 아이디어를 제시하도록 유도하며, 기업의 브레인스토밍 과정에서 중요한 역할을 합니다.

가. 창의적 프롬프팅 기법

- **SCAMPER 기법:** Substitute(대체), Combine(결합), Adapt(적용), Modify(수정), Put to another use(재사용), Eliminate(제거), Reverse(역순)의 요소를 활용하여 창의적인 결과를 도출합니다.
- **브레인스토밍 접근법:** 문제를 다각도로 분석하고 여러 아이디어를 제시함으로써 창의적 해결 방안을 도출합니다.
- **스토리텔링 기법:** 질문을 이야기 형식으로 구성하여 AI가 더욱 자연스럽게 답변할 수 있도록 유도하며, 감성적 요소를 가미해 독자의 공

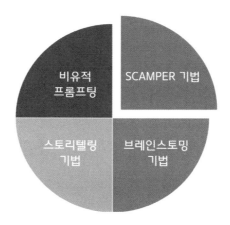

그림 4.1 창의적 프롬프팅 기법의 예

감을 끌어냅니다.
- **비유적 프롬프팅:** 추상적인 개념을 친숙한 비유로 설명하도록 AI에 요청하여 더 창의적인 인사이트를 도출합니다.

나. 적용 사례

- **광고카피 작성:** 광고 기획팀은 AI를 이용해 브랜드 아이덴티티를 반영한 창의적인 문구를 개발합니다. 예를 들어, "새로운 미래를 여는 스마트폰"과 같은 감성적 접근을 유도합니다.
- **창작 스토리 구상:** 콘텐츠 제작자는 AI를 활용해 독창적인 소설 및 시나리오를 구성합니다. 예를 들어, AI가 사용자의 키워드를 기반으로 판타지 소설의 스토리를 제안할 수 있습니다.
- **디자인 콘셉트 도출:** 패션 디자이너들은 AI를 통해 새로운 패션 트렌드를 예측하고 디자인 아이디어를 도출합니다. AI는 시장 트렌드를 분석하고 컬러 팔레트 제안 등 기능을 제공합니다.

프롬프팅의 과학적 측면은 AI의 작동 원리와 최적화 기법을 통해 효율적이고 정확한 응답을 이끌어내는 방법을 탐구합니다. 이를 통해 사용자는 AI의 기본 동작 원리를 이해하고, 보다 정교한 결과를 도출할 수 있는 다양한 프롬프트 전략을 학습할 수 있습니다. AI의 성능을 향상시키기 위해서는 명확한 입력과 반복적인 테스트, 데이터의 질적 향상 등이 중요한 요소로 작용합니다.

반면, 예술적 측면에서는 창의적 질문을 통해 혁신적인 아이디어와 문제 해결 능력을 증진시키는 방법을 다룹니다. 창의적 프롬프팅은 단순한 정보 전달을 넘어, AI가 새로운 관점에서 해결책을 제안할 수 있도

록 유도합니다. 특히, SCAMPER 기법과 브레인스토밍을 적용하면 AI
가 보다 창의적인 결과물을 도출하는 데 도움을 줍니다. 또한, 감성적
요소를 포함한 스토리텔링 프롬프팅 기법을 통해 더욱 몰입감 있는 콘
텐츠를 생성할 수 있습니다.

이 두 가지 측면을 조화롭게 적용하면 AI의 활용 가치를 극대화할 수
있습니다. 과학적 측면에서는 최적화된 프롬프트 전략을 통해 AI의 효
율성과 정밀도를 높일 수 있으며, 예술적 측면에서는 창의적인 접근 방
식을 통해 차별화된 결과물을 도출할 수 있습니다. 결과적으로, 과학과
예술의 융합을 통해 AI의 잠재력을 최대한 활용하고, 다양한 산업 분야
에서 혁신적인 가치를 창출할 수 있습니다.

5장

프로세스 프롬프팅이란?

1. 정의 및 기존 문제 해결 기법과의 차별성

프로세스 프롬프팅은 조직의 의사결정 및 문제 해결을 지원하기 위해 인공지능(AI) 기반의 프롬프트 설계 기법을 적용하는 새로운 접근 방식입니다. 기존의 비즈니스 프로세스 관리(BPM) 및 전략 실행 방법론과 차별화되는 점은 실시간 데이터 분석과 적응성을 극대화하여, 빠르게 변화하는 비즈니스 환경에서 민첩한 대응을 가능하게 한다는 것입니다. 기존의 BPM 접근법은 비교적 정적인 프로세스를 설정하고 자동화하는 데 중점을 두었으나, 프로세스 프롬프팅은 조직의 변화를 실시간으로 감지하고 최적화된 대응 전략을 자동으로 제안합니다[8].

---

8. Van der Aalst, W. M. (2013). Business process management: a comprehensive survey. International Scholarly Research Notices, 2013(1), 507984.

가. 비즈니스 프로세스 관리(BPM)의 개요

비즈니스 프로세스 관리(BPM)는 조직이 비즈니스 프로세스를 체계적으로 관리하고 최적화하는 데 초점을 맞춘 방법론입니다. BPM의 주요 목표는 비즈니스 프로세스의 효율성, 효과성 및 적응성을 개선하는 데 있으며, 이를 위해 다음과 같은 핵심 요소들을 포함합니다:

- **프로세스 모델링 –** 비즈니스 프로세스를 시각적으로 표현하여 전사적 수준에서 업무 흐름을 이해하도록 돕습니다.
- **프로세스 실행 –** 정의된 모델을 기반으로 워크플로우 시스템을 활용하여 자동화를 지원합니다.
- **모니터링 및 분석 –** 실시간 데이터 수집 및 분석을 통해 문제를 식별하고 성능을 개선합니다.
- **프로세스 최적화 –** 분석 결과를 바탕으로 지속적인 프로세스 개선을 통해 경쟁력을 유지합니다.

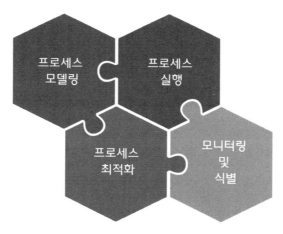

그림 4.1 창의적 프롬프팅 기법의 예

나. 기존 BPM의 한계점

기존의 BPM 접근법은 다음과 같은 한계를 보였습니다:

- **고정된 프로세스 프레임워크:** 기존 BPM은 미리 정의된 워크플로우에 따라 운영되어 변화에 즉각 대응하지 못하는 경향이 있었습니다[9].
- **데이터 활용의 한계:** 조직 내의 방대한 데이터를 분석하고 활용하는 데 있어 실시간 적용이 어렵고 수작업 의존도가 높았습니다[10].
- **실행력 부족:** 전략 수립과 실행 사이의 괴리로 인해 중간관리자의 참여 부족 및 실행 효율성이 저하되었습니다[11].

고정된 프로세스 프레임워크	데이터 활용의 한계
실행력 부족	

그림 5.2 BPM의 한계점

이에 반해, 프로세스 프롬프팅은 다음과 같은 차별성을 가집니다.

- **AI 기반의 자동화된 문제 해결:** 머신러닝 및 자연어 처리를 활용하여 최적의 의사결정 프롬프트를 제공합니다.

---

9. Reijers, H. A. (2003). Design and control of workflow processes: business process management for the service industry (Vol. 2617). Springer.

10. Ahire, S. L., & Dreyfus, P. (2000). The impact of design management and process management on quality: An empirical investigation. Journal of Operations Management, 18(5), 549-575.

11. Wooldridge, B., & Floyd, S. W. (1990). The strategy process, middle management involvement, and organizational performance. Strategic Management Journal, 11(3), 231-241.

- **실시간 피드백 루프:** 조직의 업무 흐름과 데이터를 실시간으로 분석하여 최적화된 해결책을 지속해서 제안합니다.
- **사용자 친화적 인터페이스:** 의사결정자들이 쉽게 활용할 수 있도록 직관적이고 유연한 프롬프팅 시스템을 제공합니다.

| AI 기반의 자동화된 문제 해결 | 실시간 피드백 루프 |

| 사용자 친화적 인터페이스 |

그림 5.3 프로세스 프롬프팅의 차별성

구분	비즈니스 프로세스 관리 (BPM)	프로세스 프롬프팅
정의	조직의 비즈니스 프로세스를 체계적으로 관리하고 최적화하는 방법론	AI 기반의 프롬프트 설계를 활용한 문제 해결 및 의사결정 지원 방식
운영 방식	정형화된 워크플로우 기반으로 운영	실시간 데이터 분석을 통해 유동적으로 최적화된 대응 전략 제공
자동화 수준	미리 정의된 프로세스를 자동화	AI와 머신러닝을 활용한 동적 자동화
적응성	변화에 즉각 대응하기 어려움	실시간 피드백을 반영하여 지속해서 최적화
데이터 활용	사전 정의된 데이터 분석 및 수작업 의존도가 높음	실시간 데이터 분석 및 최적화된 의사결정 제공
실행력	전략과 실행 간 괴리가 존재하여 실행력이 낮을 수 있음	자동화된 프롬프팅을 통해 실행력을 극대화
사용자 경험	복잡한 시스템과 프로세스 중심	직관적이고 유연한 사용자 친화적 인터페이스 제공

표 5.1 BPM과 프로세스 프롬프팅의 비교

2. 프로세스 프롬프팅의 이점과 적용 사례

가. 이점

프로세스 프롬프팅은 아래와 같이 여러 가지 중요한 이점을 제공합니다.

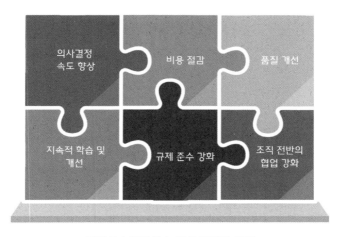

그림 5.4 프로세스 프롬프팅의 이점

- **의사결정 속도 향상:** 실시간 데이터 분석을 통해 문제 발생 시 신속한 대응이 가능하며, 업무 효율성을 극대화할 수 있습니다.
- **비용 절감:** 중복 작업을 제거하고, 비효율적인 프로세스를 자동으로 수정함으로써 비용 절감 효과를 기대할 수 있습니다[12].
- **품질 개선:** 업무의 정확도를 향상시키고, TQM(전사적 품질 관리)과 통합하여 품질 향상을 도모합니다(Ahire & Drefus, 2000).

---

12. Zairi, M. (1997). Business process management: A boundaryless approach to modern competitiveness. Business Process Management Journal, 3(1), 64-80.

- **조직 전반의 협업 강화:** 직원들이 공통의 프로세스를 인식하고 적극적으로 참여하도록 유도할 수 있습니다.
- **규제 준수 강화:** 산업별 규제 요건을 자동으로 반영하여 기업의 법적 리스크를 최소화할 수 있습니다.
- **지속적 학습 및 개선:** 프로세스 데이터를 지속적으로 분석하여 최적화 기회를 식별하고 자동으로 조정합니다.

나. 적용 사례

- **사례 1:** 의료 산업의 진료 프로세스를 최적화한 종합병원에서는 프로세스 프롬프팅을 도입하여 환자 대기 시간을 35% 단축하고, 진료 일정의 효율성을 높였습니다.
- **사례 2:** 물류 산업의 배송 최적화 물류 기업은 실시간 위치 데이터를 분석하여 배송 경로를 최적화하고, 운송 비용을 20% 절감할 수 있었습니다.
- **사례 3:** 금융업계의 프로세스 자동화한 글로벌 금융기관은 대출 승인 프로세스에서 프로세스 프롬프팅을 적용하여 신청부터 승인까지의 시간을 30% 단축하였습니다. 기존의 수작업 기반의 검토 단계를 AI 기반의 프롬프팅으로 자동화함으로써, 데이터 정확도와 일관성이 향상되었습니다(Van der Aalst, 2013).
- **사례 4:** 제조업의 품질 관리를 강화한 다국적 제조 기업은 생산 공정에서 품질 관리를 향상시키기 위해 프로세스 프롬프팅을 도입하였습니다. 실시간 생산 데이터를 기반으로 품질 이상이 감지될 경우 즉시 경고 및 수정 조치를 프롬프팅하여 불량률을 25% 감소시켰습니다(Reijer, 2002).
- **사례 5:** IT 서비스 관리의 효율성 증대를 위해 대규모 IT 서비스 제공

기업은 고객 지원 프로세스에 프로세스 프롬프팅을 적용하여 고객 요청의 평균 해결 시간을 40% 단축했습니다. AI가 문제 유형을 자동으로 분류하고, 최적의 해결 프롬프트를 고객 지원 담당자에게 제공하여 서비스 품질을 대폭 향상시켰습니다(Zairi, 1997).

프로세스 프롬프팅은 기존의 BPM 방식의 한계를 보완하며, 실시간 대응, 비용 절감, 품질 개선 및 협업 강화와 같은 다양한 이점을 제공합니다. 실시간 대응을 통해 조직은 시장 변화에 즉각적으로 적응하고 고객 요구사항을 빠르게 반영할 수 있습니다. 비용 절감 측면에서는 자동화를 통한 프로세스 최적화와 중복 업무 제거로 인건비 및 운영비 절감 효과를 얻을 수 있습니다. 또한, 품질 개선을 위해 프로세스 모니터링과 데이터 기반의 의사결정을 활용하여 제품 및 서비스의 일관성과 신뢰성을 확보할 수 있습니다. 협업 강화는 부서 간 소통을 원활하게 하고 정보의 투명성을 증대시켜 조직 전체의 생산성을 향상시킵니다.

프로세스 프롬프팅의 또 다른 이점으로는 운영 리스크 감소가 있습니다. AI 기반의 자동화된 경고 시스템을 통해 잠재적 문제를 사전에 감지하고 대응 전략을 신속히 제시함으로써 조직의 안정성을 확보할 수 있습니다. 또한, 데이터 기반의 전략적 의사결정 지원을 통해 과거의 경험 데이터를 분석하고 미래 트렌드를 예측하여 경영진이 보다 정교한 전략을 수립할 수 있도록 돕습니다.

이와 더불어, 프로세스 프롬프팅은 지속적인 혁신을 촉진합니다. 조직 내 업무 흐름을 자동으로 분석하고 비효율적인 부분을 지속적으로 개선함으로써, 새로운 비즈니스 기회를 창출하고 경쟁 우위를 유지할 수 있습니다. 이러한 이점을 통해 기업은 변화하는 비즈니스 환경에서 경쟁력을 유지하고 지속적인 혁신을 이루어 나갈 수 있습니다.

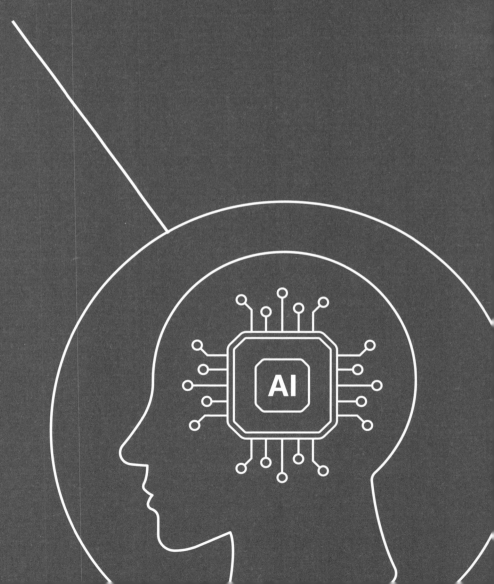

PART 2

경영전략 기법을 활용한
실전 프로세스 프롬프팅

전략 및 기획 프로세스 프롬프팅

오늘날 기업의 지속 가능한 성장은 효과적인 전략 수립과 기획에 의해 좌우됩니다. 그러나 빠르게 변화하는 비즈니스 환경 속에서 전통적인 접근 방식만으로는 경쟁 우위를 유지하기 어려운 현실입니다. 이러한 상황에서 프로세스 프롬프팅(Process Prompting)은 전략적 기획을 보다 체계적이고 효과적으로 수행할 수 있도록 돕는 혁신적인 도구로 자리 잡고 있습니다.

전략 기획이란 조직의 장기적 목표를 정의하고, 목표 달성을 위한 최적의 경로를 설정하는 과정입니다[13]. AI 기반의 프로세스 프롬프팅을 적용하면 전략 기획 과정에서 다음과 같은 효과를 얻을 수 있습니다.

───────

13. Gupta, S. (2022). A Review of Strategic Planning and Strategic Management. International Journal of Innovative Research in Engineering & Management, 9(1), 190-194.

- **구조적 사고의 강화:** 조직의 강점, 약점, 기회 및 위협(SWOT)을 체계적으로 분석하여 경쟁력을 높일 수 있습니다[14].

- **아이디어 생성의 확장:** 브레인스토밍 기법과 결합해 프롬프팅을 적용하면, 창의적이고 실용적인 전략을 도출할 수 있습니다[15].

- **의사결정의 정확성 향상:** 균형성과표(Balanced Scorecard)와 같은 기법을 활용하면 핵심 성과 지표(KPI)를 명확히 설정하고 실행 성과를 정밀하게 평가할 수 있습니다[16].

- **경영 환경 적응력 강화:** 환경 분석 도구(PEST, 5 Forces)를 통해 외부 환경의 변화를 신속히 감지하고 전략을 유연하게 조정할 수 있습니다[17].

본 장에서는 8가지 주요 전략 및 기획 기법을 프로세스 프롬프팅과 연계하여 효과적으로 활용하는 방안을 다룹니다. 각 기법은 전략적 사고와 계획의 실무적 적용을 지원하며, 이를 통해 조직은 더욱 명확한 비전을 설정하고 성공적인 경영 전략을 실행할 수 있습니다.

이제, 프롬프팅을 활용한 전략 및 기획 기법의 실무적 적용 사례를 살펴보겠습니다.

---

14. Van Tassell, L. (2024). The Importance of Strategic Planning for Farmers and Ranchers. Center for Agricultural Profitability, University of Nebraska-Lincoln.

15. Lee, C. M. (2023). Strategic Business Planning by means of Academic Development Planning Strategy (ADPS). Technological University of the Philippines. Available at SSRN 4854823.

16. Suharyani, Y. D., & Djumarno. (2023). Strategic Planning and Sustainable Development. Jurnal Ilmiah Global Education, 4(2), 767-778.

17. Delgado, E. M. A., Castillo, O. R. F., Malo, S. N. D., Reyna, E. T. M., & Sánchez, O. D. F. (2023). Strategic Planning for the Competitiveness of an SME in the Commercial Sector. 21st LACCEI International Multi-Conference for Engineering, Education, and Technology.

1. 브레인스토밍(Brainstorming)

가. 브레인스토밍의 개념

브레인스토밍은 창의적인 문제 해결을 위한 대표적인 기법으로, 참가자들이 자유롭게 아이디어를 제시하고 발전시키는 과정을 통해 혁신적인 해결책을 도출하는 데 초점을 둡니다. 이 방법은 조직 및 교육 환경에서 널리 사용되며, 아이디어의 양을 강조하여 질적 개선을 추구하는 것이 특징입니다[18].

나. 브레인스토밍의 정의

브레인스토밍은 어떤 문제에 대해 다수의 아이디어를 신속하고 자유롭게 생성하는 협력적 창의적 사고 기법으로 정의됩니다[19]. 이 기법은 1939년 알렉스 오스본(Alex Osborn)에 의해 개발되었으며, 4가지 주요 원칙을 따릅니다.

- **비판 금지:** 아이디어 제시 과정에서 평가를 지양하고 모든 의견을 수용합니다.
- **양적 접근:** 가능한 한 많은 아이디어를 생산함으로써 질적 향상을 유도합니다.
- **자유로운 발상:** 참가자들이 기존의 틀에서 벗어나 독창적인 아이디어를 제시하도록 권장합니다.

---

18. Chammas, A., Quaresma, M., & Mont'Alvão, C. (2017). A dicotomia entre teoria e prática do brainstorming.
19. Granado, G. C. (2020). Brainstorming e a aplicação do modelo clássico. Revista Científica Multidisciplinar Núcleo do Conhecimento. Ano, 5, 05-20.

- **아이디어의 조합과 개선:** 여러 아이디어를 결합하거나 수정하여 새로운 해결책을 창출합니다(Granado, 2020).

다. 브레인스토밍을 위한 절차

브레인스토밍 과정은 단계별로 체계적으로 수행되며, 일반적으로 다음과 같은 절차를 따릅니다[20].

그림 6-1 브레인스토밍 프로세스

- **문제 정의** (Orientation)
  - 해결해야 할 문제를 명확히 설정하고, 목표를 구체화합니다.
  - 참가자들에게 세부 내용을 설명하고 기대치를 공유합니다.

- **준비** (Preparation)
  - 팀을 구성하고 역할(모더레이터, 서기 등)을 분배합니다.
  - 브레인스토밍 규칙을 설명하고 필요 자료를 제공합니다.

- **아이디어 생성** (Ideation)
  - 개방적인 분위기에서 참가자들이 자유롭게 아이디어를 제시합니다.
  - 모든 아이디어를 기록하고 비판 없이 공유합니다.

---

20. Gongora, L., & Dix, A. (2010). Brainstorming is a bowl of spaghetti: an in depth study of collaborative design process and creativity methods with experienced design practitioners. In DS 66-2: Proceedings of the 1st International Conference on Design Creativity (ICDC 2010).

- **아이디어 정리** (Analysis)
  - 중복된 아이디어를 제거하고, 주제별로 그룹화합니다.
  - 우선순위를 평가하고 실현 가능성을 분석합니다.

- **해결책 도출** (Synthesis and Evaluation)
  - 아이디어를 실행 가능한 계획으로 구체화합니다.
  - 팀원들과 실행 전략을 논의하고 추가 피드백을 수집합니다.

라. 브레인스토밍 절차를 위한 예시 프롬프트

1) 문제 정의 단계 프롬프트[21]

- "우리 조직이 해결해야 할 가장 시급한 문제는 무엇인가요?"
- "이 문제의 해결을 통해 어떤 변화를 기대할 수 있나요?"
- "현재 해결을 방해하는 주요 요인은 무엇인가요?"

2) 준비 단계 프롬프트[22]

- "참여자들이 아이디어를 도출하기 위해 어떤 정보를 미리 준비해야 하나요?"
- "브레인스토밍에 참여할 팀원들의 역할을 어떻게 배분하면 좋을까요?"
- "어떤 도구(화이트보드, 포스트잇)를 사용할 것인가요?"

3) 아이디어 생성 단계 프롬프트

- "이 문제를 해결하기 위해 가능한 모든 해결책을 적어보세요."

---

21. Nurhasanah, I. B., Martin, R., & Amalia, R. (2015, July). The Application Of Brainstorming To Improve Student's Writing Skill. In International Multidiciplinary Conference on Social Sciences (IMCoSS) (Vol. 1, p. 65).

22. Bolsonello, J., da Silva, M. T. B., de Barros Lara, A. M., & da Silva Macuch, R. (2023). Uso de brainstorming como ferramenta para aprendizagem. Conhecimento & Diversidade, 15(36), 174-191.

- "기존의 방식에서 벗어난 새로운 접근 방식을 생각해 보세요."
- "다른 산업에서는 이 문제를 어떻게 해결하고 있는지 참고할 수 있을까요?"

4) 아이디어 정리 단계 프롬프트
- "유사한 아이디어들을 그룹화하여 정리해 보세요."
- "실행 가능성이 높은 아이디어를 선정해 보세요".
- "각 아이디어의 실행에 필요한 리소스를 평가해 보세요."

5) 해결책 도출 단계 프롬프트
- "선택된 아이디어를 바탕으로 구체적인 실행 계획을 수립해 보세요."
- "이 해결책을 적용하는 데 있어서 예상되는 장애물은 무엇인가요?"
- "프로젝트 진행의 첫 번째 단계는 무엇인가요?"

기업 사례: 그린리빙(GreenLiving) [AI]

그린리빙은 2017년에 설립된 친환경 생활용품 제조 기업입니다. '지속 가능한 미래를 위한 작은 실천'을 모토로, 재사용 가능한 빨대, 천연 소재로 만든 주방용품, 생분해성 포장재 등 다양한 친환경 제품을 개발하고 있습니다. 초기에는 환경에 관심이 높은 고객층을 중심으로 입소문을 타며 성장했으나, 최근 몇 년간 시장 경쟁이 심화되면서 성장세가 둔화되고 있습니다.

최근 소비자들의 친환경 제품에 대한 관심은 여전히 높지만, 저렴한 가격의 대체 제품이 시장에 넘쳐나고 있으며, 일부 고객들은 지속 가능성보다 편리함과 가격을 우선시하는 경향을 보이고 있습니다. 특히, 대형 유통사와 글로벌 브랜드들이 대규모 마케팅을 통해 친환경 제품 시장에 진출하면서, 그린리빙의 브랜드 인지도가 상대적으로 약화되고 있습니다.

현재 그린리빙은 매출 정체와 신규 고객 확보의 어려움을 겪고 있습니다. 기존 고객의 재구매율은 높은 편이지만, 신규 고객을 유치하는 데 어려움을 겪고 있으며, 제품 라인업 확장을 위한 내부 아이디어도 한계에 봉착한 상황입니다. 또한, 주요 유통 채널이 대형 마트 및 일부 온라인 쇼핑몰에 국한되어 있어, 다양한 판로를 개척할 필요성이 제기되고 있습니다.

회사의 경영진은 최근의 문제를 해결하기 위해 새로운 전략을 모색하고자 합니다. 내부적으로는 직원들의 창의적인 아이디어가 부족하다는 인식이 있으며, 조직 내에서 효과적으로 아이디어를 도출하고 실행 가능한 전략으로 발전시키는 방법에 대한 고민이 깊어지고 있습니다. 새로운 제품 개발, 마케팅 전략 개선, 고객 경험 향상 등 다양한 측면에서 해결 방안을 모색해야 하는 상황입니다.

이에 따라, 경영진은 모든 부서의 직원들과 함께 문제 해결을 위한 창의적인 아이디어를 모으는 방법을 계획하고 있습니다. 하지만 직원들이 기존의 업무에서 벗어나 혁신적인 아이디어를 제시하도록 독려하는 방법, 효과적인 아이디어 도출과 검증 방법, 실질적으로 실행 가능한 전략을 도출할 수 있는 체계적인 접근 방식이 필요한 상황입니다.

그린리빙의 고민은 명확합니다.

- 고객들에게 더 큰 가치를 제공할 수 있는 새로운 제품 아이디어는 무엇일까?
- 경쟁 브랜드와 차별화할 수 있는 마케팅 전략을 어떻게 수립할

수 있을까?

- 내부적으로 아이디어를 효과적으로 수집하고 실행할 수 있는 체계를 어떻게 마련해야 할까?

이제 그린리빙은 조직 내부의 다양한 관점을 모으고, 창의적인 해결책을 도출하기 위해 체계적인 접근 방식을 활용할 계획입니다.

2. 가치사슬(Value Chain)

가. 가치사슬의 개념

가치사슬(Value Chain)은 제품이나 서비스가 고객에게 전달되기까지의 모든 과정에서 부가가치를 창출하는 일련의 활동을 의미합니다. 이를 통해 기업은 각 단계의 활동을 체계적으로 분석하고 최적화하여 경쟁력을 강화할 수 있습니다[23]. 가치사슬 개념은 경영 전략에서 중요한 역할을 하며, 원재료 조달부터 최종 소비자에게 제품이 도달하기까지의 전 과정을 효과적으로 관리할 수 있도록 돕습니다[24].

기업이 가치사슬을 효율적으로 운영하면 비용 절감과 품질 개선을 동시에 달성할 수 있으며, 이를 통해 지속 가능한 경쟁 우위를 확보할

---

23. Wang, Y. (2022). Tuopai Shede Co., Ltd. Based on Value Chain on Working Capital Management. Frontiers in Business, Economics and Management, 5(3), 208-214.

24. Antràs, P., & Chor, D. (2021). Global Value Chains. National Bureau of Economic Research Working Paper, No. 28549.

수 있습니다. 가치사슬 관리는 공급망의 모든 요소를 긴밀하게 통합하고 조정함으로써 전반적인 성과를 극대화하는 데 기여합니다[25].

나. 가치사슬의 정의

가치사슬은 기업이 제품을 설계, 생산, 판매 및 지원하는 일련의 활동을 수행하면서 부가가치를 창출하는 과정으로 정의됩니다(Wang, 20022). 가치사슬은 마이클 포터(Michael Porter)가 1985년에 제시한 개념으로, 기업 활동을 기본 활동과 보조 활동으로 구분하여 분석합니다.

- **기본 활동:** 내부 및 외부 물류, 운영, 마케팅 및 판매, 서비스 등이 포함됩니다.
- **보조 활동:** 인적 자원 관리, 기술 개발, 인프라 및 구매 관리 등이 포함됩니다[26].

이러한 분석을 통해 기업은 각 활동의 가치 기여도를 평가하고, 개선할 수 있는 부분을 식별할 수 있습니다. 가치사슬 관리는 단순한 내부 운영 효율화에 그치지 않고, 공급망 전체의 가치를 극대화하는 전략적 접근 방식을 의미합니다(Antràs & Chor, 2021).

---

25. Dünhaupt, P., & Herr, H. (2022). Global Value Chains—A Panacea for Development?. Economic and Social Upgrading in Global Value Chains: Comparative Analyses, Macroeconomic Effects, the Role of Institutions and Strategies for the Global South, 55-96.
26. Knez, K., Jaklič, A., & Stare, M. (2021). An extended approach to value chain analysis. Journal of Economic Structures, 10, 1-37.

다. 가치사슬 분석을 위한 절차

가치사슬 분석은 다음과 같은 절차를 따릅니다(Knez et al., 2020).

식별 및 정의	활동 분류 및 분석	성과 측정 및 벤치마킹	개선 전략 수립	실행 및 모니터링

그림 6-2 가치사슬 분석 프로세스

1) 가치사슬 식별 및 정의

- 기업의 주요 가치 창출 활동을 식별하고 각 단계를 명확히 정의합니다.
- 가치 흐름을 더욱 정확히 이해하고, 관련된 주요 이해관계자를 파악합니다.
- 제품의 원재료 조달부터 최종 판매까지의 프로세스를 정의하여 효율적인 자원 배분이 가능하도록 합니다.

2) 활동 분류 및 분석

- 기업의 활동을 기본 및 보조 활동으로 나누고, 각 활동이 창출하는 가치를 분석합니다.
- 원가 구조 및 부가가치 창출 과정을 면밀히 파악합니다.
- 원가 절감 기회를 도출하고, 고객 가치 향상을 위한 요소를 확인합니다.

3) 성과 측정 및 벤치마킹

- 경쟁사 및 업계 표준과 비교하여 기업의 성과를 평가합니다.
- 내부 운영의 효율성을 분석하여 개선점을 도출합니다.
- 업계 모범 사례(Best Practices)와 비교하여 전략을 수립합니다.

4) 개선 전략 수립

- 비용 절감, 품질 향상, 고객 만족도 증대 등을 목표로 한 구체적인 개

선 계획을 수립합니다.

- 디지털화 및 자동화와 같은 혁신 기술 도입을 검토합니다.
- 데이터 기반의 의사결정 시스템을 도입하여 운영 효율성을 극대화합니다.

5) 실행 및 모니터링

- 수립된 전략을 실행하고, 성과를 지속해서 모니터링합니다.
- 피드백 시스템을 구축하여 지속적인 개선을 추진합니다.
- 시장 변화에 신속하게 대응할 수 있도록 조처합니다.

라. 가치사슬 분석을 위한 예시 프롬프트

1) 가치사슬 식별 및 정의 단계 프롬프트

- "우리 기업의 핵심 가치 창출 활동은 무엇인가요?"
- "고객에게 제공하는 주요 가치는 무엇이며, 이를 위한 프로세스는 어떻게 구성되어 있나요?"
- "각 단계에서 비용과 리소스를 가장 효율적으로 배분할 수 있는 방법은 무엇인가요?"

2) 활동 분류 및 분석 단계 프롬프트

- "기본 및 보조 활동 중 가장 높은 가치를 창출하는 요소는 무엇인가요?"
- "현재 운영상의 병목 현상이나 비효율적인 과정은 어디에 존재하나요?"
- "개선할 수 있는 원가 절감 요소는 무엇인가요?"

3) 성과 측정 및 벤치마킹 단계 프롬프트

- "경쟁사와 비교했을 때 우리의 가치사슬에서 차별화 요소는 무엇인

가요?"

- "핵심 성과 지표(KPI)를 설정하고 이를 개선하기 위한 전략은 무엇인가요?"
- "업계에서 성공적인 기업의 사례를 벤치마킹할 수 있는 방안은 무엇인가요?"

4) 개선 전략 수립 단계 프롬프트

- "원가 절감을 위해 어떤 전략을 적용할 수 있나요?"
- "고객 경험을 향상시키기 위한 프로세스는 어떻게 구성해야 하나요?"
- "디지털화 및 자동화를 도입하기 위한 계획은 어떻게 수립할 수 있나요?"

5) 실행 및 모니터링 단계 프롬프트

- "수립된 개선 전략을 실천하기 위한 우선순위는 무엇인가요?"
- "성과 모니터링을 위한 주요 지표는 무엇이며, 이를 어떻게 관리할 것인가요?"
- "지속적인 개선을 위해 피드백을 수집하고 반영하는 방식은 무엇인가요?"

기업 사례: 네이처스파(NatureSpa) [AI]

네이처스파는 2014년에 설립된 친환경 스킨케어 브랜드로, 자연 유래 성분을 사용한 제품을 통해 고객에게 건강한 피부 솔루션을 제공하는 것을 목표로 하고 있습니다. 초기에는 천연 원료를 강조한 마케팅 전략으로 자연 친화적인 라이프스타일을 추구하는 고객층을 확보하며 성장했지만, 최근 시장 경쟁이 심화되면서 성장세가 둔화되고 있습니다.

현재 네이처스파는 생산 비용 증가와 수익성 하락, 브랜드 차별성 부족 등의 문제를 겪고 있습니다. 경쟁 브랜드들은 빠르게 시장 변화에 대응하며 혁신적인 제품과 차별화된 마케팅을 통해 고객의 관심을 끌고 있으며, 네이처스파는 이러한 환경 속에서 지속적인 성장을 위한 전략적 방향을 모색해야 하는 상황입니다.

특히, 제품의 원재료 조달부터 고객에게 전달되는 과정까지의 가치 흐름을 점검할 필요성이 대두되고 있습니다. 내부적으로는 원가 절감과 효율성을 높이는 방안을 모색하고 있으며, 외부적으로는 고객 가치를 더욱 극대화할 수 있는 방안을 찾고자 합니다.

네이처스파의 주요 고민 사항은 다음과 같습니다.

• 원재료 조달부터 생산, 유통, 마케팅, 고객 서비스까지 전반적인 프로세스를 어떻게 최적화할 수 있을까?
• 원가를 절감하면서도 제품의 품질을 유지할 수 있는 방안은 무엇일까?
• 고객 경험을 극대화하기 위해 어떤 부문에서 추가적인 가치를 창출할 수 있을까?
• 지속 가능한 성장을 위한 공급망 관리 및 협력 업체와의 관계 개선이 필요하지 않을까?

네이처스파의 경영진은 이러한 문제를 해결하기 위해 자사의 운영 프로세스를 분석하고, 각각의 활동이 얼마나 효과적으로 이루어지고 있는지를 점검하며 경쟁력을 강화할 계획입니다. 이를 통해 비용 절감과 더불어 차별화된 고객 가치를 창출하고, 브랜드 경쟁력을 회복할 수 있는 기회를 모색하고자 합니다.

3. 균형성과표(Balanced Scorecard: BSC)

가. 균형성과표의 개념

균형성과표(Balanced Scorecard, BSC)는 조직의 성과를 재무적 관점뿐만 아니라 비재무적 관점에서도 평가하는 전략적 성과관리 시스템입니다. Kaplan과 Norton(1992)[27]은 전통적인 재무적 성과 측정의 한계를 보완하기 위해 BSC를 제안하였으며, 이를 통해 조직의 전략을 실행 가능하도록 만들고, 전반적인 성과를 종합적으로 평가할 수 있도록 하였습니다[28].

BSC는 기업이 단기적인 재무적 목표뿐만 아니라 장기적인 성장과 지속 가능성을 위해 필요한 주요 성과 지표(KPI)를 설정하고, 이를 통해 지속적인 성과 개선을 도모하는 데 초점을 둡니다[29].

나. 균형성과표의 정의

Kaplan과 Norton(1996)[30]은 균형성과표를 조직의 미션과 전략을 구체적인 성과 측정 지표로 변환하는 전략적 관리 시스템이라고 정의하였

27. Kaplan, R. S., & Norton, D. P. (1992). The balanced scorecard—measures that drive performance. Harvard Business Review, 70(1), 71-79.

28. Sümerli Sarıgül, S., & Coşkun, A. (2021). Balanced Scorecard (BSC) as a Strategic Performance Management Tool: Application in a Multinational Bank. R&S -Research Studies Anatolia Journal, 4(2), 115-129.

29. Vega Falcón, V., & Lluglla Jácome, D. K. (2019). El Balanced Scorecard como herramienta de gestión organizacional. Revista Científica ECOCIENCIA, 6(2), 1-19.

30. Kaplan, R. S., & Norton, D. P. (1996). Translating strategy into action: The Balanced Scorecard. Harvard Business School Press.

습니다(Sümerli Sarıgül & Coşkun, 2021). 이 시스템은 다음의 네 가지 관점을 중심으로 성과를 평가합니다[31].

- **재무 관점**(Financial Perspective): 조직의 수익성, 비용 절감, 매출 성장 등의 재무 성과를 측정합니다.
- **고객 관점**(Customer Perspective): 고객 만족도, 고객 유지율, 브랜드 인지도 등의 고객 관련 성과를 평가합니다.
- **내부 프로세스 관점**(Internal Process Perspective): 업무 효율성, 품질 개선, 혁신적인 내부 운영 절차를 관리합니다.
- **학습 및 성장 관점**(Learning and Growth Perspective): 직원 역량 개발, 조직문화, 정보 시스템의 발전을 통한 지속 가능한 성과 창출을 목표로 합니다.

다. 균형성과표 분석을 위한 절차

균형성과표 분석을 위한 절차는 다음과 같습니다[32].

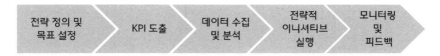

그림 6-3 균형성과표(BSC) 분석 프로세스

1) 전략 정의 및 목표 설정

- 조직의 비전과 미션을 명확히 하고, 전략적 목표를 설정합니다.

31. Choudhary, M. (2019). Importance of Balanced Scorecard in Economy. Journal of Emerging Technologies and Innovative Research, 6(4), 790-795.
32. Baaziz, A., & Khelil, M. (2006). Balanced Scorecard et Pilotage de la Performance: Cas de la Division Forage. Journées Scientifiques et Techniques de Sonatrach, 7, 1-15.

- 목표는 재무적 및 비재무적 관점에서 균형을 이루도록 구성합니다.

2) 핵심 성과지표(KPI) 도출
- 관점별로 성과를 측정할 수 있는 KPI를 선정합니다.
- KPI는 명확하고 측정 가능해야 합니다.

3) 데이터 수집 및 분석
- 설정된 KPI에 따라 성과 데이터를 수집하고 분석합니다.
- 분석을 통해 목표 달성 여부 및 부족한 부분을 식별합니다.

4) 전략적 이니셔티브 실행
- 분석 결과를 바탕으로 필요한 개선 조치를 시행합니다.
- 실행 계획을 수립하고 담당 부서를 지정하여 운영합니다.

5) 모니터링 및 피드백
- 지속해서 성과를 모니터링하고 피드백을 제공하여 전략을 조정합니다.
- 정기적인 리뷰를 통해 목표 달성 여부를 평가하고 전략을 수정합니다.

라. 균형성과표 분석을 위한 예시 프롬프트
각 분석 절차별로 다음과 같은 프롬프트를 활용할 수 있습니다.

1) 전략 정의 및 목표 설정 프롬프트
- "조직의 미션과 비전에 기반을 두어 주요 전략적 목표를 수립하려면 어떤 요소를 고려해야 할까요?"
- "재무, 고객, 내부 프로세스, 학습 및 성장 관점에서 균형 있는 목표를 설정하는 방법은?"

2) 핵심 성과지표(KPI) 도출 프롬프트
- "재무적 목표 달성을 위한 KPI로 어떤 항목이 효과적일까요?"

- "고객 만족도를 높이기 위해 측정해야 할 중요한 지표는 무엇인가요?"
- "내부 프로세스 효율성을 개선할 수 있는 주요 성과지표는?"

3) 데이터 수집 및 분석 프롬프트
- "수집된 데이터를 분석하여 성과 개선을 위한 인사이트를 도출하는 방법은?"
- "데이터 기반의 의사결정을 위해 어떤 도구를 활용할 수 있을까요?"

4) 전략적 이니셔티브 실행 프롬프트
- "현재 성과에 기반을 두어 조직의 전략적 우선순위를 조정하는 방법은?"
- "변화 관리를 효과적으로 수행하기 위한 실행 계획은?"

5) 모니터링 및 피드백 프롬프트
- "균형성과표를 활용하여 정기적으로 성과를 평가하고 조정하는 최적의 방법은?"
- "성과 모니터링을 위한 효과적인 커뮤니케이션 전략은?"

기업 사례: 에코테크(EcoTech)   AI

에코테크는 2016년에 설립된 친환경 에너지 솔루션 기업입니다. 태양광 패널, 에너지 저장 장치(ESS), 스마트 전력 관리 시스템 등을 제공하며, '지속 가능한 미래를 위한 혁신적인 에너지 솔루션'을 목표로 성장해 왔습니다. 정부의 친환경 에너지 지원 정책과 기업들의 ESG 경영 강화 흐름 속에서 빠르게 시장을 확대해 왔지만, 최근 몇 년 동안 성장세가 둔화되고 있으며, 내부적으로도 다양한 문제들이 발생하고 있습니다.

최근 에코테크는 매출 성장 둔화와 함께 조직의 성과 측정 및 목표 달성에 대한 체계적인 관리가 부족하다는 지적을 받고 있습니다. 경영진은 단기적인 재무 성과에 집중하다 보니, 장기적인 성장 동력 확보와 고객 만족도 향상, 내부 프로세스 개선, 직원 역량 강화와 같은 중요한 요소들이 간과되고 있다는 점을 인식하고 있습니다.

현재 에코테크가 직면한 주요 문제는 다음과 같습니다.

- 재무적 관점: 매출 증가율 둔화, 수익성 하락, 투자 대비 성과 미흡
- 고객 관점: 고객 유지율 감소, 경쟁사 대비 차별성 부족, 서비스 만족도 저하
- 내부 프로세스 관점: 프로젝트 수행 지연, 부서 간 협업 부족, 품질 관리 체계 미비
- 학습 및 성장 관점: 직원 역량 개발 부족, 신기술 도입 저조, 조직 문화 개선 필요

이러한 문제들 속에서 에코테크는 지속적인 성장을 위해 보다 균형 잡힌 성과 관리 체계를 도입할 필요성을 느끼고 있습니다. 특히, 단순한 재무 성과를 넘어 고객 만족, 내부 운영 효율성, 인재 개발 등 다양한 요소를 종합적으로 고려해야 한다는 점이 강조되고 있습니다.

경영진은 현재의 문제를 해결하기 위해 전사적인 성과 평가 체계를 재정비하려 하고 있으며, 이를 위해 각 부문이 어떻게 기여할 수 있을지에 대한 논의가 필요합니다. 그러나 성과를 측정하고 관

리하는 과정에서 어떤 지표를 설정해야 하며, 각 부문 간의 연계성을 어떻게 확보할 것인지에 대한 고민이 깊어지고 있습니다.

에코테크의 고민은 다음과 같습니다.

- 재무 성과를 유지하면서도 고객 만족도를 동시에 높일 수 있는 전략은 무엇인가?
- 내부 운영 프로세스를 개선하기 위한 핵심 지표(KPI)는 어떻게 설정해야 하는가?
- 직원들의 역량 강화를 위한 효과적인 방안은 무엇인가?
- 조직 전반의 목표를 조화롭게 정렬하기 위해 어떤 접근법이 필요할까?

이제 에코테크는 다양한 관점을 반영한 성과 관리 체계를 수립하기 위해 노력하고 있으며, 이를 통해 조직의 지속 가능성과 경쟁력을 강화하고자 합니다.

4. 비즈니스 모델 캔버스(Business Model Canvas: BMC)

가. 비즈니스 모델 캔버스의 개념

비즈니스 모델 캔버스(BMC)는 기업이 가치를 창출하고 전달하며 이를 통해 지속적인 수익을 창출하는 방식을 시각적으로 표현하는 전략적 관리 도구입니다[33]. 이 모델은 복잡한 비즈니스 개념을 단순화하여 하나의 캔버스에 표시함으로써 기업의 내부 및 외부 전략 분석을 효과적으로 수행할 수 있도록 돕습니다[34]. BMC는 조직의 비즈니스 모델을 명확하게 시각화하고, 전략적 의사결정을 지원하며, 새로운 기회를 탐색할 수 있는 유용한 도구로 평가받고 있습니다[35].

나. 비즈니스 모델 캔버스의 정의

BMC는 Osterwalder와 Pigneur(2010)에 의해 개발된 프레임워크로, 기업의 비즈니스 모델을 9가지 핵심 구성 요소로 나누어 설명합니다. 이 프레임워크는 다음과 같은 9가지 요소로 구성됩니다.

- **고객 세그먼트**(Customer Segments): 기업이 서비스를 제공할 주요 고객 그룹을 식별합니다.

---

33. Osterwalder, A., & Pigneur, Y. (2010). Business Model Generation: A Handbook for Visionaries, Game Changers, and Challengers. Wiley.

34. Widyarti, M. T. H., Hartono, J., Handayani, J., Rokhimah, Z. P., & Kusuma, S. Y. (2023). Implementasi Business Model Canvas pada UD Makmur Mandiri. Jurnal Aktual Akuntansi Bisnis Terapan, 6(1), 50-57.

35. Lopes, H. E. G., Rodrigues, V. C., Leite, R. S., & Gosling, M. (2023). Business Model Canvas and Entrepreneurs: Dilemmas in Managerial Practice. Brazilian Business Review, 20(3), 261-275.

- **가치 제안**(Value Propositions): 기업이 고객에게 제공하는 가치와 차별화된 이점을 정의합니다.
- **채널**(Channels): 고객에게 제품과 서비스를 전달하는 방법 및 경로를 설정합니다.
- **고객 관계**(Customer Relationships): 고객과의 관계를 구축하고 유지하는 전략을 수립합니다.
- **수익 흐름**(Revenue Streams): 기업이 제품이나 서비스 제공을 통해 창출하는 수익원입니다.
- **핵심 자원**(Key Resources): 비즈니스 모델 운영을 위한 필수 자산(인적, 물적, 재무적 자원)을 정의합니다.
- **핵심 활동**(Key Activities): 가치 제안을 제공하기 위한 주요 비즈니스 활동입니다.
- **핵심 파트너**(Key Partnerships): 비즈니스 모델 운영을 지원하는 주요 파트너십 및 공급망 관계입니다.
- **비용 구조**(Cost Structure): 비즈니스 모델 운영을 위해 발생하는 주요 비용 항목을 정의합니다.

다. 비즈니스 모델 캔버스 분석을 위한 절차

비즈니스 모델 캔버스를 분석하는 절차는 다음과 같이 진행됩니다.

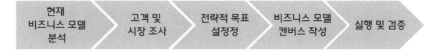

그림 6-4 비즈니스 모델 캔버스 분석 프로세스

1) 현재 비즈니스 모델 분석

- 기존의 비즈니스 모델을 검토하고 각 요소를 식별합니다.

- 시장 환경 및 경쟁사의 비즈니스 모델을 분석합니다.

2) 고객 및 시장 조사
- 대상 고객의 요구사항 및 행동 패턴을 분석합니다.
- 시장 동향 및 경쟁 요소를 파악합니다.

3) 전략적 목표 설정
- 각 비즈니스 모델 요소별 개선 목표를 수립합니다.
- 성과 지표(KPI)를 설정하고 기대 효과를 명확히 정의합니다.

4) 비즈니스 모델 캔버스 작성
- 9개 구성 요소를 기반으로 비즈니스 모델을 시각적으로 정리합니다.
- 내부 팀 및 외부 전문가의 피드백을 반영합니다.

5) 실행 및 검증
- 개선된 모델을 테스트하고 운영 성과를 분석합니다.
- 주기적으로 모델을 조정하며 지속적인 개선을 수행합니다.

라. 비즈니스 모델 캔버스 분석을 위한 예시 프롬프트
각 분석 절차별로 다음과 같은 프롬프트를 활용할 수 있습니다.

1) 현재 비즈니스 모델 분석 프롬프트
- "현재의 비즈니스 모델에서 가장 중요한 수익원과 비용 요인은 무엇인가요?"
- "기존 고객 세그먼트의 니즈를 충분히 충족하고 있는가요?"

2) 고객 및 시장 조사 프롬프트
- "우리의 주요 고객 세그먼트는 어떤 문제를 경험하고 있으며, 어떻게 해결할 수 있을까요?"

- "시장 경쟁자는 어떤 차별화된 가치 제안을 하고 있나요?"

3) 전략적 목표 설정 프롬프트

- "다양한 고객 세그먼트별로 차별화된 전략을 수립하기 위한 핵심 요소는 무엇인가요?"
- "어떤 KPI를 설정하여 비즈니스 모델의 성과를 측정할 수 있을까요?"

4) 비즈니스 모델 캔버스 작성 프롬프트

- "비즈니스 모델 캔버스를 작성할 때 가장 중요한 우선순위는 무엇인가요?"
- "모든 요소 간의 상호작용을 효과적으로 정리하는 방법은 무엇인가요?"

5) 실행 및 검증 프롬프트

- "수익 흐름을 극대화하기 위한 추가적인 전략적 조치는 무엇이 있을까요?"
- "현재 모델을 지속적으로 개선하기 위해 어떤 피드백 루프를 구축해야 할까요?"

기업 사례: 푸드커넥트(FoodConnect) [AI]

푸드커넥트는 2020년에 설립된 푸드테크 스타트업으로, 소비자와 로컬 식당을 연결하는 온라인 플랫폼을 운영하고 있습니다. 푸드커넥트는 '지역 맛집을 더 가까이'라는 비전을 가지고, 사용자들이 모바일 앱을 통해 근처의 로컬 레스토랑을 쉽게 발견하고 주문할 수 있도록 서비스를 제공하고 있습니다. 초기에는 혁신적인 아이디어와 사용자 친화적인 인터페이스를 통해 빠르게 성장했지만, 최근에는 다양한 문제에 직면하며 성장이 정체되고 있습니다.

현재 푸드커넥트가 직면한 주요 문제는 다음과 같습니다.

- 고객 이탈률 증가와 신규 고객 유치 비용의 상승
- 플랫폼에 입점한 식당들의 서비스 품질 유지 및 충성도 저하
- 수익 모델의 불안정성으로 인해 운영 비용 부담 증가
- 경쟁 플랫폼의 등장으로 차별화된 가치 제안의 필요성

경영진은 이러한 문제들을 해결하기 위해 비즈니스 모델을 재점검하고, 플랫폼의 가치를 극대화할 수 있는 전략을 수립해야 하는 상황입니다. 그러나 사업의 핵심 요소들(고객 세그먼트, 가치 제안, 채널, 고객 관계, 수익 흐름 등)을 통합적으로 분석하여, 자원을 어디에 집중해야 하는지 명확히 하는 것이 중요한 과제입니다.

푸드커넥트의 주요 고민 사항은 다음과 같습니다.

- 고객들이 플랫폼을 지속적으로 이용하도록 유도할 수 있는 차별화된 가치는 무엇일까?
- 입점 레스토랑의 참여를 유도하고 장기적인 파트너십을 유지할 방법은 무엇일까?
- 현재의 수익 모델을 개선하거나 새로운 수익 창출 방안을 모색할 수 있을까?
- 플랫폼의 마케팅 채널을 확대하고 고객 경험을 향상시키기 위한 전략은 무엇일까?

푸드커넥트는 이러한 고민을 해결하기 위해 사업 전략 분석 도구

를 활용하여 현재의 비즈니스 모델을 분석하고, 성장의 새로운 기회를 발굴할 계획입니다. 이를 통해 고객과의 관계를 강화하고, 플랫폼의 경쟁력을 높이며, 지속 가능한 성장을 도모하고자 합니다.

5. Five Forces

가. 포터의 5가지 경쟁요인의 개념

포터의 5가지 경쟁요인(Porter's Five Forces)은 기업이 특정 산업에서 경쟁 환경을 분석하고, 경쟁 우위를 확보할 수 있도록 돕는 프레임워크입니다. Michael Porter(1980)[36]는 기업의 경쟁 전략 수립을 위해 산업의 수익성을 결정하는 다섯 가지 힘을 제시하였습니다[37]. 이 모델은 기업이 시장의 경쟁 강도를 평가하고 효과적인 전략을 수립하는 데 활용됩니다.

나. 포터의 5가지 경쟁요인의 정의

포터의 5가지 경쟁요인은 기업이 시장에서 직면하는 주요 외부 환경을 다섯 가지 범주로 분석하는 방법입니다. 이 프레임워크는 다음과 같은 요소로 구성됩니다(Duan, 2022).

---

36. Porter, M. E. (1980). Competitive Strategy: Techniques for Analyzing Industries and Competitors. The Free Press.

37. Duan, H. (2022). Five Forces Model Analysis of Enterprise Strategic Management – Take Haidilao Hotpot Catering Company as an Example. World Journal of Management Science and Technology, 1(1), 18-23.

- **신규 진입자의 위협**(Threat of New Entrants): 새로운 경쟁자의 유입 가능성이 시장의 경쟁 강도에 미치는 영향을 평가합니다. 신규 진입자들이 쉽게 시장에 진입할 경우, 기존 기업의 시장 점유율과 수익성이 감소할 수 있습니다.
- **기존 경쟁자 간의 경쟁 강도**(Industry Rivalry): 동일한 산업 내 기업 간 경쟁의 강도는 수익성을 결정하는 중요한 요소입니다. 시장의 성장률, 경쟁자의 수, 제품 차별화 수준에 따라 경쟁의 강도가 달라집니다.
- **대체 제품의 위협**(Threat of Substitutes): 소비자가 기존 제품을 대체할 수 있는 상품의 존재 여부와 해당 상품의 경쟁력 분석이 필요합니다. 대체재가 많을수록 산업의 수익성이 낮아집니다.
- **구매자의 협상력**(Bargaining Power of Buyers): 고객이 가격 및 품질 요구를 통해 기업에 미치는 영향력을 분석합니다. 구매자의 협상력이 높으면 기업의 수익성이 감소할 수 있습니다.
- **공급자의 협상력**(Bargaining Power of Suppliers): 원자재 및 서비스를 제공하는 공급자의 영향력을 평가합니다. 공급자의 협상력이 높으면 기업은 생산 비용 증가로 인해 수익성이 저하될 수 있습니다.

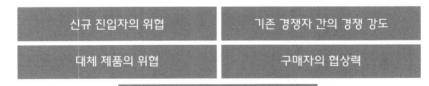

그림 6-5 포터의 5가지 경쟁요인

다. 포터의 5가지 경쟁요인 분석을 위한 절차

포터의 5가지 경쟁요인을 분석하는 일반적인 절차는 다음과 같습니다.

산업 구조 분석	경쟁자 및 신규 진입자 평가	대체 제품 분석	구매자 및 공급자 협상력 평가	전략적 대응 계획 수립

그림 6-6 5 Forces 분석 프로세스

1) 산업 구조 분석
• 해당 산업의 시장 규모, 성장률, 진입 장벽을 분석합니다.
• 경쟁요인을 식별하여 경쟁 강도를 평가합니다.

2) 경쟁자 및 신규 진입자 평가
• 기존 경쟁자의 시장 점유율과 전략을 평가합니다.
• 신규 진입자의 잠재적 위협을 분석합니다.

3) 대체 제품 분석
• 시장에서 대체재의 존재 여부 및 차별성을 분석합니다.
• 고객이 대체재를 선택할 가능성을 평가합니다.

3) 구매자 및 공급자 협상력 평가
• 고객의 구매 결정 요인을 파악하고 협상력을 분석합니다.
• 공급자의 시장 점유율과 독점력을 평가합니다.

4) 전략적 대응 계획 수립
• 분석 결과를 토대로 기업의 경쟁 전략을 수립합니다.
• 경쟁요인을 완화하거나 활용할 수 있는 방안을 마련합니다.

라. 포터의 5가지 경쟁요인 분석을 위한 예시 프롬프트

각 분석 절차별로 다음과 같은 프롬프트를 활용할 수 있습니다.

1) 산업 구조 분석 프롬프트

- "우리 산업의 주요 경쟁요인은 무엇이며, 어떻게 변화할 가능성이 있나요?"
- "경쟁 강도를 평가하기 위해 어떤 요소를 분석해야 할까요?"

2) 경쟁자 및 신규 진입자 평가 프롬프트

- "신규 진입자들이 우리 시장에 진입하기 어려운 요인은 무엇인가요?"
- "기존 경쟁자의 전략을 분석하여 우리가 취할 기회는?"

3) 대체 제품 분석 프롬프트

- "고객이 대체재로 전환할 가능성을 줄이기 위한 전략은?"
- "대체 제품이 우리의 시장 점유율에 미치는 영향은?"

4) 구매자 및 공급자 협상력 평가 프롬프트

- "구매자의 요구사항을 충족시키기 위해 어떤 전략을 채택해야 할까요?"
- "공급자의 협상력을 줄이기 위해 어떤 조처를 할 수 있을까요?"

5) 전략적 대응 계획 수립 프롬프트

- "경쟁 환경에 대한 분석 결과를 바탕으로 어떤 전략을 수립해야 하나요?"
- "우리의 경쟁 우위를 강화하기 위한 실행 계획은?"

기업 사례: 퓨어워터(PureWater) $\boxed{\text{AI}}$

퓨어워터는 2015년에 설립된 프리미엄 생수 브랜드로, '깨끗한 물로 건강한 삶을'이라는 슬로건을 내세우며 성장해 왔습니다. 퓨어워터는 천연 미네랄을 함유한 고품질 생수를 제공하며, 친환경 패키징을 적용해 지속 가능성을 강조하고 있습니다. 초기에는 고급 호텔과 피트니스 센터를 중심으로 브랜드 인지도를 높이며 시장에서 안정적인 입지를 구축했지만, 최근 몇 년간 급격한 시장 변화와 경쟁 심화로 인해 여러 도전에 직면하고 있습니다.

최근 퓨어워터는 시장 점유율 정체와 수익성 악화를 경험하고 있습니다. 경쟁사들이 차별화된 제품을 선보이며 가격 경쟁이 심화되고 있으며, 소비자들의 브랜드 충성도도 약화되고 있습니다. 특히, 대체 음료 시장이 급성장하면서 탄산수, 건강 음료, 기능성 워터와 같은 제품이 기존 생수 시장을 잠식하고 있습니다. 이러한 변화 속에서 퓨어워터는 현재의 시장 환경을 분석하고 전략적 대응 방안을 모색하고자 합니다.

최근 친환경 패키징을 내세운 신생 브랜드들이 시장에 진입하며, 차별화된 마케팅 전략으로 빠르게 점유율을 확대하고 있습니다. 온라인 유통 채널의 확산으로 인해 신규 진입자의 부담이 줄어들고 있으며, 이에 따라 퓨어워터는 경쟁에서 살아남기 위한 차별화 전략을 모색해야 합니다.

또한, 시장에는 다양한 글로벌 및 로컬 생수 브랜드가 존재하며, 가격 경쟁과 프로모션 경쟁이 심화되고 있습니다. 일부 대기업들은 대량 생산을 통한 원가 절감으로 시장을 장악하고 있으며, 퓨어워터의 프리미엄 전략이 위협받고 있습니다.

탄산수, 건강 음료, 이온 음료 등 다양한 대체 음료들이 소비자들에게 인기를 얻으며 전통적인 생수 시장을 위축시키고 있습니다. 소비자들은 물 대신 다양한 기능을 가진 제품을 선호하는 경향이 강해지고 있으며, 이에 따라 퓨어워터의 고객 이탈이 발생하고 있습니다.

생수 생산에 필요한 원재료(천연수, 친환경 패키징 자재)의 공급업체들은 친환경 규제와 원가 상승을 이유로 가격을 인상하고 있으며, 이는 퓨어워터의 수익성에 부정적인 영향을 미치고 있습니다. 품질을 유지하면서도 원가를 절감할 수 있는 방안을 마련하는 것이 중요한 과제로 떠오르고 있습니다.

소비자들은 가격과 품질을 꼼꼼히 비교하며 구매 결정을 내리고 있으며, 유통업체들 또한 다양한 브랜드를 취급하며 높은 마진을 요구하고 있습니다. 온라인 리뷰와 입소문을 통해 브랜드의 인지도와 신뢰도가 크게 영향을 받는 상황에서, 고객 만족도를 유지하는 것이 더욱 중요해지고 있습니다.

이러한 시장 환경 속에서 퓨어워터는 다음과 같은 고민을 하고 있습니다.

- 프리미엄 생수 시장에서 경쟁력을 유지하기 위해 차별화할 수 있는 요소는 무엇인가?
- 대체 음료의 위협을 극복하기 위한 새로운 제품 전략은 어떻게 설정해야 하는가?
- 공급업체와의 협력 관계를 강화하면서 원가 절감을 실현할 수 있는 방법은 무엇인가?

- 고객 충성도를 높이고 장기적인 브랜드 가치를 창출할 수 있는 마케팅 전략은 무엇인가?

퓨어워터는 이러한 고민을 해결하기 위해 시장 환경을 면밀히 분석하고, 경쟁 우위를 유지하기 위한 전략적 대안을 마련할 필요가 있습니다.

6. BCG 매트릭스

가. BCG 매트릭스의 개념

BCG 매트릭스는 기업의 제품 포트폴리오를 평가하고 전략적 의사결정을 지원하는 도구로, 시장 성장률과 상대적 시장 점유율을 기준으로 제품을 분석합니다[38]. 1970년대 Boston Consulting Group에서 개발한 이 프레임워크는 기업이 자원의 최적 분배와 성장 전략을 수립하는 데 도움을 줍니다[39].

BCG 매트릭스는 제품의 시장 위치를 시각적으로 표현하며, 기업이 자원을 효과적으로 배분할 수 있도록 지원합니다. 이를 통해 기업은 성

---

38. Kader, M. A., & Hossain, H. (2020). An analysis on BCG growth sharing matrix. International Journal of Economics, Business and Accounting Research (IJEBAR), 4(01). DOI : 10.29040/ijebar.v4i01.971

39. Piątek, R. (2023). Analysis of Brand Portfolios of Automotive Concerns Using the BCG Matrix. Journal of Modern Science, 5(54), 83-96.

장 기회를 식별하고, 수익성이 낮은 제품을 조정할 수 있습니다[40].

나. BCG 매트릭스의 정의

BCG 매트릭스는 제품을 시장 성장률과 상대적 시장 점유율에 따라 네 가지 범주로 분류합니다(Kader & Hossain, 2020; Piątek, 2023).

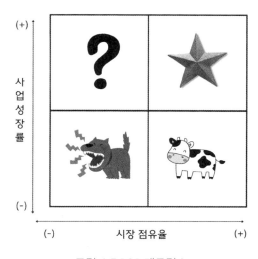

그림 6-7 BCG 매트릭스

- **스타**(Stars): 시장 성장률과 점유율이 모두 높은 제품으로, 지속적인 투자가 필요하며 높은 수익을 창출할 수 있습니다.
- **캐시 카우**(Cash Cows): 시장 점유율이 높지만 성장률이 낮은 제품으로, 안정적인 수익을 제공하며 새로운 사업 기회를 지원합니다.

---

40. Ariyanti, F. D., & Devin. (2022). Proposed Marketing Strategy in PT. Citatah Tbk with SWOT Analysis Approach and Boston Consulting Group (BCG) Matrix to Increase Sales Volume. Proceedings of the 2nd Indian International Conference on Industrial Engineering and Operations Management, 2416-2427. https://doi.org/10.46254/IN02.20220575

- **물음표(Question Marks)**: 성장률은 높지만 시장 점유율이 낮아 추가 투자를 통해 스타로 전환할 가능성이 있는 제품입니다.
- **개(Dogs)**: 성장률과 점유율이 모두 낮은 제품으로, 수익성이 낮아 철수 또는 구조조정이 필요할 수 있습니다.

다. BCG 매트릭스 분석을 위한 절차

BCG 매트릭스 분석을 수행하기 위한 일반적인 절차는 다음과 같습니다(Ariyanti &Devin, 2022).

그림 6-8 BCG 매트릭스 분석 프로세스

1) 시장과 제품 분석
- 각 제품의 시장 점유율과 성장률을 조사합니다.
- 주요 경쟁사와의 비교를 통해 상대적 시장 점유율을 산출합니다.

2) 매트릭스 작성
- 분석된 데이터를 바탕으로 제품을 네 개의 카테고리(스타, 캐시 카우, 물음표, 개)로 분류합니다.
- 성장률과 시장 점유율을 기준으로 제품의 위치를 결정합니다.

3) 전략적 의사결정
- 스타(star) 제품은 성장을 지원하기 위해 추가 투자 전략을 수립합니다.
- 캐시 카우(Cash Cow)제품은 수익을 유지하면서 신규 투자 자금을 조달하는 데 집중합니다.

- 물음표(Question Mark) 제품에 대한 투자 여부를 결정합니다.
- 개(Dogs) 제품의 철수 또는 개선 전략을 검토합니다.

4) 실행 및 성과 평가
- 설정된 전략을 실행하고 지속적으로 성과를 모니터링합니다.
- 변화하는 시장 환경에 따라 전략을 조정합니다.

라. BCG 매트릭스 분석을 위한 예시 프롬프트
각 분석 절차별로 다음과 같은 프롬프트를 활용할 수 있습니다.

1) 시장과 제품 분석 프롬프트
- "우리 제품의 시장 점유율을 측정하는 가장 효과적인 방법은 무엇인가요?"
- "경쟁 제품과 비교할 때 우리 제품의 강점과 약점은 무엇인가요?"

2) 매트릭스 작성 프롬프트
- "우리의 제품 포트폴리오를 BCG 매트릭스에 배치하기 위한 주요 기준은?"
- "성장률과 시장 점유율을 기반으로 제품의 전략적 위치를 어떻게 결정할 수 있나요?"

3) 전략적 의사결정 프롬프트
- "스타 제품의 시장 점유율을 확대하기 위한 최적의 전략은 무엇인가요?"
- "개 제품을 시장에서 철수할지, 유지할지 결정하기 위한 고려 요소는?"

4) 실행 및 성과 평가 프롬프트

- "BCG 매트릭스를 활용하여 지속해서 성과를 평가하는 방법은?"
- "제품의 수익성과 시장 점유율을 평가하는 주기적인 기준은 무엇인 가요?"

기업 사례: 퓨처가전(FutureGadget)   AI

퓨처가전은 2010년에 설립된 가전제품 제조 기업으로, 스마트 기술을 접목한 생활가전 제품을 통해 소비자들에게 편리한 생활 솔루션을 제공하는 것을 목표로 하고 있습니다. 초기에 혁신적인 기술과 디자인을 앞세워 시장에서 빠르게 성장하였으며, 다양한 제품군을 통해 소비자들에게 인지도를 높여 왔습니다. 하지만 최근 들어 시장의 변화와 경쟁 심화로 인해 성과가 제품별로 차이를 보이며, 장기적인 포트폴리오 전략의 필요성이 대두되고 있습니다.

현재 퓨처가전의 주요 제품군은 다음과 같은 문제에 직면해 있습니다.

- 스마트 냉장고와 공기청정기는 지속적인 성장을 이어가고 있지만, 경쟁사의 유사 제품 출시에 따라 시장 점유율 확대에 어려움을 겪고 있습니다.
- 로봇 청소기는 높은 성장세를 보이지만, 상대적으로 수익성이 낮아 내부적으로 수익 구조 개선이 필요합니다.
- 전통적인 가전제품(예: 일반 세탁기, 전자레인지)은 시장 포화로 인해 성장 가능성이 작아지고 있으며, 수익성이 점차 하락하고 있습니다.

신제품으로 출시한 스마트 주방 기기는 기대에 미치지 못하는 성과를 보이며 시장에서의 반응이 미미한 상황입니다.

퓨처가전의 경영진은 이러한 문제를 해결하고 자원의 효과적인 배분을 위해 제품 포트폴리오를 분석하고 전략적 방향을 설정해야 한다고 판단하고 있습니다. 하지만 각 제품의 시장 성장 가능성과 현재의 시장 점유율을 정확하게 평가하고, 이에 따라 적절한 전략을 수립하는 것이 중요한 과제로 남아 있습니다.

퓨처가전의 주요 고민 사항은 다음과 같습니다.

• 성장 가능성이 큰 제품에 자원을 집중하기 위해 어떤 기준을 적용해야 할까?
• 수익성이 낮은 제품군의 개선 전략을 어떻게 수립해야 할까?
• 시장 점유율이 낮은 신제품의 성과를 높이는 방안은 무엇일까?
• 성숙기에 접어든 제품군의 지속적인 수익 창출 방안은 어떻게 마련해야 할까?

퓨처가전의 경영진은 현재의 제품 포트폴리오를 분석하고, 시장 성장률과 시장 점유율을 기준으로 각 제품의 위치를 평가하여 자원의 우선순위를 정리하고 장기적인 성장을 위한 전략을 수립할 계획입니다.

7. GE 맥킨지 매트릭스

가. GE 맥킨지 매트릭스의 개념

GE 맥킨지 매트릭스는 General Electric과 McKinsey & Company 가 공동 개발한 전략적 포트폴리오 관리 도구입니다[41]. 기업의 사업부 (SBU)를 산업의 매력도와 사업 경쟁력의 두 가지 축을 기준으로 평가하고, 자원 배분과 성장 전략을 수립하는 데 활용됩니다[42].

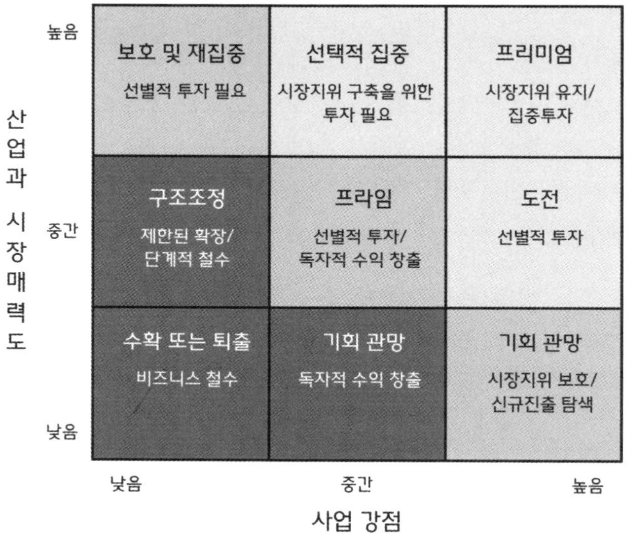

	낮음	중간	높음
높음	**보호 및 재집중** 선별적 투자 필요	**선택적 집중** 시장지위 구축을 위한 투자 필요	**프리미엄** 시장지위 유지/ 집중투자
중간	**구조조정** 제한된 확장/ 단계적 철수	**프라임** 선별적 투자/ 독자적 수익 창출	**도전** 선별적 투자
낮음	**수확 또는 퇴출** 비즈니스 철수	**기회 관망** 독자적 수익 창출	**기회 관망** 시장지위 보호/ 신규진출 탐색

산업과 시장매력도 (세로축) / 사업 강점 (가로축)

그림 6-9 GE 맥킨지 매트릭스

---

41. Decuseara, N. R. (2013). Using the general electric/Mckinsey Matrix in the process of selecting the central and east European markets. Management Strategies Journal, 191), 59-66.

42. Mokaya, S. O., Wakhungu, B., & Gikunda, R. M. (2012). The Application of McKinsey Matrix in Determination of Route Attractiveness and Resource Allocation in Kenya Airways. International Journal of Humanities and Social Science, 23), 259-270.

이 매트릭스는 단순한 재무적 지표를 넘어서 기업의 시장 성장 기회와 내부 역량을 종합적으로 평가하여 장기적인 성과를 극대화하는 데 기여합니다[43].

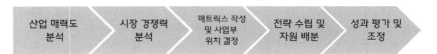

그림 6-10 GE 맥킨지 매트릭스 분석 프로세스

1) 산업 매력도 분석

- 시장 성장률, 시장 규모, 경쟁 강도, 진입 장벽 등을 평가합니다.
- 경제적, 기술적, 정치적 요인 등 외부 환경을 고려합니다.

2) 시장 경쟁력 분석

- 시장 점유율, 브랜드 인지도, 유통 네트워크, 재무 안정성 등의 내부 역량을 평가합니다.
- SWOT 분석을 통해 경쟁 우위를 파악합니다.

3) 매트릭스 작성 및 사업부 위치 결정

- 분석된 데이터를 바탕으로 각 사업부를 9개 셀에 배치합니다.
- 성장, 선별적 투자, 철수 등의 전략적 방향성을 설정합니다.

4) 전략 수립 및 자원 배분

- 성장 사업부에 대한 집중 투자 전략을 수립합니다.

43. Amatulli, C., Caputo, T., & Guido, G. (2011). Strategic Analysis through the General Electric/McKinsey Matrix: An Application to the Italian Fashion Industry. International Journal of Business and Management, 6(5), 61-74.

- 선별적 투자 사업부는 효율적인 운영 전략을 도입합니다.
- 철수 사업부는 단계적인 철수를 검토합니다.

5) 성과 평가 및 조정

- 지속적인 성과 모니터링을 통해 전략의 유효성을 검증하고 조정합니다.

라. GE 맥킨지 매트릭스 분석을 위한 예시 프롬프트

각 분석 절차별로 다음과 같은 프롬프트를 활용할 수 있습니다.

1) 산업 매력도 분석 프롬프트

- "우리 산업의 성장 가능성을 평가하기 위해 어떤 요소를 고려해야 할까요?"
- "경쟁 강도가 높은 시장에서 경쟁 우위를 확보하기 위한 전략은?"

2) 사업 경쟁력 분석 프롬프트

- "우리 기업의 내부 경쟁력을 강화하기 위한 핵심 역량은 무엇인가요?"
- "우리의 브랜드 인지도를 높이기 위한 실행 가능한 전략은?"

3) 매트릭스 작성 및 사업부 위치 결정 프롬프트

- "각 사업부의 성과를 측정하고 포트폴리오 전략을 최적화하는 방법은?"
- "GE 맥킨지 매트릭스를 활용하여 사업부의 전략적 방향을 설정하는 방법은?"

4) 전략 수립 및 자원 배분 프롬프트

- "성장 가능성이 큰 사업부에 대한 투자 우선순위를 어떻게 설정해야

하나요?"

- "시장 점유율 확대를 위한 가장 효과적인 접근 방식은?"

5) 성과 평가 및 조정 프롬프트

- "GE 맥킨지 매트릭스를 적용한 이후 성과를 측정하는 주요 지표는 무엇인가요?"
- "전략적 조정이 필요한 시점을 어떻게 파악할 수 있을까요?"

기업 사례: 퓨처에너지(FutureEnergy) [AI]

퓨처에너지는 2012년에 설립된 신재생에너지 기업으로, 태양광 및 풍력 에너지 솔루션을 통해 지속 가능한 미래를 만들어가는 것을 목표로 하고 있습니다. 초기에는 혁신적인 기술과 친환경 이미지를 앞세워 빠르게 성장하였으며, 정부의 친환경 정책 및 기업들의 ESG 경영 강화 흐름에 힘입어 사업을 확장해 왔습니다. 하지만 최근 들어 다양한 시장 변화와 경쟁 환경의 심화로 인해 사업 포트폴리오의 재조정이 필요해졌습니다.

퓨처에너지는 여러 에너지 사업 부문을 운영하고 있으며, 각 부문의 시장 매력도와 경쟁력을 종합적으로 분석할 필요성이 커지고 있습니다. 태양광 사업 부문은 꾸준한 성장세를 이어가고 있지만, 글로벌 경쟁이 심화되면서 차별화 전략이 요구되고 있습니다. 풍력 에너지 부문은 시장 성장 가능성이 높지만, 초기 투자비용과 기술적 장벽이 부담으로 작용하고 있습니다. 반면, 에너지 저장 시스템(ESS) 사업은 기술 경쟁력이 상대적으로 낮아 점유율 확대에 어려움을 겪고 있습니다.

현재 퓨처에너지는 시장에서의 입지를 강화하고, 지속 가능한 성장을 이루기 위해 각 사업 부문의 투자 우선순위를 명확히 하고자 합니다. 하지만 시장의 성장 가능성과 경쟁 역량을 균형 있게 고려하는 전략적 의사결정이 필요한 상황입니다.

퓨처에너지가 직면한 주요 고민 사항은 다음과 같습니다.

• 어떤 사업 부문에 집중적으로 투자해야 할까?
• 시장 매력도가 높은 사업 부문의 경쟁력을 어떻게 강화할 수 있을까?
• 상대적으로 성장성이 낮은 사업 부문을 지속해야 할지, 축소해야 할지에 대한 판단 기준은 무엇일까?
• 자원의 효율적인 배분을 통해 기업의 지속 가능성을 극대화하는 방안은 무엇일까?

퓨처에너지는 이러한 고민을 해결하기 위해 사업 포트폴리오를 평가하고, 각 부문의 시장 매력도와 경쟁력을 분석하여 최적의 전략적 방향을 수립하고자 합니다. 이를 통해 고성장 부문에 대한 투자 확대, 저성장 부문의 효율적 운영 방안을 마련하고 기업의 미래 경쟁력을 강화할 계획입니다.

8. 호신 칸리(Hoshin Kanri)

가. 호신 칸리의 개념

호신 칸리는 일본에서 개발된 전략적 관리 시스템으로, 조직의 장기적인 목표를 설정하고 이를 전체 조직 계층에 전파하는 프로세스입니다. 이 방법론은 경영 목표를 하위 수준까지 명확하게 전달하고, 조직 구성원의 참여를 유도하여 지속적인 성과 개선을 이루는 데 초점을 맞추고 있습니다[44].

호신 칸리는 조직의 장기적인 목표와 비전을 명확하게 설정하고, 이를 연간 목표와 부서별 실행 계획으로 구체화하여 체계적으로 추진할 수 있도록 합니다. 이를 통해 전략적 목표의 일관성을 유지하고, 조직의 역량을 최대한 활용할 수 있습니다[45].

나. 호신 칸리의 정의

호신 칸리는 '방침 관리' 또는 '정책 전개'로 번역될 수 있으며, 조직의 전략적 목표를 달성하기 위해 구체적인 실행 계획과 책임을 설정하는 관리 기법입니다. 호신 칸리는 다음의 주요 특징을 가집니다 (Pavlíčková et al., 2022; Melander et al., 2024).

---

44. Pavlíčková, M., Mojžišová, A., & Pócsová, J. (2022). Hoshin Kanri Process: A Review and Bibliometric Analysis on the Connection of Theory and Practice. Processes, 10(9), 1854.

45. Melander, A., Brunninge, O., Andersson, D., Elgh, F., & Löfving, M. (2024). Management Innovation in SMEs – Taking Psychological Ownership of Hoshin Kanri. Production Planning & Control, 35(14), 1687-1705.

전략적 목표 설정	계층적 목표 전개
PDCA 사이클 적용	조직의 정렬

그림 6-11 호신 칸리의 특징

- **전략적 목표 설정**: 3년에서 5년의 장기적인 비전 수립.
- **계층적 목표 전개**: 상위 경영진에서 시작해 하위 부서까지 목표를 분할 및 배포.
- PDCA(Plan-Do-Check-Act) **사이클 적용**: 지속적인 개선을 위한 반복적인 검토 및 조정.
- **조직의 정렬**: 모든 부서와 직원이 동일한 목표를 공유하고 실천할 수 있도록 조정.

다. 호신 칸리 분석을 위한 절차

호신 칸리의 분석 및 실행을 위한 절차는 다음과 같이 진행됩니다 (Pavlíčková et al., 2022).

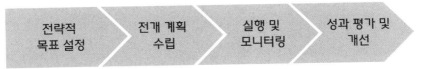

그림 6-12 호신 칸리 분석 프로세스

1) 전략적 목표 설정
- 조직의 비전 및 중장기 목표를 설정합니다.
- 장기적인 성과 지표를 수립합니다.

2) 전개 계획 수립

- 각 부서별 목표와 실행 계획을 수립합니다.
- 목표 달성을 위한 핵심 지표(KPI)를 정의합니다.

3) 실행 및 모니터링

- 정기적인 회의를 통해 실행 상태를 점검합니다.
- KPI 달성도를 모니터링하고, 이슈 발생 시 조정을 수행합니다.

4) 성과 평가 및 개선

- 연간 목표 달성 여부를 평가하고, 개선 방안을 도출합니다.
- 지속적인 성과 향상을 위해 PDCA 사이클을 반복 적용합니다.

라. 호신 칸리 분석을 위한 예시 프롬프트

각 분석 절차별로 다음과 같은 프롬프트를 활용할 수 있습니다.

1) 전략적 목표 설정 프롬프트

- "우리 조직의 3년 후 목표를 어떻게 설정할 수 있을까요?"
- "경쟁력 강화를 위해 어떤 전략적 우선순위를 설정해야 할까요?"

2) 전개 계획 수립 프롬프트

- "부서별 목표를 효과적으로 설정하기 위한 핵심 요소는 무엇인가요?"
- "KPI를 설정할 때 고려해야 할 주요 요인은 무엇인가요?"

3) 실행 및 모니터링 프롬프트

- "실행 과정에서 성과를 측정할 수 있는 가장 효율적인 방법은 무엇인가요?"

- "목표 달성률을 높이기 위해 어떤 조치를 취할 수 있나요?"

4) 성과 평가 및 개선 프롬프트

- "연간 성과 분석을 통해 어떤 개선 기회를 찾을 수 있을까요?"
- "PDCA 사이클을 활용하여 지속적인 성과 개선을 이루는 방법은?"

기업 사례: 퓨처모빌리티(FutureMobility)   AI

퓨처모빌리티는 2015년에 설립된 전기차 및 모빌리티 솔루션 제공 기업으로, '지속 가능한 이동 수단을 통한 미래 혁신'을 비전으로 성장해 왔습니다. 퓨처모빌리티는 친환경 전기차와 배터리 기술을 통해 시장에서 인지도를 높이며, 글로벌 시장으로의 확장을 목표로 하고 있습니다. 하지만 최근 몇 년간 시장의 변화와 내부 운영상의 문제로 인해 성장이 정체되고 있습니다.

퓨처모빌리티는 다양한 신기술을 적용한 제품을 출시하고 있으나, 전사적인 목표와 개별 부서의 실행 계획 간의 연계성이 부족하다는 지적이 제기되고 있습니다. 특히, 연구개발(R&D), 생산, 마케팅 등 주요 부서 간의 협업이 원활하지 않아 전략적 방향성이 일관되지 않고, 이에 따라 조직 내 의사소통과 실행의 정합성이 떨어지고 있습니다.

현재 퓨처모빌리티가 직면한 주요 문제는 다음과 같습니다.

- 각 부서의 목표가 전체 회사의 전략적 방향성과 일치하지 않는 문제
- 혁신적인 신제품 개발을 위한 명확한 전략 목표 및 실행 계획의

부족

- 시장 변화에 신속하게 대응하기 어려운 내부 의사결정 프로세스
- 품질 향상과 비용 절감의 균형을 유지하기 위한 장기적인 계획 미흡

이러한 문제들을 해결하기 위해 퓨처모빌리티는 전사적인 목표 설정과 실행 계획 수립을 체계적으로 연계할 수 있는 방법을 모색하고 있으며, 이를 통해 장기적인 성장 전략을 효과적으로 추진할 수 있는 방안을 찾고자 합니다.

퓨처모빌리티의 경영진은 다음과 같은 고민을 하고 있습니다.

전사적인 목표를 명확히 설정하고, 각 부서의 실행 계획과 어떻게 연계할 수 있을까?

성과 지표를 설정하여 목표 달성 여부를 효과적으로 모니터링할 방법은 무엇일까?

조직 전반의 참여와 협업을 촉진할 수 있는 프로세스를 어떻게 구축할 수 있을까?

회사의 장기적인 비전을 구체적인 실행 전략으로 연결하는 방법은 무엇일까?

퓨처모빌리티는 이러한 고민을 해결하기 위해 전사적인 목표 관리 기법을 도입하고, 모든 부서가 같은 방향으로 나아갈 수 있도록 명확한 전략적 계획과 실행 프로세스를 수립할 계획입니다.

7장

운영 및 품질 프로세스 프롬프팅

운영 및 품질 관리는 조직의 성과를 극대화하고 경쟁력을 확보하기 위한 핵심 요소입니다. 그러나 시장의 요구가 빠르게 변화하고 기술이 발전함에 따라, 기존의 품질 관리 방식만으로는 지속적인 성장을 보장하기 어렵습니다. 이러한 환경 속에서 프로세스 프롬프팅(Process Prompting)은 운영 및 품질 관리의 핵심 프로세스를 보다 체계적이고 효과적으로 수행할 수 있도록 지원하는 중요한 도구로 자리 잡고 있습니다.

운영 및 품질 프로세스는 조직이 제품과 서비스를 제공하는 과정에서 발생하는 문제를 신속하게 파악하고 개선할 수 있도록 설계됩니다. 이 과정에서 프로세스 프롬프팅을 적용하면 다음과 같은 이점을 얻을 수 있습니다.

- 문제의 근본 원인 분석을 통해 품질 개선의 방향성을 명확하게 설정할 수 있습니다.

- 운영 과정의 비효율성을 식별하고 제거하여 생산성을 향상시킬 수 있습니다.
- 표준화된 품질 관리 기법을 도입함으로써 프로세스의 일관성을 유지하고 신뢰성을 확보할 수 있습니다.
- 지속적인 개선을 통해 시장 변화에 빠르게 적응하고 고객 만족도를 높일 수 있습니다.

이러한 접근 방식을 통해 조직은 더 체계적이고 과학적인 방법으로 운영 및 품질 관리를 수행할 수 있으며, 궁극적으로 경쟁력을 강화할 수 있습니다.

본 장에서는 다음과 같은 주요 운영 및 품질 관리 기법을 프로세스 프롬프팅과 연계하여 효과적으로 활용하는 방안을 살펴봅니다.

- **5Whys 기법:** 반복적인 질문을 통해 문제의 근본 원인을 파악하는 도구입니다.
- **TQM**(Total Quality Management): 조직 전체가 참여하는 총체적 품질 관리 방식입니다.
- **TOC**(Theory of Constraints): 병목 현상을 제거하여 시스템의 전체적인 효율성을 극대화합니다.
- **PDCA**(Plan–Do–Check–Act): 지속적인 개선을 위한 순환적 접근 방법입니다.
- **Fishbone Diagram:** 원인과 결과의 관계를 시각적으로 분석하여 문제의 핵심 원인을 파악하는 도구입니다.
- **8D 문제해결기법:** 팀 기반의 구조적인 문제 해결 방법론입니다.

- **Kaizen:** 작은 변화를 통해 지속적으로 개선하는 철학적 접근 방식입니다.
- **Six Sigma:** 데이터 기반의 의사결정을 통해 품질을 개선하고 변동성을 줄이는 방법론입니다.

이제, 프로세스 프롬프팅을 활용하여 이러한 기법들을 실무적으로 적용하는 방법을 살펴보겠습니다.

1. 5Whys

가. 5 Whys 기법의 개념

5 Whys 기법은 문제가 발생했을 때 근본 원인을 찾기 위해 "왜?"라는 질문을 다섯 번 반복하여 문제의 근본적인 원인을 탐색하는 기법입니다. 이 방법은 간단하면서도 효과적으로 문제의 근본 원인을 파악하는 데 도움을 줍니다. 본래 도요타 생산 시스템에서 도입된 이 기법은 현재 다양한 산업 분야에서 문제 해결을 위한 도구로 활용되고 있습니다[46].

이 기법의 핵심 개념은 겉으로 드러난 문제의 표면적 원인을 넘어 근본 원인을 파악하는 데 있으며, 반복적인 질문을 통해 연쇄적인 인과관계를 규명합니다[47].

---

46. Serrat, O., & Serrat, O. (2017). The five whys technique. Knowledge solutions: Tools, methods, and approaches to drive organizational performance, 307-310.

나. 5 Whys 기법의 정의

5 Whys 기법은 조직이 문제를 해결하기 위해 사용할 수 있는 구조화된 문제 해결 기법으로, 다음과 같은 특징을 가집니다[48].

- 단순하면서도 체계적인 접근 방식을 제공합니다.
- 표면적인 문제뿐만 아니라 근본 원인까지 도달 가능합니다.
- 지속적인 개선을 위한 중요한 도구로 사용 가능합니다.
- 팀워크와 협업을 통해 문제 해결 접근을 향상합니다.
- 신속한 원인 분석 및 해결책 도출을 지원합니다.

다. 5 Whys 분석을 위한 절차

5 Whys 기법을 활용한 분석 절차는 다음과 같이 진행됩니다(Serrat & Serrat, 2017).

1) 문제 정의
- 해결해야 할 문제를 명확하고 구체적으로 정의합니다.
- 예: "생산라인에서 결함이 발생하는 이유는 무엇인가?"

2) 첫 번째 왜(Why) 질문
- 팀원들에게 첫 번째 "왜" 질문을 던지고 답변을 수집합니다.
- 예: "왜 결함이 발생했는가?" → "기계가 자주 멈춘다."

2) 두 번째 왜(Why) 질문

---

47. Rodríguez-Álvarez, J. L., García Alcaraz, J. L., Navarrete-Molina, C., & Soto-Cabral, A. (2024). Root Cause Analysis (RCA). In Lean Manufacturing in Latin America: Concepts, Methodologies and Applications (pp. 439-468). Cham: Springer Nature Switzerland.

48. Serrat, O. (2009). The Five Whys. Knowledge Solutions, 30.

- 첫 번째 답변을 바탕으로 두 번째 "왜" 질문을 진행합니다.
- 예: "왜 기계가 자주 멈추는가?" → "기계 유지보수가 부족하다."

3) 세 번째 왜(Why) 질문
- 계속해서 세 번째 질문을 통해 근본 원인을 찾습니다.
- 예: "왜 유지보수가 부족한가?" → "유지보수 일정이 제대로 관리되지 않는다."

4) 네 번째 왜(Why) 질문
- 유지보수 일정 관리가 부족한 이유를 탐색합니다.
예: "왜 유지보수 일정이 관리되지 않는가?" → "인력이 부족하다."

5) 다섯 번째 왜(Why) 질문
- 최종적으로 근본 원인을 도출합니다.
- 예: "왜 인력이 부족한가?" → "예산이 부족하다."

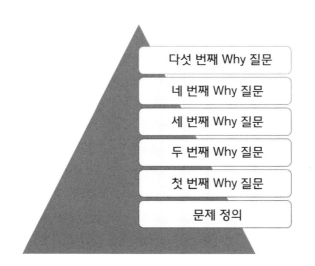

그림 6-12 호신 칸리 분석 프로세스

이렇게 진행하면 마지막에 "예산 부족"이라는 근본 원인을 발견할 수 있습니다.

라. 5 Whys 분석을 위한 예시 프롬프트
각 분석 절차별로 다음과 같은 프롬프트를 활용할 수 있습니다.

1) 문제 정의 프롬프트
- "우리 조직에서 해결해야 할 주요 문제는 무엇인가요?"
- "문제를 명확하고 구체적으로 설명할 수 있나요?"
- "이 문제가 조직에 미치는 영향은 무엇인가요?"

2) 첫 번째 왜 질문 프롬프트
- "이 문제가 발생한 이유는 무엇인가요?"
- "문제의 가장 명확한 원인은 무엇인가요?"
- "문제가 발생하는 주요 상황은 어떤가요?"

3) 두 번째 왜 질문 프롬프트
- "그 원인이 발생한 이유는 무엇인가요?"
- "이 원인을 초래한 조직 내 요인은 무엇인가요?"
- "외부적인 요인이 이 문제에 영향을 미치고 있나요?"

4) 세 번째 왜 질문 프롬프트
- "이러한 요인은 어떤 근본적인 문제에서 비롯되었나요?"
- "이 문제가 발생하는 프로세스의 취약점은 무엇인가요?"
- "과거에 비슷한 문제가 발생한 사례가 있나요?"

5) 네 번째 왜 질문 프롬프트
- "어떤 추가적인 요소가 이 문제를 초래할 가능성이 있나요?"

- "이 문제를 예방하려는 조치는 있었나요?"
- "문제 해결을 위해 어떤 리소스가 필요한가요?"

6) 다섯 번째 왜 질문 프롬프트

- "이 모든 문제의 궁극적인 원인은 무엇인가요?"
- "해당 원인을 제거함으로써 문제를 해결할 수 있나요?"
- "이 문제를 방지하기 위해 조직 차원의 조치는 무엇인가요?"

기업 사례: 스위프트로지스(SwiftLogis)   AI

스위프트로지스는 2015년에 설립된 물류 서비스 기업으로, 전국적인 배송 네트워크를 구축하여 고객에게 신속하고 정확한 배송 서비스를 제공하는 것을 목표로 하고 있습니다. 최근 몇 년 동안 온라인 쇼핑의 증가로 인해 물류 수요가 급증하였으나, 고객 불만족 증가와 운영 비용 상승이라는 문제에 직면하고 있습니다. 특히, 배송 지연과 오배송 사례가 빈번히 발생하면서 고객 신뢰도 저하가 문제로 대두되고 있습니다.

현재 스위프트로지스가 직면한 주요 문제는 다음과 같습니다.

- 배송 지연 사례 증가로 인해 고객 불만 상승
- 오배송으로 인한 추가 물류 비용 발생
- 고객 서비스 대응 지연으로 인한 불만 접수 증가
- 내부 프로세스의 비효율성으로 인해 작업자의 업무 과부하

경영진은 이러한 문제를 해결하기 위해 근본적인 원인을 파악하는 것이 중요하다고 판단하고 있으며, 이를 위해 체계적인 문제 분석

기법을 도입하고자 합니다. 하지만 문제의 원인이 단순하지 않고 여러 부서에 걸쳐 있어 근본적인 문제를 정확히 규명하는 데 어려움을 겪고 있습니다.

스위프트로지스의 주요 고민 사항은 다음과 같습니다.

- 배송 지연이 발생하는 근본적인 원인은 무엇일까?
- 오배송의 빈도를 줄이기 위해 개선해야 할 프로세스는 무엇일까?
- 고객 불만을 줄이기 위해 고객 응대 프로세스를 어떻게 개선할 수 있을까?

운영 비용을 절감하면서 서비스 품질을 유지할 방안은 무엇일까?

스위프트로지스는 이러한 고민을 해결하기 위해 운영 프로세스를 분석하고, 문제의 근본 원인을 파악하여 실질적인 개선책을 도출할 계획입니다. 이를 통해 고객 만족도를 향상하고, 운영 효율성을 극대화하며, 장기적인 성장 기반을 구축하고자 합니다.

2. TQM

가. TQM의 개념

TQM(Total Quality Management)은 조직의 전반적인 품질을 향상시키기 위해 지속적인 개선과 고객 만족을 최우선으로 삼는 경영기법입니다. TQM은 모든 조직 구성원이 품질 개선 활동에 참여하도록 독려하며, 프로세스의 전반적인 효율성과 효과성을 높이는 데 중점을 둡니다[49].

이 기법은 주로 제조업에서 출발하였으나, 현재는 서비스업, 의료, 교육 등 다양한 산업 분야에서 적용되고 있습니다. TQM의 핵심 개념은 다음과 같습니다[50].

- 고객 중심: 고객의 요구사항과 기대치를 정확하게 파악하고 이를 반영합니다.
- 지속적 개선: 프로세스를 지속해서 평가하고 개선합니다.
- 전사적 참여: 모든 구성원이 품질 개선 활동에 적극적으로 참여합니다.
- 데이터 기반 의사결정: 객관적인 데이터를 활용하여 품질을 평가하고 개선합니다.

나. TQM의 정의

TQM은 조직의 전반적인 품질을 체계적으로 관리하기 위한 종합적인 경영 접근 방식으로 정의됩니다. 조직의 모든 계층과 부서가 품질 향

49. Tanasienko, N., Holovach, T., & Zabolotna, S. (2023). Implementation of the TQM system in Ukrainian enterprises. Khmelnytskyi National University Journal, 316(2), 247-251.

50. Hidayah, N., Arbianingsih, & Ilham. (2022). The impact of integrated quality management-based health services on general hospital quality. Frontiers in Public Health, 10, 1011396.

상을 위해 협력해야 하며, 이를 통해 장기적인 성과와 경쟁력을 강화할 수 있습니다[51].

TQM의 주요 요소는 다음과 같습니다.

- **고객 만족**: 고객의 요구를 충족하는 품질 수준을 유지하고 개선합니다.
- **지속적인 프로세스 개선**: 주기적으로 성과를 평가하고 문제 해결을 통해 발전을 도모합니다.
- **리더십**: 경영진이 강력한 리더십을 통해 품질 중심의 조직 문화를 조성합니다.
- **전략적 계획**: 장기적인 목표를 설정하고 이를 달성하기 위한 실행 계획을 수립합니다.
- **측정 및 분석**: 품질 데이터를 기반으로 성과를 평가하고 개선 기회를 도출합니다.
- **협력적 조직 문화**: 부서 간 원활한 협력을 촉진하고 적극적인 커뮤니케이션을 유도합니다.

다. TQM 분석을 위한 절차

TQM을 효과적으로 적용하기 위한 절차는 다음과 같이 진행됩니다 (Tanasienko et al., 2023).

51. Susanti, H. D. (2023). Perbaikan kualitas produksi gula menggunakan total quality management (TQM). Agromix, 14(1), 104-113.

그림 7-2 TQM 분석 프로세스

1) 조직의 품질 목표 설정

- 고객의 요구사항을 분석하고 품질 정책을 수립합니다.
- 성과 측정을 위한 주요 지표(KPI)를 정의합니다.

2) 품질 개선 계획 수립

- 현재 품질 수준을 평가하고 개선 기회를 도출합니다.
- 목표 달성을 위한 실행 계획과 팀 역할을 명확히 합니다.

3) 실행 및 모니터링

- 품질 향상을 위한 실행 계획을 시행합니다.
- 정기적인 평가를 통해 지속해서 개선합니다.

4) 성과 분석 및 조정

- 실행된 개선 활동의 성과를 분석하고 보완할 방안을 도출합니다.
- 성과 측정 결과를 바탕으로 전략을 조정합니다.

라. TQM 분석을 위한 예시 프롬프트

각 분석 절차별로 다음과 같은 프롬프트를 활용할 수 있습니다.

1) 조직의 품질 목표 설정 프롬프트

- "우리 조직의 품질 목표를 설정하는 데 필요한 핵심 요소는 무엇인가 요?"

- "고객의 품질 기대치를 충족시키기 위한 전략적 접근 방법은?"

2) 품질 개선 계획 수립 프롬프트

- "현재의 품질 수준을 정확히 평가하기 위한 지표는 무엇인가요?"
- "품질 개선을 위해 필요한 자원과 역량은 무엇인가요?"

3) 실행 및 모니터링 프롬프트

- "품질 개선 활동의 성과를 측정하는 최적의 방법은 무엇인가요?"
- "프로세스 개선 실행 중 발생할 수 있는 주요 리스크는 무엇인가요?"

4) 성과 분석 및 조정 프롬프트

- "품질 개선 결과를 효과적으로 분석하기 위한 주요 지표는?"
- "TQM을 지속해서 개선하기 위한 피드백 체계는 어떻게 마련할 수 있을까요?"

기업 사례: 퀄리프레시(QualiFresh)   AI

퀄리프레시는 2014년에 설립된 신선식품 유통 기업으로, 국내외 농산물을 가공·포장하여 대형마트와 온라인 유통 채널을 통해 공급하고 있습니다. 퀄리프레시는 '신뢰할 수 있는 품질, 고객의 건강'이라는 비전을 내세우며 성장해 왔지만, 최근 몇 년간 고객 불만이 증가하고 제품 품질에 대한 신뢰도가 저하되면서 경영에 어려움을 겪고 있습니다.

최근 퀄리프레시가 직면한 주요 문제는 다음과 같습니다.

- 제품의 신선도 불균형으로 인한 고객 불만 증가
- 품질 관리 프로세스의 비효율성으로 인한 불량률 증가
- 고객의 품질 기대 수준에 부합하지 않는 서비스 대응
- 직원들의 품질 관리 인식 부족으로 인한 내부 운영 문제

경영진은 이러한 문제를 해결하기 위해 기업의 모든 부문에서 품질을 최우선으로 고려하는 체계적인 품질 관리 접근 방식을 도입할 필요성을 인식하고 있습니다. 그러나, 품질 관리를 위한 체계적인 접근과 조직 전반의 참여를 유도하는 데 어려움을 겪고 있습니다.

퀄리프레시의 주요 고민 사항은 다음과 같습니다.

- 품질 관리 체계를 어떻게 전사적으로 강화할 수 있을까?
- 고객의 품질 기대에 부합하기 위해 어떤 개선 조치를 취해야 할까?
- 모든 부서가 품질 향상 목표에 동참하도록 하는 방안은 무엇일까?
- 지속적인 품질 개선을 위해 어떤 프로세스를 도입할 수 있을까?

퀄리프레시는 이러한 고민을 해결하기 위해 품질을 핵심 가치로 삼고, 모든 직원이 참여하는 체계적인 품질 개선 활동을 추진할 계획입니다. 이를 통해 고객 만족도를 높이고, 장기적으로 경쟁력을 확보하며 지속 가능한 성장을 이루고자 합니다.

3. TOC

가. TOC의 개념

TOC(Theory of Constraints, 제약 이론)는 조직의 목표 달성을 방해하는 가장 중요한 제약 요인을 식별하고 이를 효과적으로 관리하여 성과를 향상시키는 경영 기법입니다. TOC는 시스템의 흐름을 최적화하고 병목 현상을 제거함으로써 조직의 생산성과 수익성을 극대화하는 데 중점을 둡니다[52].

이 기법은 제조업뿐만 아니라 프로젝트 관리, 물류, 공급망 관리 등 다양한 산업 분야에서 활용되고 있습니다. TOC의 핵심 개념은 다음과 같습니다[53].

- **시스템적 접근**: 조직의 모든 요소가 상호 연결된 시스템으로 작동합니다.
- **제약의 초점화**: 가장 중요한 병목 요인을 찾아내고 이를 해결하는 데 집중합니다.
- **지속적 개선**: 제약을 해결한 후 새로운 제약을 찾고 이를 반복적으로 개선합니다.
- **전체 최적화**: 조직의 전반적인 성과를 극대화하는 데 집중합니다.

나. TOC의 정의

52. Chamrada, D., & Kollmann, J. (2023). Evolution of the Theory of Constraints: a Literature Review. Transport And Communications, 11(2), 7-14.
53. Janosz, M. (2018). The Theory of Constraints as a Method of Results Optimization in Complex Organization. Archives of Foundry Engineering, 18(4), 59-64.

TOC는 조직의 목표 달성을 방해하는 '제약'을 식별하고 이를 체계적으로 관리함으로써 조직의 성과를 극대화하는 종합적인 관리 기법입니다. Goldratt & Cox(1984)[54]는 TOC를 "모든 시스템에는 적어도 하나의 제약이 존재하며, 이 제약을 제거함으로써 전체 시스템의 성과를 극대화할 수 있다"라고 정의하였습니다(Chamrada & Kollmann, 2023).

TOC의 주요 요소는 다음과 같습니다.

- **제약 식별:** 시스템 내에서 병목 현상을 파악합니다.
- **제약 활용:** 제약을 최대한 활용하여 시스템의 효율성을 극대화합니다.
- **모든 활동의 조정:** 시스템의 모든 프로세스를 제약에 맞추어 조정합니다.
- **제약 완화:** 제약을 해결하기 위해 프로세스를 개선합니다.
- **지속적 개선:** 새로운 제약을 찾아 다시 개선 프로세스를 시작합니다.

다. TOC 분석을 위한 절차

TOC의 적용 절차는 다음과 같이 진행됩니다(Janosz, 2018).

그림 7-3 TOC 분석 프로세스

54. Goldratt, E. M., & Cox, J. (1984). The Goal: a process of on-going improvement. North River, Press. Inc.

1) 제약 요인의 식별

- 조직의 프로세스에서 가장 큰 병목을 파악합니다.
- 제약이 발생하는 주요 원인을 분석합니다.

2) 제약의 활용 방법 결정

- 현재 자원을 활용하여 제약을 극대화하는 방안을 마련합니다.
- 병목 구간에서 생산성을 향상시킬 방안을 도출합니다.

3) 전체 시스템 조정

- 모든 부서와 프로세스를 제약에 맞추어 조정합니다.
- 우선순위를 재조정하고 자원을 최적화합니다.

4) 제약 완화 및 제거

- 추가적인 자원 투입이나 프로세스 개선을 통해 제약을 완화합니다.
- 새로운 전략적 접근 방식을 도입합니다.

5) 새로운 제약 파악

- 제약이 해소된 이후, 다음 제약 요인을 파악하여 개선 주기를 반복합니다.

라. TOC 분석을 위한 예시 프롬프트

각 분석 절차별로 다음과 같은 프롬프트를 활용할 수 있습니다.

1) 제약 요인의 식별 프롬프트

- "우리 조직의 생산성을 저해하는 가장 큰 제약 요인은 무엇인가요?"
- "현재 시스템에서 병목 현상이 발생하는 지점은 어디인가요?"

2) 제약의 활용 방법 결정 프롬프트

- "제약을 최대한 활용하기 위해 어떤 전략이 필요할까요?"

- "현재 자원을 어떻게 배분해야 생산성을 극대화할 수 있나요?"

3) 전체 시스템 조정 프롬프트

- "조직의 다른 부서들이 제약을 극복하기 위해 어떻게 협력할 수 있나요?"
- "우선순위를 어떻게 재조정해야 효율성을 높일 수 있나요?"

4) 제약 완화 및 제거 프롬프트

- "제약을 완화하기 위해 어떤 추가적인 자원이 필요할까요?"
- "현재 프로세스를 어떻게 개선해야 제약을 제거할 수 있나요?"

5) 새로운 제약 파악 프롬프트

- "새로운 병목 현상을 발견하는 방법은 무엇인가요?"
- "지속적인 개선을 위해 어떤 모니터링 체계를 도입할 수 있나요?"

기업 사례: 퀵메이드(QuickMaid) [AI]

퀵메이드는 2016년에 설립된 가정 및 상업 청소 서비스 제공 기업으로, 빠르고 신뢰할 수 있는 청소 솔루션을 통해 다양한 고객층을 확보하며 성장해 왔습니다. 퀵메이드는 맞춤형 서비스와 유연한 스케줄 조정으로 차별화를 시도하고 있으며, 현재 전국적으로 50개 이상의 지점을 운영하고 있습니다. 그러나 최근 몇 년간 고객 불만이 증가하고, 수익성 하락과 서비스 지연 문제가 발생하면서 운영 효율성 개선이 시급한 상황입니다.

현재 퀵메이드가 직면한 주요 문제는 다음과 같습니다.

- 고객 예약이 특정 시간대에 집중되어 서비스 지연 발생
- 일부 지점의 인력 부족으로 인해 작업 처리 속도 저하
- 장비 유지보수 지연으로 인해 작업 효율성이 저하되고 있음
- 청소용품 재고 관리의 비효율성으로 원가 상승

경영진은 이러한 문제를 해결하기 위해 서비스 프로세스를 분석하고, 병목 현상을 파악하여 운영 효율성을 극대화할 필요성을 인식하고 있습니다. 그러나 문제 해결을 위한 체계적인 접근 방식이 부족하고, 운영상의 제약 요인을 효과적으로 분석하고 해결하는 데 어려움을 겪고 있습니다.

퀵메이드의 주요 고민 사항은 다음과 같습니다.

- 서비스 지연의 근본적인 원인은 무엇이며, 이를 해결하기 위한 최적의 방법은 무엇일까?
- 현재 프로세스에서 가장 큰 제약 요소는 무엇이며, 이를 어떻게 개선할 수 있을까?
- 인력 배치와 장비 유지보수를 효율적으로 관리할 방법은 무엇일까?
- 운영 비용을 절감하면서도 서비스 품질을 유지할 수 있는 전략은 무엇일까?

퀵메이드는 이러한 고민을 해결하기 위해 운영 프로세스를 면밀히 분석하고, 최적의 자원 배분 및 프로세스 개선을 추진할 계획입니다. 이를 통해 서비스 지연 문제를 해결하고, 비용 절감과 고객 만족도를 동시에 달성하고자 합니다.

4. PDCA

가. PDCA의 개념

PDCA 사이클은 지속적인 개선을 위해 조직의 프로세스를 체계적으로 관리하는 품질 관리 방법론입니다. 이 개념은 Walter A. Shewhart가 처음 제안하였으며, 이후 William Edwards Deming에 의해 널리 알려졌습니다[55].

PDCA는 계획(Plan), 실행(Do), 점검(Check), 조치(Act)의 네 단계로 구성되어 있으며, 조직이 문제를 식별하고 해결하며 지속적으로 성과를 향상시키는 데 유용합니다[56].

PDCA의 핵심 개념은 다음과 같습니다(Tian, 2024).

- 문제 해결 및 품질 개선을 위한 체계적인 접근 방식을 제공합니다.
- 주기적으로 프로세스를 평가하고 수정하여 지속적인 개선을 촉진합니다.
- 명확한 목표 설정과 성과 측정을 통해 조직의 효율성을 높입니다.
- 전 직원의 참여를 통해 조직 전체의 성과를 강화합니다.

나. PDCA의 정의

PDCA 사이클은 조직의 목표 달성을 위한 반복적이고 체계적인 품질

---

55. Tian, X. (2024). Exploration of course teaching methods based on PDCA cycle theory. Journal of Education and Educational Research, 8(1), 50-53.

56. Miranda, G. W. (2024). TO ERR IS HUMAN? THE USE OF THE PDCA CYCLE AS POKA YOKE: Artigo publicado nos anais do XVI SIMPEP, 2009. Revista Ciências Exatas, 30(2).

관리 접근 방식으로 정의됩니다. 이를 통해 문제 해결과 성과 개선을 위한 지속적인 검증과 조정이 가능합니다[57].

PDCA의 각 단계는 다음과 같이 정의됩니다.

- **계획**(Plan): 문제를 분석하고 해결 방안을 도출합니다.
- **실행**(Do): 계획을 실행하고 실제 데이터를 수집합니다.
- **점검**(Check): 실행된 결과를 평가하고 목표 달성 여부를 분석합니다.
- **조치**(Act): 필요한 조치를 취하고, 프로세스를 개선하며 반복 실행합니다.

다. PDCA 분석을 위한 절차

PDCA 사이클을 적용하기 위한 절차는 다음과 같이 진행됩니다 (Miranda, 2024).

그림 7-4 PDCA 분석 프로세스

1) 계획(Plan)

- 해결해야 할 문제를 정의하고 목표를 설정합니다.
- 분석 도구를 활용하여 원인을 식별합니다.

---

57. Costa, D. O. S., Santana, B. M. B., & Albuquerque, A. P. G. (2024). Aplicação do ciclo PDCA: Um estudo de caso voltado para análise e redução de perdas nos processos de manufatura. XLIV Encontro Nacional de Engenharia de Produção. DOI:10.14488/ENEGEP2024_TN_ST_411_2014_48180

• 실행 계획을 수립하고 필요한 자원을 배분합니다.

2) 실행(Do)

• 계획한 내용을 실무에 적용합니다.

• 작업 지침을 준수하며 데이터를 수집합니다.

• 예상치 못한 문제를 기록하고 즉각적인 조치를 수행합니다.

3) 점검(Check)

• 실행 결과를 분석하고 성과를 측정합니다.

• 수집된 데이터를 통해 프로세스의 문제점을 도출합니다.

• 계획과 실제 수행 간의 차이를 평가합니다.

4) 조치(Act)

• 문제 해결을 위한 조치를 시행합니다.

• 성공적인 개선 방안을 표준화하여 반복 적용합니다.

• 추가적인 개선 기회를 모색하고 새로운 계획을 수립합니다.

라. PDCA 분석을 위한 예시 프롬프트

각 분석 절차별로 다음과 같은 프롬프트를 활용할 수 있습니다.

1) 계획(Plan) 프롬프트

• "현재 조직의 문제를 파악하고 구체적인 개선 목표를 설정할 수 있나요?"

• "문제의 근본 원인을 분석하기 위해 어떤 도구를 사용할 수 있을까요?"

• "목표 달성을 위한 실행 계획을 어떻게 수립할 수 있을까요?"

2) 실행(Do) 프롬프트

- "계획된 절차를 실행하면서 발생하는 주요 이슈는 무엇인가요?"
- "어떤 데이터를 수집해야 향후 평가가 쉬울까요?"
- "예상치 못한 문제 발생 시 어떻게 대응해야 할까요?"

3) 점검(Check) 프롬프트

- "수집된 데이터를 분석하여 목표 달성 여부를 평가할 수 있나요?"
- "계획과 실행 간의 차이를 어떻게 파악할 수 있나요?"
- "어떤 지표를 활용하면 개선 효과를 측정할 수 있을까요?"

4) 조치(Act) 프롬프트

- "평가 결과를 바탕으로 새로운 개선 조치를 어떻게 수립할 수 있나요?"
- "성공적인 사례를 조직 전체에 어떻게 확산시킬 수 있을까요?"
- "향후 개선을 위한 지속적인 모니터링 방법은 무엇인가요?"

기업 사례: 클린웍스(CleanWorks) [AI]

클린웍스는 2018년에 설립된 청소 서비스 전문 기업으로, 기업과 가정에 맞춤형 청소 솔루션을 제공하고 있습니다. 클린웍스는 '깨끗한 공간, 건강한 삶'이라는 슬로건 아래, 고객 맞춤형 서비스를 통해 빠르게 성장하였으나, 최근에는 서비스 품질과 운영상의 문제로 인해 고객 불만이 증가하고 있으며, 재계약률이 하락하고 있습니다.

최근 클린웍스가 직면한 주요 문제는 다음과 같습니다.

- 청소 품질의 일관성이 부족하여 고객 불만족 증가
- 서비스 제공 과정에서의 효율성 저하로 운영 비용 상승
- 직원들의 업무 숙련도 차이로 인한 고객 경험 편차
- 신규 고객 유치보다 기존 고객 유지가 어려워지는 문제

경영진은 이러한 문제를 해결하기 위해 서비스 품질을 지속적으로 개선하고, 운영 프로세스를 효율적으로 관리할 수 있는 체계를 마련할 필요성을 인식하고 있습니다. 그러나 문제 해결을 위한 체계적인 접근이 부족하고, 개선 후의 효과 측정을 위한 명확한 기준이 마련되지 않은 상황입니다.

클린웍스의 주요 고민 사항은 다음과 같습니다.

- 고객 불만을 줄이고 서비스 품질을 일관되게 유지하기 위한 방안은 무엇일까?
- 청소 프로세스를 표준화하여 효율성을 높일 방법은 무엇일까?
- 직원 교육 및 훈련을 통해 업무 숙련도를 어떻게 향상시킬 수 있을까?
- 개선된 운영 방식의 효과를 검증하고 지속적으로 발전시킬 방법은 무엇일까?

클린웍스는 이러한 고민을 해결하기 위해 지속적인 개선 프로세스를 도입하고, 서비스 품질을 체계적으로 모니터링할 계획입니다. 이를 통해 운영 효율성을 높이고, 고객 만족도를 강화하여 기업의 장기적인 성장 기반을 마련하고자 합니다.

5. Fishbone diagram(FD)

가. Fishbone Diagram의 개념

Fishbone Diagram(생선 뼈 다이어그램)은 문제의 근본 원인을 체계적으로 분석하기 위한 도구로, 주로 품질 관리 및 문제 해결에 사용됩니다. 이 도구는 일본의 품질 관리 전문가 이시카와 카오루(Kaoru Ishikawa)에 의해 개발되었으며, 원인과 결과의 관계를 시각적으로 나타내는 데 효과적입니다[58].

Fishbone Diagram은 여러 가지 요인을 범주화하여 문제의 근본 원인을 체계적으로 파악할 수 있도록 도와줍니다. 주로 제조업, 서비스업, 의료, 교육 등 다양한 분야에서 활용되고 있습니다[59].

Fishbone Diagram의 핵심 개념은 다음과 같습니다(Deliou & Malagkoniari, 2021).

- 문제의 근본 원인을 구조적으로 분석할 수 있도록 지원합니다.
- 팀 협업을 촉진하여 다양한 관점에서 문제를 분석할 수 있습니다.
- 지속적인 개선을 위해 문제의 반복을 방지합니다.
- 원인을 범주화하여 명확한 해결책을 도출하는 데 도움을 줍니다.

---

58. Deliou, C., & Malagkoniari, M. (2021). The use of Cause and Effect Diagram (Fishbone) and its impact on Personal Quality Management: Case Study in a classroom during the pandemic of COVID–19. In International Conference on Business and Economics-Hellenic Open University (Vol. 1, No. 1).

59. Ahadi, G. D., Rahayu, S., Hamdani, A. S., & Fanani, A. (2024). Implementasi Diagram Fishbone Pada Analisis Lama Waktu Pendaftaran Pasien Rawat Jalan di Rumah Sakit Umum Daerah Patut Patuh Patju Lombok Barat. Medika: Jurnal Ilmiah Kesehatan, 4(1), 12-18. DOI:10.69503/medika.v4i1.621

나. Fishbone Diagram의 정의

Fishbone Diagram은 특정 문제의 원인을 다양한 관점에서 식별하고 분류하는 시각적 도구로 정의됩니다. 이 도구는 문제가 발생하는 주요 요인을 파악하기 위해 "6M" 범주(Man, Machine, Method, Material, Measurement, Environment)를 적용합니다(Ahadi et al., 2024).

Fishbone Diagram의 주요 요소는 다음과 같습니다.

- Man(사람): 문제에 영향을 미치는 인적 요소를 분석합니다.
- Machine(기계): 사용되는 장비 및 도구의 문제를 분석합니다.
- Method(방법): 절차 및 운영 방식의 문제를 파악합니다.
- Material(재료): 사용되는 원자재 및 자원의 품질을 분석합니다.
- Measurement(측정): 데이터 및 측정 기준의 정확성을 분석합니다.
- Environment(환경): 작업 환경 및 외부 요인의 영향을 분석합니다.

다. Fishbone Diagram 분석을 위한 절차

Fishbone Diagram을 활용한 분석 절차는 다음과 같이 진행됩니다 (Ahadi et al., 2024).

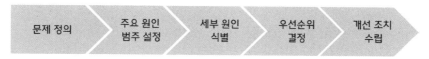

그림 7-5 Fishbone Diagram 분석 프로세스

1) 문제 정의

- 분석할 문제를 명확하게 정의합니다.
- 문제를 한 문장으로 요약하고 팀원들과 공유합니다.

2) 주요 원인 범주 설정

- 6M(Man, Machine, Method, Material, Measurement, Environment) 또는 조직의 특성에 맞는 주요 범주를 설정합니다.
- 각 범주에 대한 세부적인 요인을 나열합니다.

3) 세부 원인 식별

- 브레인스토밍을 통해 각 범주의 원인을 식별하고 도식화합니다.
- 가능한 모든 원인을 검토하고 관계를 파악합니다.

4) 우선순위 결정

- 식별된 원인 중 가장 큰 영향을 미치는 요인을 선정합니다.
- 원인 간의 상호작용을 분석하여 주요 원인을 확인합니다.

5) 개선 조치 수립

- 근본 원인을 제거하기 위한 구체적인 해결책을 도출합니다.
- 실행 계획을 수립하고 모니터링 방안을 마련합니다.

라. Fishbone Diagram 분석을 위한 예시 프롬프트

각 분석 절차별로 다음과 같은 프롬프트를 활용할 수 있습니다.

1) 문제 정의 프롬프트

- "현재 조직에서 가장 시급한 문제는 무엇인가요?"
- "이 문제의 주요 증상과 영향은 무엇인가요?"
- "문제를 어떻게 구체적으로 설명할 수 있나요?"

2) 주요 원인 범주 설정 프롬프트

- "이 문제의 주요 원인 범주는 무엇인가요?"
- "Man(사람), Machine(기계) 등 어떤 요소가 문제에 가장 큰 영향을 미

치나요?"

- "각 범주에 어떤 세부적인 요인이 있을 수 있나요?"

3) 세부 원인 식별 프롬프트

- "문제를 일으키는 세부적인 원인은 무엇인가요?"
- "각 범주에서 반복적으로 발생하는 문제는 무엇인가요?"
- "근본 원인을 찾기 위한 추가적인 분석 방법은 무엇인가요?"

4) 우선순위 결정 프롬프트

- "가장 먼저 해결해야 할 원인은 무엇인가요?"
- "문제의 근본 원인을 어떻게 검증할 수 있나요?"
- "다른 원인과의 관계를 분석해 보았나요?"

5) 개선 조치 수립 프롬프트

- "문제를 해결하기 위한 최적의 방안은 무엇인가요?"
- "이 해결책이 실질적인 영향을 미칠 수 있나요?"
- "개선 조치의 효과를 모니터링하는 방법은 무엇인가요?"

기업 사례: 프레시밀(FreshMeal) AI

프레시밀은 2017년에 설립된 프리미엄 간편식 제조 기업으로, 신선한 재료와 균형 잡힌 영양을 강조한 제품을 통해 소비자들의 건강한 식생활을 지원하고 있습니다. 초기에는 높은 품질과 차별화된 마케팅을 통해 시장에서 긍정적인 반응을 얻었으나, 최근 들어 제품 품질 문제로 인한 고객 불만이 증가하고 있으며, 매출 감소와 브랜드 신뢰도 하락이라는 어려움을 겪고 있습니다.

- 현재 프레시밀이 직면한 주요 문제는 다음과 같습니다.
- 고객 불만 접수 증가(맛의 일관성 부족, 유통기한 문제)
- 반품률 상승으로 인한 재정적 손실 증가
- 생산 공정에서의 품질 저하 발생
- 원재료 공급 지연으로 인한 생산 차질

경영진은 품질 문제의 근본적인 원인을 파악하고, 이를 체계적으로 해결하기 위해 다양한 접근 방식을 검토하고 있습니다. 하지만 문제의 원인이 복합적으로 얽혀 있어 단순한 조치로는 해결이 어려운 상황입니다.

프레시밀의 주요 고민 사항은 다음과 같습니다.
- 제품 품질 저하의 원인은 어디에서 비롯되는가?
- 생산 공정 내에서 어떤 요소가 품질 문제를 유발하고 있는가?
- 원재료의 품질과 공급망 관리에서 개선할 수 있는 점은 무엇인가?
- 직원들의 작업 프로세스를 개선하여 일관된 품질을 유지할 방법은 무엇인가?

프레시밀은 이러한 고민을 해결하기 위해 체계적인 분석 도구를 활용하여 문제의 근본 원인을 파악하고, 구체적인 개선 방안을 도출할 계획입니다. 이를 통해 품질 문제를 해결하고, 고객 만족도를 회복하며, 지속 가능한 성장을 이루고자 합니다.

6. 8D(Eight Disciplines)

가. 8D 방법론의 개념

8D(Eight Disciplines) 방법론은 품질 문제 해결을 위해 개발된 체계적인 접근 방식으로, 주로 자동차 산업을 비롯한 다양한 제조업 분야에서 널리 사용됩니다. 이 방법은 복잡한 문제를 분석하고 근본 원인을 찾아 지속 가능한 개선 조치를 수립하는 데 초점을 맞추고 있습니다[60].

8D 방법론은 문제 발생 후 원인을 파악하고, 이를 해결하며 동일한 문제가 반복되지 않도록 예방하는 프로세스를 제공합니다[61].

8D 방법론의 핵심 개념은 다음과 같습니다(Alexa &Kiss, 2016).

- 문제의 근본 원인을 식별하고 분석하여 재발을 방지합니다.
- 팀 협업을 통해 다각적 시각에서 문제를 해결합니다.
- 지속적인 개선을 통해 품질 향상을 도모합니다.
- 표준화된 절차를 통해 체계적인 문제 해결을 제공합니다.

나. 8D 방법론의 정의

8D 방법론은 문제 발생 시 문제의 원인을 체계적으로 파악하고, 즉각적인 조치를 수행하며, 재발 방지를 위한 예방 조치를 마련하는 프로

---

60. Alexa, V., & Kiss, I. (2016). Complaint analysis using 8D method within the companies in the field of automotive. Analecta Technica Szegedinensia, 10(1), 16-21.

61. Lestyánszka Škůrková, K., Fidlerová, H., Niciejewska, M., & Idzikowski, A. (2023). Quality improvement of the forging process using Pareto analysis and 8D methodology in automotive manufacturing: A case study. Standards, 3(1), 84–94.

세스입니다. 이 방법론은 크게 8개의 단계(D1~D8)로 구성되며, 문제의 지속적인 개선을 보장합니다(Lestyánszka Škůrková et al., 2023).

8D의 주요 단계는 다음과 같습니다.

- **D1 − 팀 구성:** 문제 해결을 위한 전문적 역량을 갖춘 팀을 구성합니다.
- **D2 − 문제 설명:** 문제의 원인을 명확히 정의하고 데이터를 수집합니다.
- **D3 − 즉각적인 조치:** 고객 피해를 방지하기 위한 임시 조치를 수행합니다.
- **D4 − 근본 원인 분석:** 5Why 분석 등을 통해 근본 원인을 규명합니다.
- **D5 − 시정 조치 정의:** 문제 해결을 위한 구체적인 조치를 계획합니다.
- **D6 − 시정 조치 실행:** 계획된 조치를 실행하고 효과를 검증합니다.
- **D7 − 예방 조치 수립:** 동일한 문제가 재발하지 않도록 예방 조치를 마련합니다.
- **D8 − 팀 성과 검토 및 축하:** 문제 해결 후, 팀의 성과를 평가하고 축하합니다.

다. 8D 분석을 위한 절차

8D 방법론의 적용 절차는 다음과 같이 진행됩니다(Lestyánszka Škůrková et al., 2023).

1) 문제 정의 및 팀 구성(D1)
- 문제의 심각도를 파악하고 관련 부서의 전문가로 구성된 팀을 조직합니다.
- 문제의 초기 데이터를 수집하고 분석합니다.

2) 문제 설명(D2)

- 문제의 세부 내용을 명확하게 정의하고 관련 증거를 수집합니다.
- 문제의 영향을 평가하고 고객 요구사항과 비교합니다.

3) 즉각적인 조치(D3)

- 고객에게 영향을 미치지 않도록 임시 조치를 수행합니다.
- 추가 손실을 방지하기 위한 단기 해결책을 수립합니다.

4) 근본 원인 분석(D4)

- 5Why 기법 및 Fishbone Diagram을 활용하여 근본 원인을 파악합니다.
- 문제 발생의 패턴을 분석하고 데이터 기반 접근 방식을 적용합니다.

5) 시정 조치 정의(D5)

- 문제 해결을 위한 구체적이고 실현 가능한 조치를 계획합니다.
- 예상되는 결과와 리스크를 분석합니다.

6) 시정 조치 실행(D6)

- 조치를 실행하고 결과를 평가하여 효과성을 검증합니다.
- 조치의 실행 상태를 모니터링합니다.

7) 예방 조치 수립(D7)

- 유사한 문제의 재발을 방지하기 위한 시스템을 구축합니다.
- 품질 관리 프로세스를 강화합니다.

8) 성과 검토 및 축하(D8)

- 문제 해결 과정을 분석하고 보고서를 작성합니다.
- 팀의 노력을 인정하고 향후 개선 방향을 논의합니다.

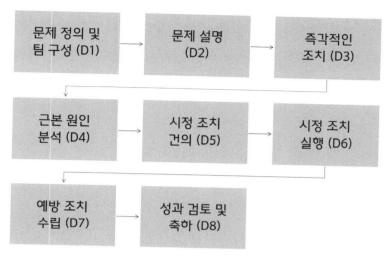

그림 7-6 8D 분석 프로세스

라. 8D 분석을 위한 예시 프롬프트

각 분석 절차별로 다음과 같은 프롬프트를 활용할 수 있습니다.

1) 문제 정의 및 팀 구성 프롬프트(D1)

- "문제를 효과적으로 해결하기 위해 어떤 팀원이 필요한가요?"
- "문제 해결을 위해 어떤 부서가 협력해야 하나요?"
- "팀 구성 시 고려해야 할 핵심 역량은 무엇인가요?"

2) 문제 설명 프롬프트(D2)

- "문제를 명확하게 정의하고 측정하는 방법은 무엇인가요?"
- "문제가 발생한 시점과 환경적 요인은 무엇인가요?"
- "유사한 문제가 이전에도 발생했는지 분석할 수 있나요?"

3) 즉각적인 조치 프롬프트(D3)

- "문제를 완전히 해결하기 전에 어떤 임시 조처를 할 수 있나요?"

- "임시 조치를 적용할 때 발생할 수 있는 위험 요소는 무엇인가요?"
- "고객에게 미치는 영향을 최소화하는 방안은 무엇인가요?"

4) 근본 원인 분석 프롬프트(D4)

- "문제의 근본 원인을 파악하기 위해 어떤 분석 도구를 사용할 수 있나요?"
- "5Why 기법을 적용하여 문제의 근본 원인을 어떻게 찾을 수 있나요?"
- "문제 발생과 관련된 패턴을 분석할 수 있는 데이터는 무엇인가요?"

5) 시정 조치 정의 프롬프트(D5)

- "문제를 근본적으로 해결하기 위한 최적의 방안은?"
- "시정 조치의 효과를 검증하기 위해 어떤 기준을 설정해야 하나요?"
- "어떤 자원이 필요한지 분석할 수 있나요?"

6) 시정 조치 실행 프롬프트(D6)

- "실행 계획을 수립하고 단계별로 모니터링할 방법은?"
- "시정 조치가 계획대로 실행되고 있는지 어떻게 검증할 수 있나요?"
- "조치가 실행되는 동안 발생할 수 있는 변수를 어떻게 관리할 수 있나요?"

7) 예방 조치 수립 프롬프트(D7)

- "문제가 재발하지 않게 하려면 어떤 예방 조치를 마련해야 하나요?"
- "유사한 문제가 다른 부서에서도 발생할 가능성은 없나요?"
- "품질 개선을 위한 장기적인 예방 전략은 무엇인가요?"

8) 성과 검토 및 축하 프롬프트(D8)

- "문제 해결 과정을 평가하고 개선점을 어떻게 도출할 수 있나요?"

- "팀의 성과를 어떻게 공유하고 인정할 수 있나요?"
- "향후 유사한 문제를 방지하기 위한 교훈은 어떻게 문서화할 수 있나요?"

기업 사례: 프로테크(ProTech)   AI

프로테크는 2012년에 설립된 전자부품 제조 기업으로, 자동차 및 산업용 전자제품의 핵심 부품을 생산하고 있습니다. 정밀한 품질 관리와 혁신적인 기술력을 기반으로 고객들에게 신뢰를 쌓아왔으나, 최근 특정 제품의 품질 문제로 인해 고객 불만이 증가하고 있습니다. 일부 고객으로부터 납품된 부품의 성능 저하 및 불량률 상승에 대한 보고가 접수되었으며, 이로 인해 반품 및 재작업 비용이 증가하고 있습니다.

현재 프로테크가 직면한 주요 문제는 다음과 같습니다.

고객사의 품질 클레임 증가로 인한 신뢰 하락
- 제품 불량률 증가로 인한 추가 생산 비용 부담
- 문제의 원인을 명확하게 파악하지 못해 재발 방지 대책 마련의 어려움
- 품질 문제로 인한 납기 지연 발생 및 고객사와의 계약 위기

경영진은 문제 해결을 위해 체계적이고 근본적인 접근이 필요하다는 점을 인식하고 있으며, 문제의 원인을 명확히 규명하고 효과적인 해결책을 마련하기 위해 다양한 시도를 하고 있습니다. 하지만 품질 문제를 해결하기 위한 체계적인 프로세스 도입이 미흡하여 반복적인 문제가 발생하고 있습니다.

프로테크의 주요 고민 사항은 다음과 같습니다.

- 고객 클레임을 신속하게 해결하고, 신뢰를 회복하기 위한 방안은 무엇일까?
- 불량률을 줄이기 위한 근본적인 원인 분석 방법은 무엇일까?
- 문제 해결 후, 재발을 방지하기 위한 프로세스 개선 방안은 무엇일까?
- 품질 개선을 위해 전사적으로 협업할 수 있는 체계를 어떻게 마련할 수 있을까?

프로테크는 이러한 고민을 해결하기 위해 체계적인 문제 해결 기법을 도입하고, 근본 원인을 분석하여 재발 방지 대책을 마련할 계획입니다. 이를 통해 품질 문제를 해결하고, 지속 가능한 운영 프로세스를 구축하여 고객 신뢰를 회복하고자 합니다.

7. Kaizen

가. Kaizen의 개념

Kaizen은 지속적인 개선을 의미하는 일본의 경영 철학으로, 'Kai'는 변화, 'Zen'은 좋은 것을 뜻합니다. Kaizen은 조직 내 모든 구성원이 참여하여 점진적이고 지속적인 변화를 통해 생산성과 품질을 향상시키는 데 초점을 맞춥니다[62]. 이 개념은 원래 제조업에서 시작되었으며, 현재

---

62. Sharma, A. K. (2022). A Study on the Background and the Direction of the Kaizen Approach in Lean Manufacturing. EPRA Int. J. Multidiscip. Res, 8(11), 241-245.

는 서비스 산업을 포함한 다양한 분야에서 적용되고 있습니다.

Kaizen의 주요 목적은 낭비(Muda), 변동(Mura), 과부하(Muri)를 줄이고, 생산성과 효율성을 향상하는 것입니다. 이를 위해 기업은 직원들에게 자율성을 부여하고, 작은 개선 아이디어를 지속해서 수집하고 실행합니다[63].

나. Kaizen의 정의

Kaizen은 '지속적인 개선'이라는 개념을 기반으로 하며, 조직의 모든 수준에서 실행되는 관리 기법입니다. 이는 다음과 같은 핵심 요소로 구성됩니다(Sharma, 2022).

- **작은 변화의 지속적 실행:** 급격한 변화보다는 점진적인 개선을 통해 지속적인 발전을 도모합니다.
- **직원의 적극적 참여:** 개선 과정에 전 구성원이 참여하여 혁신을 촉진합니다.
- **데이터 기반 의사결정:** 문제의 근본 원인을 분석하고, 실증적 데이터를 바탕으로 개선책을 수립합니다.
- **표준화:** 성공적인 개선이 이루어진 후, 이를 표준화하여 조직 전체에 적용합니다.

---

63. Gasper, L., & Mwenda, B. (2023). Quantitative analysis of Kaizen philosophy on productivity improvement. International Journal of Research in Business and Social Science (2147-4478), 12(3), 557-562.

다. Kaizen 분석을 위한 절차

Kaizen은 기본적으로 PDCA를 적용하지만 그 가운데는 5Whys기법을 이용해 문제에 대한 근본 원인을 분석하고 찾아내고 있습니다. Kaizen 기법을 효과적으로 활용하기 위해 다음과 같은 절차가 필요합니다(Gasper & Mwenda, 2023).

그림 7-7 Kaizen 분석 프로세스

1) 계획(Plan)

- 개선이 필요한 영역을 식별합니다.
- 기존 프로세스를 분석하고 목표를 설정합니다.
- 문제의 원인을 파악하고, 개선 목표를 수립합니다.

2) 실행(Do)

- 개선 아이디어를 실행하고, 테스트합니다.
- 직원 교육 및 참여를 통해 실행 프로세스를 정착시킵니다.

3) 검토(Check)

- 실행 결과를 측정하고 평가합니다.
- 초기 목표 대비 성과를 검증하고, 필요한 경우 추가 개선을 실시합니다.

4) 조치(Act)

- 성공적인 변경 사항을 표준화하고, 전체 조직에 확산합니다.
- 지속적으로 피드백을 수집하고, 추가 개선의 기회를 모색합니다.

라. Kaizen 분석을 위한 예시 프롬프트

각 분석 절차별로 다음과 같은 프롬프트를 활용할 수 있습니다.

1) 계획 단계 프롬프트

- "현재 업무 프로세스에서 가장 비효율적인 요소는 무엇인가요?"
- "개선이 필요한 주요 문제점은 무엇인가요?"
- "목표 달성을 위해 필요한 핵심 지표는 무엇인가요?"

2) 실행 단계 프롬프트

- "새로운 프로세스를 도입할 때 어떤 방법이 가장 효과적일까요?"
- "개선 아이디어의 실행 과정에서 발생할 수 있는 장애물은 무엇인가요?"
- "어떻게 하면 전 직원의 참여를 극대화할 수 있을까요?"

3) 검토 단계 프롬프트

- "실행 후 성과를 어떻게 측정할 수 있을까요?"
- "기존 프로세스와 비교했을 때 어떤 개선점이 있나요?"
- "추가적으로 보완해야 할 부분은 무엇인가요?"

4) 조치 단계 프롬프트

- "이번 개선 사례를 표준화하기 위해 어떤 조치가 필요할까요?"
- "조직 전체에 확산하기 위한 최적의 방법은 무엇인가요?"
- "다음 개선 목표는 무엇인가요?"

기업 사례: 프로팩(ProPack)   AI

프로팩은 2015년에 설립된 포장재 제조 기업으로, 식품 및 전자 제품 포장 솔루션을 제공하고 있습니다. 고품질의 포장재와 고객 맞춤형 서비스를 통해 시장에서 성장해 왔지만, 최근 몇 년 동안 운영 효율성 저하와 비용 증가로 인해 수익성이 감소하고 있습니다. 특히, 생산 공정의 비효율성과 직원들의 낮은 참여도가 주요 문제로 대두되고 있습니다.

현재 프로팩이 직면한 주요 문제는 다음과 같습니다.

- 생산 공정 내 불필요한 작업 증가로 인한 낭비
- 설비 가동률 저하로 인한 생산 지연 및 비용 상승
- 직원들의 개선 아이디어 부족과 낮은 참여 의식
- 고객 요구사항 변화에 대한 대응 속도 저하

경영진은 이러한 문제를 해결하고, 생산성과 품질을 동시에 개선하기 위해 전사적인 노력이 필요하다는 점을 인식하고 있습니다. 그러나 문제 해결을 위한 구체적인 실행 계획이 부족하고, 개선 활동을 지속적으로 추진할 체계적인 접근 방식이 요구되고 있습니다.

프로팩의 주요 고민 사항은 다음과 같습니다.

- 불필요한 공정 낭비를 줄이고 효율성을 높이기 위해 무엇을 개선할 수 있을까?
- 직원들의 참여를 유도하여 자발적인 개선 문화를 어떻게 조성할 수 있을까?

- 작은 개선 활동을 통해 전체적인 생산성을 지속적으로 향상시킬 방법은 무엇일까?
- 고객의 요구에 빠르게 대응할 수 있는 유연한 생산 체계를 어떻게 구축할 수 있을까?

프로팩은 이러한 고민을 해결하기 위해 현장의 작은 문제부터 지속적으로 개선해 나가는 접근 방식을 적용하고, 전사적인 참여를 이끌어내어 운영 효율성을 향상시키고자 합니다. 이를 통해 장기적으로 비용 절감과 고객 만족도를 동시에 달성할 계획입니다.

8. Six Sigma

가. Six Sigma의 개념

Six Sigma는 품질 향상과 결함 감소를 목표로 하는 데이터 기반의 경영기법으로, 1980년대 모토로라에서 처음 개발되었습니다. 이 기법은 표준 편차(σ)를 기반으로 프로세스의 변동을 측정하고, 결함을 백만 개 당 3.4개 이하로 줄이는 것을 목표로 합니다[64]. Six Sigma는 제조업뿐만 아니라 헬스케어, 금융, 서비스 산업 등 다양한 분야에서 널리 적용되고 있습니다.

---

64. Istiningrum, A. A., & Sari, A. R. (2005). Six Sigma as a Means to Enhance Quality of the Company. Jurnal Ekonomi & Pendidikan, 2(2), 98-105.

Six Sigma의 주요 개념은 다음과 같습니다[65].

- Six Sigma는 결함을 줄이고 프로세스의 변동을 최소화함으로써 품질을 향상시킵니다.
- 데이터를 기반으로 한 의사결정을 통해 문제를 정확하게 분석하고 해결 방안을 도출합니다.
- 체계적인 접근 방식을 적용하여 지속적인 성과 개선을 지원합니다.
- 고객의 요구를 중심으로 프로세스를 설계하고 기대를 충족할 수 있도록 운영합니다.

나. Six Sigma의 정의

Six Sigma는 품질 관리를 위한 체계적인 접근 방식으로, 결함을 최소화하고 프로세스의 일관성을 유지하기 위해 다양한 통계 기법과 문제 해결 방법론을 적용합니다. Six Sigma의 핵심 요소는 다음과 같습니다[66].

1) DMAIC(Define, Measure, Analyze, Improve, Control)
- 기존 프로세스를 개선하기 위한 5단계 방법론입니다.

2) DMADV(Define, Measure, Analyze, Design, Verify)
- 새로운 프로세스를 설계하고 검증하는 방법론입니다.

---

65. Ignjatoviić, S., & Majki쿴-Singh, N. (2007). Application of six sigma in control of health laboratories. Journal of Medical Biochemistry, 26(3), 196-200.
66. Flifel, A. F. A., Zakić, N., & Tornjanski, A. (2017). Identification and Selection of Six Sigma Projects. Journal of Process Management and New Technologies, International, 5(2), 10-15.

3) 결함 수 측정

- DPMO(Defects Per Million Opportunities, 백만 개당 결함 수)를 기준으로 성과를 평가합니다.

⑷ 역할 기반 접근

- Black Belt, Green Belt 등의 역할을 통해 체계적으로 실행합니다.

  ☞ Black Belt(블랙 벨트)

  Black Belt는 Six Sigma 프로젝트의 리더 역할을 맡습니다. 이들은 통계적 도구와 분석 방법에 숙달되어 있으며, 주로 조직 내 중요한 프로젝트를 이끌고 문제를 해결하는 데 중점을 둡니다. 쉽게 말해, "전문가 수준의 리더"로서 팀을 이끌고 프로젝트를 성공적으로 완수하는 역할을 합니다.

  ☞ Green Belt(그린 벨트)

  Green Belt는 일반적으로 본인의 주 업무 외에 Six Sigma 프로젝트에 참여하며, Black Belt를 지원하는 역할을 합니다. 이들은 주로 데이터 수집, 분석, 프로세스 개선을 수행하며, "프로젝트 실행자"로서 실질적인 작업을 담당합니다.

다. Six Sigma 분석을 위한 절차

Six Sigma의 적용 절차는 일반적으로 다음의 5단계로 진행됩니다 (Flifel et al., 2017).

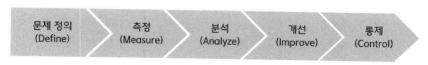

문제 정의 (Define) > 측정 (Measure) > 분석 (Analyze) > 개선 (Improve) > 통제 (Control)

그림 7-8 Six Sigma 분석 프로세스

1) 문제 정의(Define)

- 해결할 문제를 명확히 정의하고, 목표를 설정합니다.
- 고객 요구 사항과 주요 프로세스를 식별합니다.

2) 측정(Measure)

- 현재 프로세스를 측정하고, 결함 발생 빈도를 파악합니다.
- 데이터를 수집하여 핵심 성과 지표(KPI)를 설정합니다.

3) 분석(Analyze)

- 문제의 근본 원인을 분석합니다.
- 통계적 기법을 활용하여 변동의 원인을 파악합니다.

4) 개선(Improve)

- 근본 원인을 제거하기 위한 솔루션을 개발하고 실행합니다.
- 새로운 프로세스를 시험하고 최적의 방안을 도출합니다.

5) 통제(Control)

- 개선된 프로세스를 지속해서 모니터링합니다.
- 유지 관리를 통해 변동을 최소화합니다.

라. Six Sigma 분석을 위한 예시 프롬프트

각 단계별로 다음과 같은 프롬프트를 활용할 수 있습니다.

1) 문제 정의 프롬프트

- "현재 프로세스의 가장 큰 문제점은 무엇인가요?"
- "고객의 주요 요구사항은 무엇이며, 이를 충족하는 데 필요한 요소는 무엇인가요?"
- "비즈니스 목표와 Six Sigma 목표를 어떻게 일치시킬 수 있을까요?"

2) 측정 프롬프트

- "어떤 데이터를 수집해야 프로세스를 정확히 측정할 수 있을까요?"
- "현재 프로세스의 성과 수준을 평가할 수 있는 기준은 무엇인가요?"
- "결함 비율을 정확히 측정하는 데 필요한 도구는 무엇인가요?"

3) 분석 프롬프트

- "어떤 요인이 결함 발생의 주요 원인인가요?"
- "데이터 분석을 통해 숨겨진 패턴을 어떻게 식별할 수 있나요?"
- "근본 원인 분석을 위해 가장 적합한 방법론은 무엇인가요?"

4) 개선 프롬프트

- "프로세스를 개선하기 위한 최적의 솔루션은 무엇인가요?"
- "개선 실행 계획을 효과적으로 수립하기 위한 전략은?"
- "시뮬레이션을 통해 새로운 프로세스를 테스트할 방법은?"

5) 통제 프롬프트

- "변경 사항이 장기적으로 유지될 수 있도록 어떤 모니터링 시스템이 필요한가요?"
- "프로세스 성과를 유지하기 위한 표준화 전략은 무엇인가요?"
- "새로운 개선 사항이 프로세스 전체에 미치는 영향을 평가하는 방법은?"

기업 사례: 프리시젼테크(PrecisionTech) $\boxed{\text{AI}}$

프리시젼테크는 2010년에 설립된 정밀 기계 부품 제조 기업으로, 자동차 및 항공 우주 산업을 대상으로 고품질의 부품을 공급하고 있습니다. 프리시젼테크는 초정밀 가공 기술을 바탕으로 고객 맞춤형 솔루션을 제공하며, 엄격한 품질 관리 체계를 통해 신뢰를 구축해 왔습니다. 그러나 최근 몇 년간 제품 불량률 증가와 생산 비용 상승으로 인해 경쟁력이 약화되고 있으며, 주요 고객사로부터 지속적인 품질 개선 요구를 받고 있습니다.

현재 프리시젼테크가 직면한 주요 문제는 다음과 같습니다.

- 제조 공정에서 발생하는 결함률 증가로 인한 비용 상승
- 공정 변동성 증가로 인해 생산 일정 차질
- 고객사 반품률 증가로 인한 브랜드 신뢰도 저하
- 내부 품질 검증 프로세스의 비효율성

경영진은 이러한 문제를 해결하고, 제조 공정의 품질을 향상시키기 위해 체계적인 접근 방식을 적용해야 한다는 점을 인식하고 있습니다. 하지만 기존의 문제 해결 방식은 단기적인 대응에 그치고 있으며, 근본적인 원인을 해결하기 위한 구체적인 개선 전략이 필요합니다.

프리시젼테크의 주요 고민 사항은 다음과 같습니다.

- 제조 공정에서 발생하는 결함의 근본 원인은 무엇인가?
- 공정 변동성을 줄이기 위한 체계적인 접근법은 무엇인가?
- 품질 관리를 체계적으로 개선하기 위해 어떤 데이터를 수집하고 분석해야 하는가?

- 고객사의 품질 요구사항을 충족시키면서도 비용을 절감할 수 있는 방법은 무엇인가?

프리시젼테크는 이러한 고민을 해결하기 위해 전사적인 품질 혁신 전략을 수립하고, 데이터 기반의 분석을 통해 문제의 근본 원인을 파악할 계획입니다. 이를 통해 제품 불량률을 줄이고, 고객 만족도를 높이며, 장기적인 경쟁력을 확보하고자 합니다.

재무 및 비용관리 프로세스 프롬프팅

재무 및 비용관리는 조직의 지속 가능성을 보장하고 경쟁력을 유지하는 데 필수적인 요소입니다. 효과적인 재무 전략은 단순히 비용을 절감하는 것을 넘어, 기업의 자원을 효율적으로 활용하고 수익성을 극대화하는 데 중점을 둡니다. 그러나 급변하는 경영 환경 속에서 전통적인 비용관리 방법만으로는 한계가 있습니다. 이러한 상황에서 프로세스 프롬프팅(Process Prompting)은 재무 및 비용관리의 효율성을 높이는 데 중요한 역할을 수행합니다.

프로세스 프롬프팅을 활용하면 조직은 비용 구조를 보다 정확하게 파악하고, 데이터 기반의 의사결정을 통해 재무 목표를 효과적으로 달성할 수 있습니다. 이를 통해 기업은 재무 리스크를 최소화하고 자원을 전략적으로 배분할 수 있습니다.

AI 기반의 프로세스 프롬프팅은 다음과 같은 방식으로 재무 및 비용

관리에 이바지할 수 있습니다.

- 조직의 재무 데이터를 분석하여 불필요한 비용 요소를 제거하고, 자원의 최적 활용 방안을 도출할 수 있습니다.
- 핵심 프로세스를 자동화하여 비용 절감을 실현하고 업무의 효율성을 높일 수 있습니다.
- 장기적인 재무 계획 수립을 지원하여 전략적 의사결정을 보다 신속하게 내릴 수 있도록 돕습니다.
- 실시간 데이터를 활용하여 재무 흐름을 모니터링하고, 문제 발생 시 즉각적인 대응이 가능하도록 지원합니다.

본 장에서는 다음과 같은 주요 재무 및 비용관리 기법을 프로세스 프롬프팅과 연계하여 효과적으로 활용하는 방안을 살펴봅니다.

- Lean Manufacturing: 불필요한 자원 낭비를 줄이고, 운영 효율성을 극대화하는 생산 방식입니다.
- Value Chain: 기업의 가치 창출 과정을 분석하여 비용 절감과 수익 극대화를 위한 전략적 접근을 제공합니다.
- JIT(Just-in-Time): 재고 비용을 최소화하고 필요할 때 정확한 양을 공급받아 운영의 효율성을 극대화하는 방법입니다.

이제 프로세스 프롬프팅을 활용하여 이러한 기법들을 실무적으로 적용하는 방법을 살펴보겠습니다.

1. Lean Manufacturing

가. Lean Manufacturing의 개념

Lean Manufacturing은 기업의 운영 프로세스를 보다 효율적으로 만들기 위한 관리 철학으로, 불필요한 낭비를 제거하고 자원의 활용도를 극대화하여 고객에게 가치를 제공하는 데 초점을 맞춥니다. 도요타 생산 시스템(Toyota Production System, TPS)에서 기원한 Lean Manufacturing은 지속적인 개선(Kaizen)과 고객 중심의 가치 창출을 핵심 원칙으로 삼고 있습니다. 이를 통해 기업은 제품 품질을 유지하면서도 비용을 절감하고, 생산 시간을 단축하며, 조직의 전반적인 생산성을 향상시킵니다[67].

나. Lean Manufacturing의 정의

Lean Manufacturing은 낭비를 최소화하고, 가치 흐름의 효율성을 극대화하며, 고객이 원하는 제품을 적시에 제공하기 위한 생산 방식입니다. 불필요한 재고, 대기 시간, 과잉 생산, 불필요한 이동 및 기타 비효율적인 활동을 제거하는 데 중점을 둡니다. 핵심 원칙으로는 풀 시스템(Pull System), 가치 흐름 맵(Value Stream Mapping), 지속적인 개선 및 표준화된 작업 등이 있으며, 이를 통해 기업은 더 민첩하고 경쟁력 있는 운영이 가능합니다[68].

---

67. Aripin, N. M., Nawanir, G., & Hussain, S. (2023). Lean culture for a successful lean manufacturing implementation. International Journal of Industrial Management, 17(2), 76-83.
68. Sekhar, R., Solke, N., & Shah, P. (2023). Lean manufacturing soft sensors for automotive industries. Applied System Innovation, 6(1), 22. https://doi.org/10.3390/asi6010022

다. Lean Manufacturing을 위한 절차

Lean Manufacturing을 성공적으로 구현하기 위해 다음과 같은 절차가 필요합니다.

그림 8-1 Lean Manufacturing 분석 프로세스

1) 낭비 식별 단계 : 생산 공정 내에서 발생하는 7가지 주요 낭비 요소(과잉 생산, 대기 시간, 불필요한 이동, 과도한 재고, 불필요한 공정, 불량품 및 인적 자원의 낭비)를 분석하고 제거할 항목을 파악합니다[69].

2) 가치 흐름 분석 : 제품이 고객에게 전달되는 과정을 시각적으로 표현하여, 가치 창출 활동과 비가치 활동을 구분하고 개선 기회를 도출합니다[70].

3) 풀 시스템 구축: 이 단계에서는 고객의 수요에 맞추어 생산을 계획하여 불필요한 재고와 과잉 생산을 방지하고, 공급망의 효율성을 최적화하는 데 초점을 둡니다[71].

69. Rahardjo, B., Wang, F.-K., Yeh, R.-H., & Chen, Y.-P. (2023). Lean Manufacturing in Industry 4.0: A Smart and Sustainable Manufacturing System. Machines, 11(72).

70. Gonçalves, B. A. S., de Souza, C. K. A., & de Alencar, D. G. (2023). A gestão Lean Manufacturing em Supply Chain. Contribuciones a Las Ciencias Sociales, 16(7), 5487-5500.

71. Aripin, N. M., Nawanir, G., Hussain, S., Mahmud, F., & Lee, K. L. (2024). Sustenance Strategies for Lean Manufacturing Implementation in Malaysian Manufacturing Industries. International Journal of Automotive and Mechanical Engineering, 21(1), 11018-11035.

4) 표준화된 작업: 모든 작업 프로세스를 표준화하여 작업자의 일관성을 확보하고, 변동성을 줄이며, 작업 효율성을 높입니다(Sekhar et al., 2023).

라. Lean Manufacturing 분석을 위한 예시 프롬프트
각 단계별로 다음과 같은 프롬프트를 활용할 수 있습니다.

1) 낭비 식별을 위한 예시 프롬프트
- "우리의 생산 공정에서 가장 자주 발생하는 낭비 유형은 무엇인가요?"
- "불필요한 작업 단계를 제거하기 위해 어떻게 프로세스를 분석할 수 있을까요?"
- "현재 공정에서 인적 자원의 비효율적 활용을 줄일 방법은 무엇인가요?"

2) 가치 흐름 분석을 위한 예시 프롬프트
- "현재의 생산 흐름을 단계별로 시각화하여 병목 현상을 파악하는 방법은?"
- "가치 흐름 맵을 통해 고객 가치를 극대화할 기회를 어떻게 식별할 수 있을까요?"
- "프로세스의 리드 타임을 줄이기 위한 주요 개선 포인트는 무엇인가요?"

3) 풀 시스템 구축을 위한 예시 프롬프트
- "고객의 실시간 수요 변화를 반영할 수 있는 풀 시스템 전략은 무엇인가요?"
- "재고 수준을 효과적으로 관리하기 위해 어떤 풀 시스템 도구를 활용

해야 하나요?"

- "생산 계획의 유연성을 높이기 위해 풀 시스템을 어떻게 적용할 수 있을까요?"

4) 표준화된 작업을 위한 예시 프롬프트

- "작업자의 일관성을 유지하기 위해 표준 작업 절차를 어떻게 설정할 수 있나요?"
- "효율적인 작업 흐름을 보장하기 위해 어떤 표준화 도구를 사용할 수 있을까요?"
- "표준 작업을 통해 불량률을 줄이기 위한 핵심 요소는 무엇인가요?"

기업 사례: 스틸마스터(SteelMaster) [AI]

스틸마스터는 2010년에 설립된 철강 부품 제조 기업으로, 자동차 및 건설 산업을 대상으로 고품질의 제품을 공급하고 있습니다. 시장 수요 증가와 맞물려 생산량을 확대해 왔으나, 최근 몇 년 동안 원자재 비용 상승과 생산 공정의 비효율성으로 인해 수익성이 저하되고 있습니다.

현재 스틸마스터가 직면한 주요 문제는 다음과 같습니다.

- 불필요한 재고 증가로 인한 보관 비용 상승
- 공정 내 작업 흐름의 병목 현상 발생
- 불량률 증가로 인한 재작업 비용 증가
- 생산 리드 타임 증가로 인한 고객 납기 불만족

경영진은 이러한 문제를 해결하기 위해 제조 공정의 낭비 요소를 제거하고, 효율적인 생산 시스템을 구축할 필요성을 느끼고 있습니다. 그러나 기존의 생산 방식은 낭비 요소를 체계적으로 분석하지 못하고 있으며, 개선 활동이 일회성에 그치고 있는 상황입니다.

스틸마스터의 주요 고민 사항은 다음과 같습니다.

- 생산 과정에서 불필요한 낭비를 줄이기 위해 어떤 접근 방식을 도입할 수 있을까?
- 재고 수준을 최적화하여 운영 비용을 절감할 방법은 무엇일까?
- 생산 품질을 유지하면서도 비용을 절감할 수 있는 방안은 무엇일까?
- 작업 흐름을 개선하여 전반적인 생산성을 향상시킬 방법은 무엇일까?

스틸마스터는 이러한 고민을 해결하기 위해 생산 프로세스를 면밀히 분석하고, 운영 효율성을 높이기 위한 체계적인 접근 방식을 도입할 계획입니다. 이를 통해 원가 절감과 생산성 향상이라는 두 가지 목표를 동시에 달성하고, 시장에서의 경쟁력을 강화하고자 합니다.

2. Value Chain

Value Chain은 전략 및 기획 프로세스 프롬프팅에서도 소개된 경영기법입니다만, 많은 경영기법이 그렇듯 재무 및 비용관리 분야에서도 사용될 수 있음을 보여드리기 위해 중복해서 다뤘습니다.

가. Value Chain의 개념

Value Chain(가치사슬)은 기업이 제품이나 서비스를 고객에게 전달하는 과정에서 부가가치를 창출하는 일련의 활동들을 의미합니다. 마이클 포터(1985)는 Value Chain을 기업의 내부 및 외부 활동을 체계적으로 분석하여 각 단계에서 부가가치를 극대화하고 경쟁 우위를 확보하는 도구로 정의하였습니다. 기업은 이를 통해 비용 효율성을 극대화하고, 운영의 투명성을 확보하며, 고객 가치를 극대화할 수 있습니다. Value Chain은 단순한 공급망 관리(SCM)와 달리 고객 중심의 가치를 창출하는 데 중점을 두며, 지속적인 프로세스 개선을 통해 비효율성을 제거하는 데 초점을 맞추고 있습니다[72].

나. Value Chain의 정의

Value Chain은 제품의 설계에서부터 원재료 조달, 생산, 유통, 마케팅, 고객 서비스까지의 모든 단계를 포괄하며, 각 단계에서 가치를 창출하거나 비용을 절감하는 데 중점을 둡니다. Porter(1985)는 이를 기업이

---

72. Porter, M. E. (1985). Competitive advantage: Creating and sustaining superior performance. Free Press.

경쟁 우위를 유지하기 위해 필수적인 활동으로 정의하며, 주 활동(생산, 물류, 마케팅 등)과 지원 활동(인사, 기술 개발, 조달 등)으로 나누어 분석해야 한다고 강조하였습니다. Value Chain은 기업이 내부 및 외부 환경을 분석하여 지속적으로 개선할 수 있는 체계를 제공합니다. 이를 통해 기업은 운영 효율성을 극대화하고 지속 가능한 경쟁 우위를 확보할 수 있습니다.

다. Value Chain을 위한 절차

Value Chain을 구현하기 위해서는 다음과 같은 절차가 필요합니다.

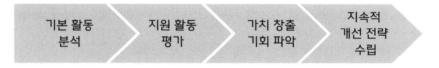

그림 8-2 Value Chain 분석 프로세스

1) 기본 활동 분석 : 원재료 조달, 운영, 물류, 마케팅 및 판매, 고객 서비스의 핵심 활동을 분석하고 개선 기회를 식별합니다(Porter, 1985).

2) 지원 활동 평가 : 인프라, 인적 자원 관리, 기술 개발, 조달 관리 등 지원 활동을 평가하여 전반적인 운영 효율성을 높입니다[73].

3) 가치 창출 기회 파악 : 프로세스의 각 단계에서 발생하는 비용과 부가가치를 분석하고, 이를 극대화할 수 있는 전략을 도출합니다[74].

---

73. Wijaya, M. D. (2023). Value Chain + Sustainable Business Model. Universitas Bina Nusantara.

74. Birhanu, M. M. (2023). Theoretical Underpinnings of Value Chain Analysis. In Agricultural Value Chains-Some Selected Issues. IntechOpen.

4) 지속적 개선 전략 수립 : 성과를 측정하고 지속적으로 개선할 수 있는 프로세스를 구축합니다[75].

라. Value Chain 분석을 위한 예시 프롬프트

Value Chain 분석을 위해 각 단계별로 다음과 같은 프롬프트를 활용할 수 있습니다.

1) 기본 활동 분석을 위한 예시 프롬프트

- "현재 Value Chain의 각 활동이 기업의 전략적 목표와 어떻게 연계되어 있나요?"
- "원재료 조달 프로세스에서 비용을 절감할 기회는 무엇인가요?"
- "고객 서비스의 품질을 향상하기 위해 어떤 조처를 할 수 있을까요?"

2) 지원 활동 평가를 위한 예시 프롬프트

- "인적 자원 관리가 Value Chain의 효율성에 미치는 영향은 무엇인가요?"
- "기술 개발을 통해 경쟁 우위를 확보할 방법은 무엇인가요?"
- "조달 전략을 개선하여 비용을 절감할 방안은 무엇인가요?"

3) 가치 창출 기회 파악을 위한 예시 프롬프트

- "각 Value Chain 단계에서 고객 가치 창출을 극대화할 수 있는 전략은 무엇인가요?"
- "제품의 생산 과정에서 불필요한 비용 요소를 제거할 방법은 무엇인

---

75. Mechri, A., Hanisch, M., & Hänke, H. (2023). The transformative value chain: Rethinking food system interventions. Frontiers in Sustainable Food Systems.

가요?"

• "기업의 운영 효율성을 높이기 위해 가치 흐름을 어떻게 최적화할 수 있나요?"

4) 지속적 개선 전략 수립을 위한 예시 프롬프트

• "현재 Value Chain의 성과를 측정하기 위한 적절한 지표는 무엇인가요?"

• "지속적인 개선을 위해 어떤 피드백 시스템을 구축해야 하나요?"

• "경쟁 환경 변화에 따라 Value Chain 전략을 어떻게 조정해야 하나요?"

기업 사례: 이코팩(EcoPack) AI

이코팩은 2012년에 설립된 친환경 포장재 제조 기업으로, 지속 가능한 포장 솔루션을 제공하여 기업 고객과 소비자들에게 친환경 가치를 전달하고 있습니다. 이코팩은 고품질의 재활용 가능한 소재와 혁신적인 디자인을 통해 시장에서 차별화를 시도했으나, 최근 들어 원가 상승과 수익성 저하로 인해 재무적 어려움을 겪고 있습니다.

최근 이코팩이 직면한 주요 문제는 다음과 같습니다.

• 원자재 가격 상승으로 인해 제조 원가 부담 증가
• 물류 및 유통 비용의 비효율성으로 인한 비용 상승
• 수익성 저하로 인한 신규 투자 및 연구개발(R&D) 제한
• 고객사 요구사항 변화에 따른 추가 비용 발생

경영진은 이러한 문제를 해결하기 위해 비용 구조를 분석하고, 전반적인 비즈니스 활동에서 가치를 창출하는 요소와 비용이 발생하는 부분을 명확히 파악할 필요가 있다고 인식하고 있습니다. 그러나 현재의 운영 방식으로는 비용 절감과 효율성 개선을 동시에 달성하는 것이 쉽지 않은 상황입니다.

이코팩의 주요 고민 사항은 다음과 같습니다.

- 제품 제조 과정에서 불필요한 비용이 발생하는 지점은 어디일까?
- 물류 및 유통 과정을 최적화하여 비용을 절감할 방법은 무엇일까?
- 부가가치가 높은 활동에 집중하기 위해 어떤 비용 조정이 필요할까?
- 고객의 가치를 극대화하면서도 수익성을 유지할 수 있는 방안은 무엇일까?

이코팩은 이러한 고민을 해결하기 위해 운영 프로세스를 재검토하고, 전사적인 비용 절감 전략을 도입하여 재무 건전성을 회복하고자 합니다. 이를 통해 보다 효율적인 운영 체계를 구축하고, 지속 가능한 성장을 이루는 것이 목표입니다.

3. JIT(Just In Time)

가. JIT(Just-In-Time)의 개념

JIT(Just-In-Time)는 기업의 생산 및 운영에서 낭비를 최소화하고, 필요한 시점에 필요한 만큼만 생산과 조달을 수행하는 방식입니다. 이를 통해 기업은 생산성과 효율성을 극대화하고, 불필요한 재고 비용을 절감할 수 있습니다. JIT의 기본 철학은 고객의 수요에 따라 생산 및 조달이 이루어지도록 하는 것으로, 재고 축소와 생산 흐름의 최적화를 추구합니다. 이는 제품의 품질을 보장하면서도, 기업이 빠르게 변화하는 시장 요구에 적응할 수 있도록 돕습니다. 또한, JIT는 지속적인 개선을 통해 프로세스 전반에서의 효율성을 높이고, 조직의 경쟁력을 강화하는 데 중요한 역할을 합니다[76].

나. JIT의 정의

JIT는 생산 프로세스에서 낭비를 제거하고, 필요한 시간에 필요한 양의 제품을 생산하여 비용을 절감하고 생산 속도를 높이는 전략입니다. JIT의 핵심은 '적기 생산'으로, 생산 및 물류 전반에서 비효율적인 요소를 제거하고, 자원을 최대한 효율적으로 활용하는 데 있습니다. 이 방법론을 통해 기업은 재고 비용을 줄이고, 공급망을 최적화하며, 고객의 요구 사항을 신속하고 정확하게 충족할 수 있습니다. JIT는 단순한 재고

---

76. Bartezzaghi, E., & Turco, F. (1989). The Impact of Just‑in‑time on Production SystemPerformance: An Analytical Framework. International Journal of Operations & Production Management, 9(8), 40-62.

관리 기법을 넘어, 품질 유지 및 지속 가능한 성장을 위한 생산 체계를 구축하는 것을 목표로 합니다. 성공적인 JIT 도입은 조직의 생산 문화 및 공급망의 유기적인 협력이 필수적이며, 이를 통해 기업은 시장에서의 경쟁 우위를 확보할 수 있습니다[77].

다. JIT를 위한 절차

JIT 수행을 위한 절차는 다음과 같습니다.

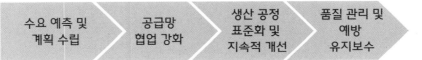

그림 8-3 JIT 분석 프로세스

1) **수요 예측 및 계획 수립**: 시장의 수요 변화를 정확히 예측하고, 이에 맞춘 생산 및 조달 계획을 수립합니다[78].

2) **공급망 협업 강화**: 공급업체와의 긴밀한 협력을 통해 적시에 원자재를 공급받고, 비용 효율적인 조달 프로세스를 구축합니다.[79]

3) **생산 공정의 표준화 및 지속적 개선**: 생산 프로세스를 표준화하여 일관된 품질을 유지하고, 지속적인 개선을 통해 생산성을 극대화합니

77. Siddiqui, A. (2022). The Importance of Just in Time (JIT) Methodology and its Advantages in Health Care Quality Management Business–A Scoping Review. Biomedical Journal of Scientific & Technical Research, 42(1), 33317-33325.

78. dos Santos, G. V., & de Souza Júnior, A. A. (2023). Just in time: case study in a company of the industrial center of Manaus. Seven Editora.

79. Mehta, M. (2019). Utilizing JIT approach for waste reduction. Journal of Emerging Technologies and Innovative Research, 6(3), 640-643.

다(Bartezzaghi & Turco, 1989).

4) **품질 관리 및 예방 유지보수:** 공정 초기 단계에서 품질을 철저히 관리하고, 예방 유지보수를 통해 중단을 최소화합니다(Siddiqui, 2022).

라. JIT 분석을 위한 예시 프롬프트

JIT 분석을 위해서는 단계별로 다음과 같은 프롬프트를 활용할 수 있습니다.

1) 수요 예측 및 계획 수립을 위한 예시 프롬프트

- "고객의 수요 변화를 정확히 예측하기 위해 어떤 데이터를 활용할 수 있나요?"
- "생산 일정을 최적화하기 위해 어떤 도구를 사용할 수 있나요?"
- "수요 변동성에 대비하기 위한 효과적인 전략은 무엇인가요?"

2) 공급망 협업 강화를 위한 예시 프롬프트

- "공급업체와의 협력 강화를 위해 어떤 조치를 취할 수 있나요?"
- "납기 지연을 방지하기 위한 최적의 커뮤니케이션 방법은 무엇인가요?"
- "공급업체 성과를 평가하는 주요 지표는 무엇인가요?"

3) 생산 공정의 표준화 및 지속적 개선을 위한 예시 프롬프트

- "생산 공정을 최적화하기 위한 표준 절차는 무엇인가요?"
- "생산 효율성을 높이기 위한 지속적 개선 방법은 무엇인가요?"
- "공정에서 발생하는 낭비를 줄이는 방법은 무엇인가요?"

4) 품질 관리 및 예방 유지보수를 위한 예시 프롬프트

- "제품 품질을 보장하기 위해 어떤 관리 도구를 사용할 수 있나요?"

- "예방 유지보수를 효과적으로 수행하기 위한 주요 전략은 무엇인가요?"
- "품질 개선을 위한 주요 KPI는 무엇인가요?"

기업 사례: 프레시팩(FreshPack) [AI]

프레시팩은 2015년에 설립된 신선식품 포장 기업으로, 대형마트 및 온라인 유통 채널에 신선한 식품을 빠르게 공급하는 데 주력하고 있습니다. 초기에는 빠른 납기와 고품질 포장을 강점으로 빠르게 성장했으나, 최근 몇 년 동안 원자재 비용 상승과 재고 관리의 비효율성으로 인해 수익성이 악화되고 있습니다.

현재 프레시팩이 직면한 주요 문제는 다음과 같습니다.

- 과도한 재고로 인한 보관 비용 증가 및 식품 폐기율 상승
- 공급망의 비효율성으로 인한 납기 지연 문제
- 불필요한 생산으로 인한 원재료 및 인건비 낭비
- 고객 수요 변화에 대한 유연한 대응 부족

경영진은 이러한 문제를 해결하기 위해 생산 공정에서 불필요한 낭비를 줄이고, 효율적인 자원 배분을 통해 비용을 절감할 필요성을 인식하고 있습니다. 그러나 현재의 운영 방식은 수요 예측의 정확도가 낮고, 재고를 안전하게 유지하려는 관행으로 인해 많은 비용이 발생하고 있는 상황입니다.

프레시팩의 주요 고민 사항은 다음과 같습니다.

- 재고를 최소화하면서 고객의 요구를 충족시킬 방법은 무엇일까?

- 생산 공정을 최적화하여 낭비를 줄이고 효율성을 높이는 방안은 무엇일까?
- 공급망을 더욱 유연하게 만들어 수요 변화에 빠르게 대응할 수 있는 방법은 무엇일까?
- 인건비와 원재료 비용을 절감하면서도 품질을 유지할 방법은 무엇일까?

프레시팩은 이러한 고민을 해결하기 위해 생산 및 공급망 관리를 개선하고, 불필요한 비용을 줄이면서도 고객의 수요를 정확히 충족시키는 전략을 수립할 계획입니다. 이를 통해 비용 절감과 운영 효율성 향상을 동시에 달성하고, 장기적인 경쟁력을 확보하고자 합니다.

9장

프로젝트 및 성과관리 프로세스 프롬프팅

프로젝트 및 성과관리는 조직의 목표 달성과 지속적인 발전을 위한 핵심 요소입니다. 현대의 빠르게 변화하는 비즈니스 환경에서는 프로젝트의 성공적인 수행뿐만 아니라, 성과를 체계적으로 측정하고 개선하는 것이 중요합니다. 이를 위해 프로세스 프롬프팅(Process Prompting)을 적용하면 더욱 명확하고 효과적인 프로젝트 수행 및 성과관리를 실현할 수 있습니다.

AI 기반의 프로세스 프롬프팅을 적용하면 다음과 같은 이점을 얻을 수 있습니다.

• 프로젝트의 목표와 범위를 명확히 설정하여 업무의 우선순위를 효과적으로 관리할 수 있습니다.
• 팀 간의 협업을 강화하고, 업무의 가시성을 높여 프로젝트 진행 상황을 실시간으로 파악할 수 있습니다.

- 성과 데이터를 분석하여 프로젝트의 병목 현상을 조기에 발견하고,이를 해결하기 위한 전략적 결정을 내릴 수 있습니다.
- 성과관리 프로세스를 자동화하고, 지속적인 피드백을 통해 조직의 생산성을 향상할 수 있습니다.

본 장에서는 다음과 같은 프로젝트 및 성과관리 기법을 프로세스 프롬프팅과 연계하여 효과적으로 활용하는 방안을 살펴봅니다.

- **Agile Methodology:** 유연한 계획과 반복적인 피드백을 통해 프로젝트의 민첩성을 극대화하는 방법론입니다.
- **DMAIC 프로세스:** 기존 프로세스를 체계적으로 분석하고 개선하는 Six Sigma 접근법으로, 성과 향상을 위한 단계적 접근을 제공합니다.
- **SCRUM:** 짧은 주기의 반복 작업을 통해 팀 협업을 극대화하고, 고객의 요구를 신속하게 반영하는 애자일 프레임워크입니다.

이제 프로세스 프롬프팅을 활용하여 이러한 기법들을 실무적으로 적용하는 방법을 살펴보겠습니다.

1. Agile Methodology

가. Agile Methodology의 개념

Agile Methodology는 변화하는 요구사항에 신속하게 대응하고, 고객에게 지속해서 가치를 제공하기 위한 프로젝트 관리 및 소프트웨어 개발 접근 방식입니다. 이 방법론은 반복적(iterative)이고 점진적(incremental)인 개발을 통해 작은 단위로 작업을 수행하고, 주기마다 기능을 제공하며 지속적인 개선을 이루는 것을 목표로 합니다. 애자일 방법론은 협업, 유연성, 고객 중심의 가치 제공을 핵심으로 하며, 전통적인 프로젝트 관리 방식과 달리 빠른 의사결정과 적응력을 제공합니다[80]. 특히, Agile은 팀원 간의 원활한 소통과 피드백을 강조하며, 팀의 자율성을 높여 효율적인 작업 환경을 조성합니다.

나. Agile Methodology의 정의

Agile Methodology는 고객의 요구사항 변화에 능동적으로 대응하고, 반복적인 개발 과정을 통해 품질을 지속해서 개선하는 프로젝트 관리 접근법입니다. 이 방법론은 고객 만족을 최우선으로 두며, 짧은 주기인 '스프린트'를 통해 빠르게 결과를 도출하고, 고객의 피드백을 기반으로 개선을 이어갑니다. 애자일은 계획 수립보다는 실행과 대응을 중시하며, 기존의 워터폴 모델과는 달리 순차적 접근이 아닌 병렬적, 협업적

---

80. Chaplaev, H. G., & Bataeva, P. S. (2023). Application of Agile methodology in project management in higher education. Education Management Review, 13(6), 52-65. DOI:10.25726/r5617-9570-8460-w

인 방식으로 프로젝트를 진행합니다[81]. 이를 통해 조직은 불확실한 환경에서도 민첩하게 대응할 수 있는 능력을 갖출 수 있습니다.

다. Agile Methodology를 위한 절차

Agile Methodology 수행을 위한 절차는 다음과 같습니다.

그림 9-1 Agile Methodology 분석 프로세스

1) **요구사항 수집 및 우선순위 설정**: 프로젝트의 목표 및 고객의 요구사항을 명확하게 파악하고, 우선순위를 결정하여 작업의 방향성을 설정합니다(Wulandari & Raharjo, 2023).

2) **스프린트 계획**: 일정 기간 완료할 작업을 정의하고, 팀원들과의 협의를 통해 현실적인 목표를 설정합니다[82].

3) **개발 및 테스트**: 계획된 작업을 수행하고, 자동화된 테스트를 활용하여 품질을 유지하며, 기능이 고객 요구사항을 충족하는지 확인합니다(Chaplaev & Bataeva, 2023).

---

81. Wulandari, H., & Raharjo, T. (2023). Systematic literature and expert review of Agile methodology usage in business intelligence projects. Journal of Information Systems Engineering and Business Intelligence, 9(2), 214-227.

82. Marsya, C., &Raharjo, T. (2024). Issues and strategies of Agile methodology adoption in remote working environment. Indonesian Journal of Computer Science, 13(1), 42-48.

4) 피드백 및 조정: 스프린트 종료 후 고객 및 이해관계자의 피드백을 수집하고, 이를 바탕으로 개선 계획을 수립합니다(Wulandari & Raharjo, 2023).

라. Agile Methodology 분석을 위한 예시 프롬프트

Agile Methodology 수행을 위해서 단계별로 다음과 같은 프롬프트를 활용할 수 있습니다.

1) 요구사항 수집 및 우선순위 설정을 위한 예시 프롬프트
- "고객의 요구사항을 명확히 파악하기 위해 어떤 질문을 해야 하나요?"
- "우선순위를 설정할 때 가장 중요한 요소는 무엇인가요?"
- "프로젝트 목표와 고객 요구사항의 일치를 확인하는 방법은 무엇인가요?"

2) 스프린트 계획을 위한 예시 프롬프트
- "효과적인 스프린트 목표를 설정하기 위한 핵심 요소는 무엇인가요?"
- "작업 분할 및 배정을 어떻게 최적화할 수 있을까요?"
- "스프린트 계획의 성공을 측정할 수 있는 기준은 무엇인가요?"

3) 개발 및 테스트를 위한 예시 프롬프트
- "소프트웨어 품질을 보장하기 위한 테스트 전략은 무엇인가요?"
- "개발 과정에서 발생하는 이슈를 신속하게 해결하는 방법은 무엇인가요?"
- "자동화 테스트를 효과적으로 구현하는 방법은 무엇인가요?"

4) 피드백 및 조정을 위한 예시 프롬프트

- "고객의 피드백을 효과적으로 수집하고 분석하는 방법은 무엇인가요?"
- "다음 스프린트 계획에 피드백을 어떻게 반영할 수 있을까요?"
- "지속적인 개선을 위한 피드백 루프를 구축하는 방법은 무엇인가요?"

기업 사례: 넥스트소프트(NextSoft) [AI]

넥스트소프트는 2018년에 설립된 소프트웨어 개발 기업으로, 다양한 산업 분야의 고객을 대상으로 맞춤형 IT 솔루션을 제공하고 있습니다. 초기에는 빠른 개발 속도와 혁신적인 기능을 통해 시장에서 긍정적인 평가를 받았으나, 최근 프로젝트 지연과 고객 요구사항 반영의 어려움으로 인해 신뢰도가 하락하고 있습니다.

최근 넥스트소프트가 직면한 주요 문제는 다음과 같습니다.

- 프로젝트 일정이 지연되면서 고객 불만족 증가
- 개발 중 잦은 요구사항 변경으로 인한 혼란과 비효율성
- 팀 간의 의사소통 부족으로 인한 업무 중복 및 지연 발생
- 제품 품질의 일관성 부족과 사후 유지보수의 어려움

경영진은 이러한 문제를 해결하기 위해 보다 유연하고 협업 중심의 접근 방식을 도입할 필요성을 느끼고 있습니다. 하지만 기존의 전통적인 개발 방식에서는 고객의 요구사항 변화에 신속하게 대응하기 어려웠으며, 개발 주기 내내 명확한 방향성을 유지하는 데 한계를 경험하고 있습니다.

넥스트소프트의 주요 고민 사항은 다음과 같습니다.

- 고객 요구사항의 빠른 변화를 어떻게 효율적으로 반영할 수 있을까?
- 팀 간의 협업과 소통을 강화할 수 있는 방안은 무엇일까?
- 품질을 유지하면서 개발 속도를 높이는 방법은 무엇일까?
- 프로젝트 진행 상황을 투명하게 관리하고 조정할 수 있는 체계를 어떻게 구축할까?

넥스트소프트는 이러한 고민을 해결하기 위해 조직 전반의 협업을 강화하고, 유연한 개발 프로세스를 도입하여 지속적인 성장을 이루고자 합니다. 이를 통해 프로젝트 성과를 향상시키고, 고객 만족도를 극대화하는 것이 목표입니다.

2. DMAIC

DMAIC는 Six Sigma 방법론에서 유래된 프로세스 개선 기법으로, 문제를 정의(Define)하고 측정(Measure)한 후 분석(Analyze)을 통해 원인을 규명하고, 개선(Improve) 조치를 실행하며, 최종적으로 관리(Control)를 통해 성과를 지속해서 유지하는 데 초점을 맞추고 있습니다. 이 방법론은 데이터 기반 의사결정을 통해 품질을 향상하고 변동성을 줄이는데 활용되며, 제조업뿐만 아니라 다양한 서비스 산업에서도 널리 적용되고 있습니다. DMAIC는 체계적인 단계별 접근 방식을 통해 프로세스를지속해서 개선하고 운영 효율성을 극대화하는 데 이바지합니다.

가. DMAIC의 개념

DMAIC는 Six Sigma 방법론의 핵심 구성 요소로, 프로세스를 체계적으로 개선하고 문제의 근본 원인을 파악하여 품질을 향상시키는 데이터 기반 접근 방식입니다. 이 방법론은 제조업뿐만 아니라 서비스 산업 전반에서 활용되며, 프로세스의 변동성을 줄이고 최적화를 통해 조직의 효율성을 높이는 데 중점을 둡니다. DMAIC는 '정의(Define), 측정(Measure), 분석(Analyze), 개선(Improve), 관리(Control)'의 다섯 단계를 통해 문제 해결을 구조화하여, 실행 가능하고 지속 가능한 개선 결과를 도출하도록 돕습니다[83].

이 방법론은 고객 요구사항을 충족하기 위한 명확한 목표 설정에서 출발하여, 데이터 기반의 측정을 통해 현재 상태를 진단하고, 문제의 근본 원인을 분석한 후, 개선 조치를 실행하여 성과를 극대화합니다. 마지막으로, 개선된 프로세스를 지속해서 관리하고 모니터링하여 장기적인 성과를 유지할 수 있도록 지원합니다[84].

---

83. de Oliveira Pantoja Freire, J., Calado, R. D., & Paes, G. O. (2021). DMAIC: a proposed method to improve the cleaning and disinfection process in hospitals. In Advances in Production Management Systems. Artificial Intelligence for Sustainable and Resilient Production Systems: IFIP WG 5.7 International Conference, APMS 2021, Nantes, France, September 5–9, 2021, Proceedings, Part II (pp. 422-430). Springer International Publishing.

84. De Oliveira, L. F., Lima, R. H. P., & Dos Santos, B. S. (2024). Application of the DMAIC cycle for cost reduction in a disposable diaper manufacturing industry. Brazilian Journal of Production Engineering, 10(2), 275-295.

나. DMAIC의 정의

DMAIC는 지속적인 프로세스 개선을 위해 고안된 구조화된 문제 해결 방법론으로, 주어진 문제를 정의하고, 데이터를 기반으로 성과를 측정하며, 근본 원인을 분석하고, 개선 조치를 실행하며, 지속적인 관리를 통해 품질을 유지하는 방식입니다. 이 방법론은 Six Sigma의 핵심 요소로, 데이터 분석 및 통계를 활용하여 조직의 품질 수준을 측정하고, 결함률을 최소화하여 경쟁력을 강화하는 데 중점을 둡니다(Oliveira et al., 2021).

DMAIC는 비즈니스의 전반적인 프로세스를 체계적으로 검토하고, 고객 만족도를 향상하며, 운영 비용을 절감할 수 있는 강력한 도구입니다. 이 방법론은 제조업, 서비스업, 금융업, 의료 분야 등 다양한 산업에 적용할 수 있으며, 리스크 최소화와 프로세스의 일관성 유지를 가능하게 합니다[85].

다. DMAIC를 위한 절차

DMAIC를 위한 절차는 다음과 같습니다.

그림 9-2 DMAIC 분석 프로세스

---

85. de Andrade Bonetti, S., Bueno, A., da Silva, R. B. Z., Paredes, F. J. G., & Bianco, D. (2023). Using DMAIC for in-plant logistic activities improvement: an industrial case study in cement manufacturing. Brazilian Journal of Operations & Production Management, 20(4), 1406-1406.

1) **정의**(Define): 프로젝트의 목표와 문제의 범위를 명확히 설정하고, 고객의 요구사항을 반영한 기대 성과를 정립합니다(Oliveira et al., 2024).

2) **측정**(Measure): 현재 프로세스의 성과를 수집하고, 중요한 품질 특성(CTQ)을 식별하여 측정 기준을 수립합니다(Oliveira et al., 2021).

3) **분석**(Analyze): 수집된 데이터를 기반으로 문제의 근본 원인을 식별하고, 프로세스의 병목 지점을 찾아내어 최적화 기회를 도출합니다(Bonetti et al., 2023).

4) **개선**(Improve): 최적의 해결책을 도출하고, 프로세스를 개선하여 목표한 성과를 달성할 수 있도록 조치를 실행합니다[86].

5) **관리**(Control): 개선된 프로세스를 표준화하고 지속적으로 모니터링하여 장기적인 성과를 유지합니다(Oliveira et al., 2024).

라. DMAIC 분석을 위한 예시 프롬프트

DMAIC 분석을 위해 단계별로 다음과 같은 프롬프트를 활용할 수 있습니다.

1) **정의**(Define)**를 위한 예시 프롬프트**

• "DMAIC 프로젝트의 목표를 명확히 정의하려면 어떤 요소를 고려해야 하나요?"

• "프로세스의 핵심 문제를 정의하기 위해 어떤 데이터가 필요한가요?"

• "고객의 기대사항을 반영하기 위해 어떤 접근 방식을 적용할 수 있나요?"

---

86. Imansuri, F., Chayatunnufus, T., Safril, S., Sumasto, F., Purwojatmiko, B. H., & Salati, D. (2024). Reducing Defects Using DMAIC Methodology in an Automotive Industry. Spektrum Industri, 22(1), 1-13.

2) 측정(Measure)을 위한 예시 프롬프트

• "프로세스 성과를 측정하기 위한 핵심 지표(KPI)는 무엇인가요?"
• "데이터 수집의 정확성을 보장하기 위해 어떤 방법을 사용할 수 있나요?"
• "현재 프로세스 성과를 평가하기 위해 어떤 분석 도구를 활용할 수 있나요?"

3) 분석(Analyze)을 위한 예시 프롬프트

• "문제의 근본 원인을 파악하기 위해 어떤 분석 기법을 적용할 수 있나요?"
• "프로세스 병목 현상을 식별하기 위한 효과적인 방법은 무엇인가요?"
• "데이터를 분석하여 비효율성을 도출하는 데 필요한 주요 단계는 무엇인가요?"

4) 개선(Improve)을 위한 예시 프롬프트

• "프로세스 효율성을 높이기 위한 실질적인 개선 방안은 무엇인가요?"
• "개선안을 실행하는 데 필요한 리소스와 인력은 무엇인가요?"
• "개선 효과를 측정하고 검증하는 방법은 무엇인가요?"

5) 관리(Control)를 위한 예시 프롬프트

• "개선된 프로세스를 유지하기 위한 모니터링 전략은 무엇인가요?"
• "성과 유지 및 지속적인 개선을 위해 어떤 도구를 활용할 수 있나요?"
• "표준화를 통해 개선 효과를 장기적으로 유지하는 방법은 무엇인가요?"

기업 사례: 타임플로우(TimeFlow) $\boxed{\text{AI}}$

타임플로우는 2016년에 설립된 프로젝트 관리 솔루션 제공 기업으로, 다양한 산업 분야의 기업들에 일정 및 자원 관리를 최적화할 수 있는 소프트웨어를 공급하고 있습니다. 타임플로우는 직관적인 인터페이스와 강력한 분석 기능을 통해 빠르게 시장에서 입지를 다졌으나, 최근 몇 년간 고객 만족도 하락과 프로젝트 지연 문제가 발생하면서 성장에 어려움을 겪고 있습니다.

최근 타임플로우가 직면한 주요 문제는 다음과 같습니다.

- 프로젝트 일정의 반복적인 지연과 이에 따른 고객 불만 증가
- 소프트웨어 기능의 복잡성 증가로 사용자 불편 호소
- 사내 프로젝트팀 간 협업 부족으로 인한 업무 중복 발생
- 기존 고객의 이탈률 상승과 신규 고객 유입 저조

경영진은 이러한 문제를 해결하기 위해 프로젝트 성과를 체계적으로 분석하고, 내부 프로세스를 최적화할 필요성을 느끼고 있습니다. 그러나 다양한 문제의 원인을 명확하게 규명하고, 효과적인 해결책을 도출하기 위한 구체적인 계획이 부족한 상황입니다.

타임플로우의 주요 고민 사항은 다음과 같습니다.

- 프로젝트 지연의 근본적인 원인은 무엇인가?
- 사용자 경험을 향상시켜 고객 만족도를 높이는 방안은 무엇인가?
- 내부 팀 간의 협업을 강화하여 업무 효율성을 높이는 방법은 무엇인가?

• 고객 이탈률을 줄이고 장기적인 관계를 유지하기 위한 전략은 무엇인가?

타임플로우는 이러한 고민을 해결하기 위해 체계적인 접근 방식을 도입하고, 프로젝트 관리 프로세스를 개선함으로써 고객 만족도를 회복하고, 지속 가능한 성장을 이루고자 합니다.

3. SCRUM

SCRUM은 애자일 프레임워크의 한 형태이지만, 이를 별도로 다루는 이유는 특정한 프로젝트 관리 방식과 원칙을 통해 독자적인 가치를 제공하기 때문입니다. 애자일은 유연성과 반복적인 개발을 강조하는 광범위한 철학이라면, SCRUM은 이러한 철학을 구체적인 역할, 이벤트, 산출물로 구조화하여 실질적인 적용이 가능하도록 만듭니다. 특히 SCRUM은 명확한 역할(스크럼 마스터, 제품 책임자, 개발팀)과 프로세스(스프린트, 데일리 스탠드업, 스프린트 리뷰 및 회고)를 정의하여 팀의 협업과 생산성을 극대화하는 데 초점을 맞춥니다. 따라서 조직은 애자일의 전체적인 가치를 유지하면서도 SCRUM의 체계적인 접근 방식을 통해 프로젝트의 복잡성을 효과적으로 관리할 수 있습니다.

가. SCRUM의 개념

SCRUM은 복잡한 제품 개발을 지원하기 위한 구조화된 프레임워크로, 반복적이고 점진적인 접근 방식을 통해 유연성과 신속한 대응을 제공하는 방법론입니다. Schwaber(1995)[87]는 SCRUM을 불확실성과 변화에 효과적으로 대응하기 위한 경험적 프로세스로 정의하며, 이는 기존의 계획 기반 방식과 달리 적응력 있는 방식으로 개발을 진행할 수 있도록 설계되었습니다. SCRUM은 조직이 프로젝트 진행 중 발생할 수 있는 예측 불가능한 문제를 해결하고, 효율적인 협업을 통해 생산성을 높이도록 도와줍니다. 특히, 지속적인 피드백과 개선을 통해 개발 과정의 품질을 유지하면서도 고객의 요구사항을 신속하게 반영할 수 있습니다.

나. SCRUM의 정의

SCRUM은 소프트웨어 및 제품 개발 프로젝트에서 반복적이고 점진적인 접근 방식을 적용하여, 고객의 요구사항을 빠르게 반영하고 품질을 지속해서 개선하는 애자일(Agile) 프레임워크입니다. Takeuchi & Nonaka(1986)[88]는 SCRUM을 복잡한 환경에서 창의적이고 생산적으로 높은 가치를 제공할 수 있도록 하는 프레임워크라고 정의하였습니다. 이 방법론은 투명성, 점검, 적응의 세 가지 핵심 원칙을 기반으로 하며, 이를 통해 팀의 효율성을 극대화하고, 지속적인 개선을 가능하게 합니다. SCRUM의 가장 큰 특징은 짧은 개발 주기(스프린트)를 통해 결과

---

87. Schwaber, K. (1995). SCRUM development process: Advanced development methods. In Proceedings of OOPSLA'95 Workshop on Business Object Design and Implementation, London, UK.
88. Takeuchi, H., & Nonaka, I. (1986). The new new product development game. Harvard business review, 64(1), 137-146.

를 제공하고, 피드백을 반영하여 프로세스를 개선하는 것입니다.

다. SCRUM을 위한 절차

SCRUM을 수행하기 위한 절차는 다음과 같습니다.

그림 9-3 SCRUM 분석 프로세스

1) 프리게임 단계: 프로젝트 착수 및 계획 수립을 위한 단계로, 제품 백로그 정의, 개발 목표 설정, 아키텍처 설계를 포함합니다(Schwaber, 1995).

2) 게임 단계: 반복적인 스프린트를 수행하며, 분석, 설계, 개발, 테스트, 검토 및 조정 과정을 거칩니다.

3) 포스트게임 단계: 스프린트 완료 후 제품 인도를 위한 최종 조정과 문서화, 릴리스 준비를 수행합니다.

라. SCRUM 분석을 위한 예시 프롬프트

SCRUM 분석을 위해 단계별로 다음과 같은 프롬프트를 활용할 수 있습니다.

1) 프리게임 단계를 위한 예시 프롬프트

- "우리 프로젝트를 위해 어떤 핵심 목표를 설정해야 할까요?"
- "효율적인 제품 백로그 관리를 위한 전략은 무엇인가요?"
- "SCRUM 팀의 역할을 효과적으로 분배하는 방법은 무엇인가요?"

2) 게임 단계를 위한 예시 프롬프트

- "스프린트의 주요 목표를 달성하기 위해 어떤 전략을 사용할 수 있나요?"
- "팀의 작업 진행 상황을 추적하기 위한 효과적인 방법은 무엇인가요?"
- "스프린트 동안 발생할 수 있는 리스크를 어떻게 관리할 수 있을까요?"

3) 포스트게임 단계를 위한 예시 프롬프트

- "제품 인도를 위한 최종 검토 절차는 무엇인가요?"
- "릴리스 준비 과정에서 자주 발생하는 문제는 무엇이며, 이를 어떻게 해결할 수 있나요?"
- "SCRUM 프로세스의 지속적인 개선을 위해 어떤 방법을 도입할 수 있을까요?"

기업 사례: 테크웨이브(TechWave)   AI

테크웨이브는 2019년에 설립된 핀테크 스타트업으로, 개인 금융 관리를 위한 모바일 애플리케이션을 개발 및 운영하고 있습니다. 혁신적인 기술과 사용자 친화적인 인터페이스를 제공하며 초기 시장에서 빠르게 성장하였으나, 최근에는 프로젝트 일정 지연과 기능 출시 속도의 둔화로 인해 경쟁력이 약화되고 있습니다.

최근 테크웨이브가 직면한 주요 문제는 다음과 같습니다.

- 기능 출시 일정이 반복적으로 지연되면서 고객의 기대 충족 실패
- 팀 간의 의사소통 부족으로 인해 업무의 우선순위 혼란 발생
- 요구사항 변경에 대한 유연한 대응 부족
- 품질 저하로 인해 버그가 빈번히 발생하고 사용자 만족도가 하락

경영진은 이러한 문제를 해결하기 위해 보다 체계적이고 유연한 프로젝트 관리 방식을 도입해야 할 필요성을 느끼고 있습니다. 그러나 기존의 개발 방식은 고정된 계획에 의존하다 보니 변화하는 요구사항을 효과적으로 수용하지 못하고 있으며, 팀 내 협업이 원활하게 이루어지지 않고 있습니다.

테크웨이브의 주요 고민 사항은 다음과 같습니다.

- 프로젝트의 우선순위를 명확히 정의하고, 지속적으로 조정할 방법은 무엇일까?
- 팀원 간의 협업을 촉진하고 투명한 진행 상황 공유를 위한 체계를 어떻게 마련할까?
- 고객의 피드백을 신속하게 반영하면서도 품질을 유지하는 방법은 무엇일까?
- 기능 출시 속도를 높이기 위해 어떻게 개발 프로세스를 최적화할 수 있을까?

테크웨이브는 이러한 고민을 해결하기 위해 팀워크를 강화하고, 유연한 개발 프레임워크를 도입하여 프로젝트의 성공률을 높이고자 합니다. 이를 통해 지속적인 개선을 이루고, 고객 만족도를 높이며, 시장에서의 경쟁력을 회복하는 것을 목표로 하고 있습니다.

아이디어 프로세스 프롬프팅

혁신적인 아이디어는 기업이 경쟁 우위를 확보하고 지속적인 성장을 이루는 데 필수적인 요소입니다. 그러나 변화하는 시장 환경과 고객의 기대가 점점 복잡해짐에 따라, 단순한 아이디어 발굴을 넘어 체계적이고 전략적인 접근이 필요합니다. 프로세스 프롬프팅(Process Prompting)은 조직이 더욱 창의적이고 실행 가능한 아이디어를 도출할 수 있도록 지원하는 강력한 도구로 자리 잡고 있습니다.

아이디어 프로세스 프롬프팅을 활용하면 조직은 체계적인 방법론을 통해 아이디어를 발굴하고, 이를 실행 가능한 전략으로 전환할 수 있습니다. AI 기반의 프롬프팅을 적용함으로써 조직의 사고 과정을 확장하고, 다양한 관점을 반영하며, 혁신을 가속할 수 있습니다.

AI 기반의 아이디어 프로세스 프롬프팅은 다음과 같은 이점을 제공합니다.

- 다양한 아이디어 발굴을 위한 프레임워크를 제공하여 창의성을 촉진할 수 있습니다.
- 데이터를 기반으로 시장 및 경쟁 환경을 분석하여 전략적 의사결정을 지원합니다.
- 아이디어의 실행 가능성을 평가하고, 리스크를 사전에 식별하여 효과적인 실행 계획을 수립할 수 있습니다.
- 협업을 강화하여 조직 내부의 아이디어 공유 및 통합을 촉진할 수 있습니다.

본 장에서는 다음과 같은 주요 아이디어 발굴 및 전략 기법을 프로세스 프롬프팅과 연계하여 효과적으로 활용하는 방안을 살펴봅니다.

- **벤치마킹**(Benchmarking): 업계의 선진 사례를 분석하여 조직의 성과 향상 기회를 도출하는 기법입니다.
- **Ansoff Matrix**: 시장과 제품의 조합을 분석하여 성장 전략을 수립하는 데 유용한 프레임워크입니다.
- **Blue Ocean Strategy**: 경쟁이 없는 새로운 시장을 개척하고 차별화된 가치를 창출하는 전략입니다.
- **Design Thinking**: 사용자 중심의 접근을 통해 창의적 문제 해결을 실현하는 방법론입니다.
- **PEST 분석**: 정치, 경제, 사회, 기술적 요인을 분석하여 외부 환경 변화를 파악하는 도구입니다.
- **SWOT 분석**: 조직의 강점, 약점, 기회, 위협을 분석하여 전략적 방향성을 설정하는 기법입니다.

이제 프로세스 프롬프팅을 활용하여 이러한 기법들을 실무적으로 적용하는 방법을 살펴보겠습니다.

1. 벤치마킹

벤치마킹은 조직이 자사의 성과를 향상하기 위해 업계 내외의 우수 사례를 분석하고 이를 도입하여 프로세스를 개선하는 체계적인 접근 방식입니다. 조직은 경쟁력을 유지하고 지속적인 성장을 이루기 위해 내부 프로세스를 평가하고 최적의 성과를 달성하기 위한 전략을 도출해야 합니다. 벤치마킹은 단순한 비교를 넘어, 경쟁사 또는 업계 선도 기업의 성공적인 운영 방식을 분석하고, 이를 통해 자사의 프로세스를 재설계하는 데 초점을 맞추고 있습니다[89].

이 기법은 주로 경쟁 분석, 내부 프로세스 개선, 고객 만족도 향상 등의 목적으로 활용되며, 기업이 시장에서의 경쟁력을 유지하고 발전할 수 있도록 합니다. 벤치마킹을 통해 조직은 자사의 강점과 약점을 명확히 파악하고, 더 나은 실행 방안을 모색할 수 있습니다.

가. 벤치마킹의 개념

벤치마킹은 조직이 경쟁력을 확보하고 지속적인 개선을 이루기 위해 다른 조직의 우수한 사례를 체계적으로 연구하고 이를 자사에 적용하는

---

89. Lema, N. M., & Price, A. D. F. (1995). Benchmarking: performance improvement toward competitive advantage. Journal of Management in Engineering, 11(1), 28-37.

과정입니다. 이는 단순한 성과 비교를 넘어 경쟁 기업의 성공 요인을 분석하고, 해당 요소를 자사의 프로세스에 맞게 조정하여 혁신을 이루는 데 목적을 둡니다[90].

벤치마킹의 개념은 크게 세 가지 주요 요소로 구성됩니다. 첫째, 내부 프로세스를 명확히 이해하고 분석하는 것입니다. 이를 통해 조직은 자사의 현재 상태를 파악하고, 개선이 필요한 부분을 식별할 수 있습니다. 둘째, 동종 업계 또는 선진 기업의 프로세스를 조사하고, 성과 차이를 분석하는 과정이 포함됩니다. 마지막으로, 벤치마킹을 통해 도출된 인사이트를 바탕으로 개선 계획을 수립하고 실행하는 단계가 있습니다[91].

나. 벤치마킹의 정의

벤치마킹은 지속적이고 체계적인 비교 및 분석을 통해 경쟁 우위를 확보하고 성과를 향상하기 위한 관리 기법으로 정의됩니다(Lema & Price, 1995). 이 기법은 조직이 자사의 프로세스를 분석하고 업계 최고 수준의 성과와 비교하여, 개선 기회를 도출하고 실행 방안을 마련하는 데 초점을 둡니다[92]. 벤치마킹은 단순한 성과 비교를 넘어, 우수한 사례를 조직의 특성에 맞게 적용하여 지속적인 성장을 추구하는 데 중요한

---

90. Drew, S. A. (1997). From knowledge to action: the impact of benchmarking on organizational performance. Long range planning, 30(3), 427-441.

91. Singh, B., Grover, S., & Singh, V. (2017). An empirical study of benchmarking evaluation using MCDM in service industries. Managerial Auditing Journal, 32(2), 111-147.

92. Elmuti, D., & Kathawala, Y. (1997). An overview of benchmarking process: a tool for continuous improvement and competitive advantage. Benchmarking for Quality Management & Technology, 4(4), 229-243.

역할을 합니다[93].이는 조직이 자사의 프로세스를 동종 업계의 최고 수준과 비교하여 우수 사례를 도입하고, 프로세스를 혁신적으로 개선하는 데 중점을 둡니다.

일반적으로 벤치마킹은 내부 벤치마킹, 경쟁적 벤치마킹, 기능적 벤치마킹 및 일반적 벤치마킹의 네 가지 유형으로 나뉘며, 각각 조직의 목표와 비교 대상에 따라 선택됩니다. 내부 벤치마킹은 동일 조직 내 다른 부서나 사업부의 우수 사례를 분석하는 방식이며, 경쟁적 벤치마킹은 업계 경쟁자의 전략과 성과를 분석하여 경쟁력을 강화하는 데 초점을 맞춥니다. 기능적 벤치마킹은 업계에 국한되지 않고 우수한 프로세스를 가진 타 분야의 조직을 참고하며, 일반적 벤치마킹은 모든 산업의 모범 사례를 분석하여 실행 가능한 방법을 도출하는 데 활용됩니다(Kumar et al., 2020).

다. 벤치마킹의 절차
벤치마킹의 절차는 다음과 같은 단계로 구성됩니다(Elmuti & Kathawala, 1997).

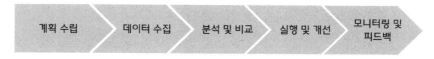

그림 10-1 벤치마킹 분석 프로세스

---

93. Kumar, S., Kamble, S., & Roy, M. H. (2020). Twenty-five years of Benchmarking: An International Journal (BIJ) A bibliometric overview. Benchmarking: An International Journal, 27(2), 760-780.

1) 계획 수립

- 벤치마킹의 목표를 명확히 정의하고, 비교할 프로세스 및 성과 지표 (KPI)를 선정합니다.
- 벤치마킹 수행을 위한 팀을 구성하고 일정 계획을 수립합니다.

2) 데이터 수집

- 벤치마킹 대상 기업의 프로세스와 성과 데이터를 수집하고 분석할 기준을 설정합니다.
- 인터뷰, 설문조사, 문헌 검토 등을 통해 관련 정보를 체계적으로 수집합니다.

3) 분석 및 비교

- 수집된 데이터를 자사의 성과와 비교하여 격차를 분석하고, 핵심 성공 요인을 도출합니다.
- 성과 차이의 원인을 식별하고, 개선 기회를 탐색합니다.

4) 실행 및 개선

- 벤치마킹 결과를 바탕으로 실행 계획을 수립하고 적용 방안을 모색합니다.
- 개선 조치의 실행 여부를 모니터링하고, 필요하면 수정 보완합니다.

5) 모니터링 및 피드백

- 지속해서 성과를 평가하고 피드백을 반영하여 프로세스를 최적화합니다.
- 벤치마킹 결과를 바탕으로 장기적인 개선 전략을 수립합니다.

라. 벤치마킹 분석을 위한 예시 프롬프트

벤치마킹 분석을 위해 단계별로 다음과 같은 프롬프트를 활용할 수 있습니다.

1) 계획 수립 프롬프트

- "벤치마킹을 통해 개선하고자 하는 핵심 프로세스는 무엇인가요?"
- "성공적인 벤치마킹을 위해 어떤 성과 지표를 설정해야 하나요?"
- "벤치마킹 수행을 위한 최적의 팀 구성은 어떻게 해야 하나요?"

2) 데이터 수집 프롬프트

- "업계 최고의 성과를 내는 기업의 데이터는 어떤 방법으로 수집할 수 있을까요?"
- "벤치마킹을 위한 주요 정보원은 무엇이며, 이를 효과적으로 활용하는 방법은?"
- "정확하고 신뢰할 수 있는 벤치마킹 데이터를 확보하기 위한 전략은?"

1) 분석 및 비교 프롬프트

- "벤치마킹 데이터를 비교할 때 가장 중요한 요소는 무엇인가요?"
- "우수 기업의 운영 방식을 자사에 적용하기 위한 최적의 방법은 무엇인가요?"
- "벤치마킹 분석을 통해 도출된 인사이트를 어떻게 실행할 수 있나요?"

4) 실행 및 개선 프롬프트

- "벤치마킹을 기반으로 도출된 개선 방안을 효과적으로 구현하려면?"
- "개선 조치의 우선순위를 어떻게 설정해야 하나요?"
- "벤치마킹을 통해 얻은 교훈을 전사적으로 공유하기 위한 방법은?"

5) 모니터링 및 피드백 프롬프트

- "벤치마킹 실행 이후 성과를 측정하고 평가하는 최적의 방법은?"
- "지속적인 개선을 위해 어떤 모니터링 체계를 도입해야 하나요?"
- "피드백을 바탕으로 벤치마킹 결과를 최적화하는 전략은?"

기업 사례: 그린에어(GreenAir)   AI

그린에어는 2013년에 설립된 공기청정기 제조 기업으로, 친환경 기술과 혁신적인 디자인을 바탕으로 국내외 시장에서 성장해 왔습니다. 최근 들어 경쟁사의 신기술 도입과 차별화된 고객 서비스로 인해 시장 점유율이 하락하고 있으며, 고객 만족도 역시 기대에 미치지 못하고 있습니다.

현재 그린에어가 직면한 주요 문제는 다음과 같습니다.

- 경쟁사 대비 혁신적인 기술 및 기능 부족
- 사후 서비스(AS) 품질 저하로 인한 고객 불만 증가
- 생산 원가 절감 및 효율성 개선 필요
- 브랜드 인지도와 시장 경쟁력 강화 필요

경영진은 이러한 문제를 해결하기 위해 선도 기업의 우수 사례를 분석하고, 이를 자사에 적용할 방안을 모색하고 있습니다. 그러나 벤치마킹을 효과적으로 수행할 체계적인 접근 방식이 부족하여, 구체적인 실행 방안 도출에 어려움을 겪고 있습니다.

그린에어의 주요 고민 사항은 다음과 같습니다.

- 경쟁사의 성공적인 기술 전략을 어떻게 적용할 수 있을까?

- 고객 만족도를 높이기 위해 어떤 서비스 개선 방안을 도입할 수 있을까?
- 생산 효율성을 향상시키기 위해 타사의 운영 방식을 어떻게 분석하고 적용할 수 있을까?
- 브랜드 인지도를 강화하기 위해 어떤 마케팅 전략을 참고해야 할까?

그린에어는 이러한 고민을 해결하기 위해 업계 선진 사례를 연구하고, 자사의 강점을 강화할 수 있는 전략적 개선안을 마련할 계획입니다. 이를 통해 경쟁력을 확보하고 지속 가능한 성장을 추구하고자 합니다.

2. Ansoff Matrix

성공적인 기업 성장은 새로운 시장 기회를 포착하고, 기존 제품과 시장에서의 성과를 극대화하는 전략적 의사결정에 달려 있습니다. 이러한 목표를 달성하기 위해 기업들은 다양한 성장 전략을 모색하며, 그중 대표적인 도구가 바로 Ansoff Matrix입니다. Ansoff Matrix는 기업이 성장을 도모할 때 제품과 시장의 조합을 분석하여 최적의 전략을 선택할 수 있도록 도와줍니다. 이를 통해 조직은 리스크를 최소화하고, 지속 가능한 성장을 위한 전략적 방향을 설정할 수 있습니다[94].

---

94. Al-Bostanji, G. M. (2015). Impact of applying of Ansoff model on marketing performance for Saudi foodstuff companies. Journal of Marketing and Consumer Research, 15(1), 71-81.

가. Ansoff Matrix의 개념

Ansoff Matrix는 기업의 성장 전략을 체계적으로 분석하고 방향성을 제시하는 도구로 시장과 제품의 조합을 통해 전략적 옵션을 정의하는 데 사용됩니다. 이 매트릭스는 기존 및 신규 제품과 시장의 조합을 바탕으로 4가지 주요 전략(시장 침투, 시장 개발, 제품 개발, 다각화)을 제시하며, 기업이 성장 기회를 포착할 수 있도록 지원합니다(Al-Bostanji, 2015). Ansoff(1965)[95]는 이 모델을 통해 기업이 현재 상태를 평가하고, 리스크를 고려하면서 전략적 방향을 설정할 수 있도록 하였습니다.

나. Ansoff Matrix의 정의

- Ansoff Matrix는 기업의 성장 전략을 수립하기 위한 프레임워크로 정의되며, 시장과 제품의 조합을 바탕으로 다음과 같이 네 가지 성장 전략을 제공합니다[96].
- 시장 침투: 기존 시장에서 기존 제품의 시장 점유율을 확대하는 전략입니다. 이를 위해 가격 조정, 프로모션 강화, 유통망 확대 등의 방법을 활용합니다.
- 시장 개발: 기존 제품을 새로운 시장에 진출시켜 성장 기회를 모색하는 전략입니다. 새로운 지리적 시장 진입, 새로운 고객 세그먼트 발굴이 포함됩니다.

---

95. Ansoff, H. I. (1965). The concept of strategy.
96. Ge, A., Alzahran, K. A. S., & Ali, S. W. (2016). Influence of Ansoff Matrix on Food Production Entities in KSA. Journal of Biology, Agriculture and Healthcare, 6(4), 58-61.

- 제품 개발: 기존 시장에서 신규 제품을 도입하여 고객의 다양한 요구를 충족시키는 전략입니다. 신제품 개발, 기술 혁신 등이 활용됩니다.
- 다각화: 새로운 시장에 새로운 제품을 도입하는 전략으로, 가장 높은 위험을 수반하지만 장기적인 성장을 도모할 수 있습니다.

다. Ansoff Matrix의 절차

Ansoff Matrix를 적용하는 절차는 다음과 같습니다(Ge et al., 2016).

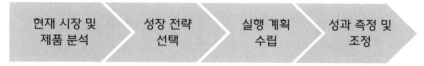

그림 10-2 Ansoff Matrix 분석 프로세스

1) 1단계: 현재 시장 및 제품 분석
- 기존 제품과 시장의 성과를 평가합니다.
- 시장 점유율, 고객 만족도, 경쟁력을 분석합니다.

2) 2단계: 성장 전략 선택
- 기업의 성장 목표와 리소스를 고려하여 시장 침투, 시장 개발, 제품 개발, 다각화 전략 중 최적의 옵션을 선택합니다.

3) 3단계: 실행 계획 수립
- 선택된 전략에 맞춰 실행 방안을 구체적으로 수립하고, 필요한 리소스를 할당합니다.

4) 4단계: 성과 측정 및 조정
- 정기적인 모니터링을 통해 전략의 효과를 평가하고 필요시 조정합니다.

라. Ansoff Matrix 분석을 위한 예시 프롬프트

Ansoff Matrix 분석을 위해 단계별로 다음과 같은 프롬프트를 활용할 수 있습니다.

1) 현재 시장과 제품 분석
- "우리 제품의 현재 시장 점유율은 어느 정도이며, 경쟁업체와 비교해 어떤 위치에 있습니까?"
- "기존 고객의 요구사항을 더 잘 충족시키기 위해 어떤 개선이 필요할까요?"

2) 성장 전략 선택
- "시장 침투 전략을 실행할 경우, 어떤 채널을 통해 시장 점유율을 확대할 수 있을까요?"
- "신규 시장에 진입하기 위해 고려해야 할 주요 요소는 무엇인가요?"

3) 실행 계획 수립
- "성장 전략을 실행하기 위한 주요 활동과 마일스톤은 무엇인가요?"
- "필요한 리소스(인력, 자본, 기술)는 어떻게 배분해야 할까요?"

4) 성과 측정 및 조정
- "실행 전략의 성과를 측정할 주요 KPI는 무엇인가요?"
- "시장 반응에 따라 전략을 어떻게 조정해야 할까요?"

기업 사례: 네이처바이오(NatureBio) AI

네이처바이오는 2016년에 설립된 건강식품 제조 기업으로, 천연 원료를 기반으로 한 기능성 식품을 제공하며 소비자들의 건강한 삶을 지원하고 있습니다. 시장에서의 긍정적인 반응을 얻으며 성장을 이어왔으나, 최근 건강식품 시장의 경쟁이 심화하면서 성장 둔화와 수익성 저하라는 문제에 직면하고 있습니다.

현재 네이처바이오가 직면한 주요 문제는 다음과 같습니다.

- 기존 고객층의 성장 한계 및 신규 고객 유입 저조
- 경쟁사 대비 제품 차별화 부족
- 해외 시장 진출 전략 미흡
- 새로운 제품 개발의 필요성 증가

경영진은 이러한 문제를 해결하기 위해 성장 전략을 재정립할 필요성을 인식하고 있으며, 시장 확대와 신제품 개발을 통해 새로운 기회를 모색하고 있습니다. 하지만 구체적인 전략 수립과 실행 방향을 설정하는 데 어려움을 겪고 있습니다.

네이처바이오의 주요 고민 사항은 다음과 같습니다.

- 기존 시장에서의 점유율을 확대하기 위해 어떤 전략을 활용할 수 있을까?
- 새로운 고객층을 유치하기 위해 어떤 접근 방식을 도입해야 할까?
- 해외 시장 진출을 위한 최적의 전략은 무엇일까?
- 제품 다각화를 통해 수익성을 개선할 방안은 무엇일까?

네이처바이오는 이러한 고민을 해결하기 위해 성장 기회를 체계적으로 분석하고, 다양한 전략적 대안을 검토하여 지속 가능한 성장을 추진할 계획입니다. 이를 통해 시장 점유율 확대와 장기적인 수익성을 확보하고자 합니다.

3. Blue Ocean Strategy

오늘날 기업들은 치열한 경쟁 환경에서 생존하기 위해 차별화된 전략을 수립해야 합니다. 블루오션 전략(Blue Ocean Strategy)은 경쟁이 없는 새로운 시장 공간을 창출하여 차별화된 가치를 제공함으로써 경쟁을 무의미하게 만드는 전략적 접근 방식입니다. 이는 전통적인 경쟁 중심의 레드오션 전략과 차별화되며, 혁신적인 아이디어와 실행을 통해 고객의 새로운 수요를 창출하는 데 초점을 맞추고 있습니다[97].

블루오션 전략을 통해 기업은 기존 시장에서의 경쟁을 피하고, 가격 경쟁에서 벗어나 독창적인 가치 제안을 통해 지속 가능한 성장을 이룰 수 있습니다. 이를 위해 기업은 핵심 가치를 혁신하고 고객이 진정으로 원하는 요소를 창출하는 방식을 모색해야 합니다.

---

97. Strategy, B. O. (2005). How to create uncontested market space and make the competition irrelevant. Boston, MA: Harvard Business School Publishing.

가. 블루오션 전략의 개념

블루오션 전략은 기존의 경쟁적 시장(레드오션)을 벗어나, 경쟁자가 존재하지 않는 새로운 시장 공간을 발굴하여 독창적인 가치를 제공하고 비용을 동시에 낮추는 전략적 접근법입니다. 블루오션 전략은 단순히 새로운 제품을 개발하는 것을 넘어, 고객이 미처 인식하지 못한 새로운 수요를 창출하고 기존 시장의 한계를 넘어서는 데 초점을 맞추고 있습니다(Strategy, 2005).

이 전략의 핵심 개념은 다음과 같습니다.

첫째, 경쟁을 피하고 완전히 새로운 시장 공간을 개척하여 수익성을 높이는 것입니다. 기존 시장의 포화 상태와 과도한 경쟁을 고려할 때, 블루오션 전략은 혁신을 통해 새로운 기회를 창출하고, 고객에게 차별화된 가치를 제공하는 데 중점을 둡니다.

둘째, 블루오션 전략은 '가치 혁신(Value Innovation)'의 개념을 기반으로 합니다. 즉, 비용을 줄이면서 동시에 고객에게 새로운 가치를 제공하는 접근 방식을 의미합니다. 이를 통해 기존의 경쟁 환경을 벗어나 기업이 지속 가능한 성장을 도모할 수 있도록 합니다[98].

나. 블루오션 전략의 정의

블루오션 전략은 "경쟁을 피하고 새로운 시장 공간을 창출하여 고

---

98. Kim, W. C., & Mauborgne, R. (2017). Blue ocean shift: Beyond competing-proven steps to inspire confidence and seize new growth. Hachette Books.

객에게 차별화된 가치를 제공하는 전략적 접근 방식"으로 정의됩니다 (Strategy, 2005). 이는 기존 시장의 경쟁 논리를 탈피하고, 새로운 가치 곡선을 창출함으로써 경쟁을 무의미하게 만드는 것을 목표로 합니다. 이 전략의 정의는 다음과 같은 요소를 포함합니다.

- 기존 시장의 한계를 뛰어넘어 차별화된 고객 가치를 창출하는 것
- 비용을 절감하면서도 새로운 가치를 제공하는 접근 방식
- 경쟁자가 따라오기 어려운 혁신적인 시장 환경 조성
- 새로운 고객층을 확보하고 시장의 경계를 재설정하는 전략

기업은 블루오션 전략을 통해 경쟁자가 없는 시장에서 고객의 니즈를 새롭게 정의하고, 혁신적인 제품과 서비스로 차별화된 가치를 창출할 수 있습니다. 이 접근법은 조직이 비용을 절감하면서 동시에 고객에게 새로운 가치를 제공할 수 있도록 도와줍니다(Kim & Mauborgne, 2017).

다. 블루오션 전략을 위한 절차

블루오션 전략을 실행하기 위해 다음과 같은 주요 단계를 거칩니다.

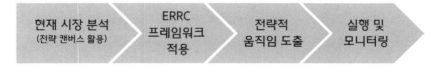

그림 10-3 블루오션 전략 분석 프로세스

1) 현재 시장 분석 (전략 캔버스 활용)
- 현재 경쟁 요소를 파악하고, 자사의 위치를 분석합니다.

- 고객의 요구와 기존 시장의 한계를 조사합니다.

2) ERRC 프레임워크 적용

- 제거(Eliminate): 불필요한 요소를 제거하여 비용 절감
- 감소(Reduce): 시장에서 과도하게 제공되는 요소를 줄임
- 증가(Raise): 경쟁력을 높이기 위해 중요한 요소를 강화
- 창출(Create): 새로운 가치를 창출하여 독창적인 시장을 형성

3) 전략적 움직임 도출

- 차별화된 가치를 구현할 수 있는 전략을 수립합니다.
- 고객이 미처 인식하지 못한 새로운 가치를 제안합니다.

4) 실행 및 모니터링

- 블루오션 전략을 실행하고 주기적으로 검토하며 보완합니다.
- 지속적인 혁신을 통해 시장 변화에 대응합니다.

라. 블루오션 전략 분석을 위한 예시 프롬프트

블루오션 전략 분석을 위해 단계별로 다음과 같은 프롬프트를 활용할 수 있습니다.

1) 현재 시장 분석 프롬프트

- "우리 시장에서 경쟁사와 차별화할 수 있는 요소는 무엇인가요?"
- "고객이 현재 제품/서비스에서 불만족스러워하는 요소는 무엇인가요?"

2) ERRC 프레임워크 적용 프롬프트

- "제거해야 할 비효율적인 프로세스나 기능은 무엇인가요?"
- "기존 제품에서 줄일 수 있는 불필요한 기능은 무엇인가요?"

- "더 강화해야 할 고객 만족 요소는 무엇인가요?"
- "완전히 새로운 가치를 창출할 방법은 무엇인가요?"

3) 전략적 움직임 도출 프롬프트

- "고객의 숨겨진 요구를 충족할 새로운 시장 기회는 무엇인가요?"
- "우리만이 제공할 수 있는 독창적인 서비스는 무엇인가요?"

4) 실행 및 모니터링 프롬프트

- "전략 실행 후, 주요 성과 지표(KPI)는 무엇인가요?"
- "고객 피드백을 통해 지속해서 전략을 개선할 방법은?"

기업 사례: 에코홈(EcoHome) [AI]

에코홈은 2017년에 설립된 친환경 스마트 가전 기업으로, 에너지 효율적인 가전제품을 통해 소비자들의 지속 가능한 생활을 지원하고 있습니다. 초기에는 혁신적인 기술과 디자인을 바탕으로 시장의 주목을 받았으나, 최근 들어 경쟁이 치열해지고 기존 시장의 포화로 인해 성장 정체를 겪고 있습니다.

현재 에코홈이 직면한 주요 문제는 다음과 같습니다.

- 기존 시장에서의 치열한 경쟁으로 인한 가격 압박
- 경쟁사 대비 차별화 요소 부족으로 인한 시장 점유율 감소
- 새로운 고객층 유치를 위한 혁신적인 전략 부족
- 친환경 트렌드 변화에 대한 대응 속도 저하

경영진은 이러한 문제를 해결하기 위해 기존 경쟁 시장에서 벗어나

새로운 수요를 창출할 수 있는 전략적 방향이 필요하다고 판단하고 있습니다. 그러나 기존 사업 모델의 확장과 혁신 사이에서 어떤 방향을 선택해야 할지에 대한 명확한 기준이 부족한 상황입니다.

에코홈의 주요 고민 사항은 다음과 같습니다.

- 새로운 시장 기회를 발굴하고 차별화된 가치를 제공할 방법은 무엇일까?
- 고객의 숨겨진 니즈를 파악하고, 이를 기반으로 새로운 제품을 개발할 수 있을까?
- 경쟁사와의 차별성을 극대화하기 위해 어떤 전략적 변화를 추진해야 할까?
- 비용을 절감하면서도 혁신적인 비즈니스 모델을 수립할 방법은 무엇일까?

에코홈은 이러한 고민을 해결하기 위해 새로운 시장 기회를 탐색하고, 기존 경쟁 구도를 벗어나 혁신적인 가치를 창출하는 전략을 수립할 계획입니다. 이를 통해 지속 가능한 성장을 달성하고, 시장에서의 독보적인 입지를 구축하고자 합니다.

4. Design Thinking

디자인 씽킹(Design Thinking)은 복잡한 문제를 해결하고 혁신적인 아이디어를 도출하기 위한 인간 중심적 접근 방식입니다. 기존의 논리적이고 분석적인 문제 해결 방식과 달리, 디자인 씽킹은 창의성과 직관을 결합하여 사용자의 니즈를 깊이 이해하고 이를 바탕으로 솔루션을 개발하는 데 중점을 둡니다. 기업은 디자인 씽킹을 통해 고객 중심의 혁신을 실현하고, 경쟁이 치열한 시장에서 차별화된 가치를 제공할 수 있습니다. 이 방법론은 다양한 분야에서 활용될 수 있으며, 특히 빠르게 변화하는 환경에서 신속하고 효과적인 문제 해결을 가능하게 합니다.

가. Design Thinking의 개념

디자인 씽킹은 인간의 창의적인 문제 해결 방식을 체계화한 접근법으로, 관찰과 공감을 통해 문제의 본질을 파악하고 이를 해결할 수 있는 실질적이고 혁신적인 아이디어를 도출하는 과정입니다. 디자인 씽킹은 기술적 가능성과 비즈니스적 타당성을 동시에 고려하여, 조직이 지속할 수 있고 사용자 친화적인 제품과 서비스를 개발할 수 있도록 돕습니다.

이 방법론의 핵심은 고객 중심의 사고를 통해 기존의 문제 해결 방식에서 벗어나 새로운 솔루션을 창출하는 데 있습니다. 디자인 씽킹의 접근 방식은 공감을 바탕으로 한 문제 정의, 창의적인 아이디어 생성, 프로토타입을 통한 검증의 반복적인 과정으로 구성되며[99], 조직의 혁신 역량을 강화하는 데 중요한 역할을 합니다.

나. Design Thinking의 정의

디자인 씽킹은 사용자의 니즈와 기대를 충족하기 위해 창의적인 사고와 체계적인 접근 방식을 결합한 문제 해결 방법론으로 정의됩니다

---

99. Rauth, I., Köppen, E., Jobst, B., & Meinel, C. (2010). Design thinking: An educational model towards creative confidence. In DS 66-2: Proceedings of the 1st international conference on design creativity (ICDC 2010).

[100]. 이 방법론은 문제를 해결하기 위해 직관적이고 창의적인 프로세스를 활용하며, 사용자의 요구를 깊이 이해하고 최적의 해결책을 모색하는 데 중점을 둡니다. 디자인 씽킹은 공감을 기반으로 문제를 정의하고, 다양한 아이디어를 도출한 후, 이를 프로토타입으로 제작하여 반복적인 테스트를 통해 최상의 솔루션을 개발하는 과정입니다[101]. 또한, 팀워크와 협업을 강조하며, 다양한 전문가들이 함께 문제를 해결하는 환경을 조성합니다.

다. Design Thinking의 절차

디자인 씽킹을 실행하기 위한 절차는 다음과 같이 진행됩니다[102].

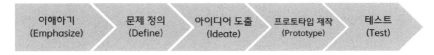

그림 10-4 Design Thinking 분석 프로세스

1) 이해하기(Emphasize)

사용자의 요구사항과 문제를 심층적으로 이해하기 위해 관찰, 인터뷰, 데이터 분석을 수행합니다.

---

100. Irani, L. (2018). "Design Thinking": Defending Silicon Valley at the Apex of Global Labor Hierarchies. Catalyst: Feminism, Theory, Technoscience, 4(1), 1-19.

101. Fila, N., McKIlligan, S., & Guerin, K. (2018, June). Design thinking in engineering course design. In 2018 ASEE Annual Conference.

102. Cavalcanti, C. M. C. (2014). Design Thinking como metodologia de pesquisa para concepção de um Ambiente Virtual de Aprendizagem centrado no usuário. SIED: EnPED-Simpósio Internacional de Educação a Distância e Encontro de Pesquisadores em Educação a Distância, 2.

2) 문제 정의(Define)

• 수집된 정보를 바탕으로 문제의 본질을 명확하게 규명하고, 해결이
  필요한 핵심 요소를 정의합니다.

3) 아이디어 도출(Ideate)

• 브레인스토밍과 같은 창의적 기법을 활용하여 다양한 솔루션을 도출
  하고 혁신적인 아이디어를 탐색합니다.

4) 프로토타입 제작(Prototype)

• 아이디어를 구체적인 형태로 구현하여, 실제 사용자의 피드백을 받을
  수 있도록 합니다.

5) 테스트(Test)

• 프로토타입을 사용해 사용자와 상호작용하며, 반복적인 피드백을 통
  해 솔루션을 지속해서 개선합니다.

라. Design Thinking 분석을 위한 예시 프롬프트

디자인 씽킹 분석을 위해 단계별로 다음과 같은 프롬프트를 활용할
수 있습니다.

1) 이해하기 단계 프롬프트

• "사용자가 직면한 가장 큰 문제는 무엇인가요?"
• "사용자의 경험을 이해하기 위해 어떤 데이터를 수집해야 하나요?"
• "고객 인터뷰를 효과적으로 수행하기 위한 핵심 질문은 무엇인가
  요?"

2) 문제 정의 단계 프롬프트

• "문제를 명확하게 정의하기 위해 어떤 정보가 필요한가요?"

- "핵심 문제를 도출하는 방법은 무엇인가요?"
- "해결해야 할 주요 고객 페인 포인트는 무엇인가요?"

☞ 페인 포인트(Pain Point): 고객이 경험하는 문제나 불편함

3) 아이디어 도출 단계 프롬프트

- "창의적인 아이디어를 촉진하기 위한 효과적인 브레인스토밍 방법은?"
- "다양한 솔루션을 비교하고 평가하기 위한 기준은 무엇인가요?"
- "아이디어의 혁신성을 검증하기 위해 어떤 기법을 활용할 수 있나요?"

4) 프로토타입 제작 단계 프롬프트

- "아이디어를 구체적인 형태로 시각화하는 방법은?"
- "프로토타입을 제작할 때 가장 중요한 요소는 무엇인가요?"
- "사용자의 피드백을 수집하기 위해 어떤 방식을 채택해야 하나요?"

5) 테스트 단계 프롬프트

- "프로토타입의 성능을 측정하기 위한 지표는 무엇인가요?"
- "테스트 결과를 기반으로 개선해야 할 사항은 무엇인가요?"
- "사용자의 피드백을 통합하여 최적의 솔루션을 도출하는 방법은?"

기업 사례: 헬스핏(HealthFit)

헬스핏은 2019년에 설립된 헬스케어 기술 기업으로, 피트니스와 웰빙을 위한 맞춤형 건강 관리 애플리케이션을 제공하고 있습니다. 초기에는 개인화된 운동 및 식단 추천 서비스를 통해 젊은 층의 관심을 끌었으나, 최근 사용자 참여율 감소와 함께 신규 고객 유입이 둔화되면서 성장에 어려움을 겪고 있습니다.

현재 헬스핏이 직면한 주요 문제는 다음과 같습니다.

- 사용자 경험(UX)의 부족으로 인해 앱 이탈률 증가
- 사용자의 니즈 변화에 대한 적절한 대응 부족
- 차별화된 기능 부재로 인한 경쟁 우위 약화
- 사용자 피드백 수집 및 반영 체계 미흡

경영진은 이러한 문제를 해결하기 위해 사용자 중심의 접근 방식을 도입하고, 고객의 실제 요구와 기대를 깊이 이해할 필요성을 인식하고 있습니다. 그러나 기존의 제품 개발 방식은 기술 중심적 접근에 초점이 맞춰져 있어, 사용자 경험 개선에 어려움을 겪고 있습니다.

헬스핏의 주요 고민 사항은 다음과 같습니다.

- 사용자의 실제 니즈와 문제점을 어떻게 효과적으로 파악할 수 있을까?
- 사용자 중심의 솔루션을 개발하기 위해 어떤 접근 방식을 도입할 수 있을까?
- 고객 참여를 유도하여 만족도를 높일 방법은 무엇일까?
- 기존의 기능을 어떻게 재설계하여 사용자 경험을 향상시킬 수

있을까?

헬스핏은 이러한 고민을 해결하기 위해 사용자 관점에서 문제를 정의하고, 창의적인 아이디어를 도출하여 지속해서 프로토타입을 개발하고 테스트할 계획입니다. 이를 통해 혁신적인 사용자 경험을 제공하고, 시장에서의 경쟁력을 강화하고자 합니다.

5. PEST 분석

조직의 지속 가능한 성장을 위해 외부 환경의 변화를 분석하고 대응 전략을 수립하는 것은 필수적입니다. 이러한 목적을 달성하기 위한 대표적인 도구가 PEST 분석(Political, Economic, Social, Technological analysis)입니다.

PEST 분석은 정치적, 경제적, 사회적, 기술적 요인을 체계적으로 평가하여 조직의 전략적 의사결정을 지원하는 방법론으로, 다양한 산업과 시장에서 광범위하게 활용되고 있습니다[103]. 이 분석을 통해 조직은 외부 환경에서 발생할 수 있는 기회와 위협을 조기에 식별하고, 장기적인 경영 전략을 수립할 수 있습니다[104].

---

103. Shtal, T. V., Buriak, M. M., Amirbekuly, Y., Ukubassova, G. S., Kaskin, T. T., & Toiboldinova, Z. G. (2018). Methods of analysis of the external environment of business activities. Revista ESPACIOS, 39(12), 22.
104. Xie, M. (2021). PEST Analysis of Sports Characteristic Town Construction Under the Background of "Healthy China." Strategic Planning for Energy and the Environment, 40(2), 145–162.

가. PEST 분석의 개념

PEST 분석은 기업이 외부 환경의 변화를 체계적으로 분석하여 전략적 의사결정에 반영할 수 있도록 돕는 프레임워크입니다. 정치적, 경제적, 사회적, 기술적 요인을 종합적으로 평가함으로써, 시장의 변화에 능동적으로 대응하고 비즈니스 기회를 극대화할 수 있습니다(Shatal et al., 2018).

PEST 분석은 조직이 거시적 환경의 영향을 예측하고, 장기적인 계획 수립 및 실행 과정에서 리스크를 최소화할 수 있도록 하는 데 초점을 맞추고 있습니다. 또한, 이 분석은 기업이 경쟁 우위를 확보하고 새로운 시장에 진출하는 데 필수적인 요소로 작용하며, 변화하는 트렌드를 신속하게 반영할 수 있도록 도와줍니다.

나. PEST 분석의 정의

PEST 분석은 조직의 외부 환경을 구성하는 주요 요인을 체계적으로 분석하여 경영 전략 수립을 위한 정보를 제공하는 기법으로 정의됩니다(Shtal et al., 2018). 정치적 요인은 법규와 정부 정책, 경제적 요인은 경제 성장률과 소비자 구매력, 사회적 요인은 인구 변화 및 문화적 요인, 기술적 요인은 혁신과 디지털화 등으로 구성됩니다. 이를 통해 기업은 시장의 기회와 위협을 명확히 파악하고 지속 가능한 성장을 위한 방향을 설정할 수 있습니다(Xie, 2021). PEST 분석의 핵심은 환경 변화에 대한 적절한 대응을 통해 기업의 경쟁력을 강화하고 비즈니스 성과를 극대화하는 데 있습니다.

다. PEST 분석의 절차

PEST 분석을 실행하기 위한 일반적인 절차는 다음과 같습니다(Shtal et al., 2018).

외부 환경 요인 식별	자료 수집 및 분석	요인 평가 및 우선순위 결정	전략적 대응 계획 수립

그림 10-5 PEST 분석 프로세스

1) 외부 환경 요인 식별

• 조직의 비즈니스에 영향을 미치는 정치적, 경제적, 사회적, 기술적 요인을 식별합니다.
• 주요 시장 및 산업 동향을 분석하여 관련 데이터를 수집합니다.

2) 자료 수집 및 분석

• 정부 보고서, 시장 조사, 경제 지표 및 기술 트렌드 등을 분석하여 각 요인의 영향을 평가합니다.
• 수집된 데이터를 바탕으로 주요 리스크와 기회를 평가합니다.

3) 요인 평가 및 우선순위 결정

• 분석된 요인 중 조직의 전략에 가장 큰 영향을 미치는 요소를 선정합니다.
• 요인의 영향을 정량적으로 평가하고 우선순위를 설정합니다.

4) 전략적 대응 계획 수립

• 도출된 분석 결과를 기반으로 기회와 위협에 대한 대응 전략을 수립합니다.

- 조직의 내부 역량을 고려하여 실행 가능한 전략을 도출합니다.

라. PEST 분석을 위한 예시 프롬프트

PEST 분석을 위해 단계별로 다음과 같은 프롬프트를 활용할 수 있습니다.

1) 외부 환경 요인 식별 프롬프트
- "우리 조직의 비즈니스에 영향을 미칠 수 있는 주요 정치적 요인은 무엇인가요?"
- "현재 경제 상황이 조직의 성장 전략에 어떤 영향을 미칠까요?"
- "소비자 라이프스타일 변화가 조직의 제품에 미칠 영향은 무엇인가요?"

2) 자료 수집 및 분석 프롬프트
- "정치적 리스크를 평가하기 위해 어떤 자료를 수집해야 할까요?"
- "현재 경제적 트렌드를 반영한 수익 예측 모델을 어떻게 개선할 수 있을까요?"
- "기술적 변화가 경쟁력 강화에 미치는 영향은 무엇인가요?"

3) 요인 평가 및 우선순위 결정 프롬프트
- "가장 중요한 외부 요인을 선정하는 기준은 무엇인가요?"
- "우리가 집중해야 할 사회적 변화는 무엇인가요?"
- "기술적 혁신을 조직의 성장 전략에 어떻게 반영할 수 있을까요?"

4) 전략적 대응 계획 수립 프롬프트
- "분석된 외부 요인에 기반을 둔 대응 전략을 어떻게 수립할 수 있을까요?"

- "새로운 경제적 변화에 대응하기 위해 어떤 전략을 실행해야 할까요?"
- "조직의 내부 역량과 외부 환경을 연계하는 방안은 무엇인가요?"

기업 사례: 솔라테크(SolarTech) `AI`

솔라테크는 2015년에 설립된 태양광 에너지 솔루션 기업으로, 가정 및 산업용 태양광 패널을 설계 및 설치하며 지속 가능한 에너지 솔루션을 제공하고 있습니다. 초기에는 정부의 신재생에너지 정책과 친환경 트렌드를 바탕으로 빠르게 성장하였으나, 최근 몇 년간 시장 환경의 변화로 인해 성장 둔화와 수익성 악화라는 문제에 직면하고 있습니다.

현재 솔라테크가 직면한 주요 문제는 다음과 같습니다.

- 정부 보조금 정책 변경으로 인한 수익 모델 불확실성 증가
- 글로벌 원자재 가격 상승으로 인한 제조 비용 부담
- 경쟁사들의 기술 혁신 및 가격 경쟁 심화
- 소비자의 친환경 제품에 대한 관심 변화와 새로운 요구 증가

경영진은 이러한 문제를 해결하기 위해 외부 환경을 면밀히 분석하고, 변화하는 시장 상황에 유연하게 대응할 필요성을 인식하고 있습니다. 그러나 현재의 분석 체계로는 시장 변화의 영향을 종합적으로 평가하고, 장기적인 전략을 수립하는 데 어려움을 겪고 있습니다.

솔라테크의 주요 고민 사항은 다음과 같습니다.

- 정책 변화에 효과적으로 대응하고, 지속 가능한 비즈니스 모델을 구축할 방법은 무엇일까?
- 글로벌 경제 변화 속에서 비용 효율성을 유지하는 전략은 무엇일까?
- 경쟁사의 기술 혁신에 대응할 수 있는 차별화된 전략은 무엇일까?
- 소비자의 요구 변화에 맞춰 제품과 서비스를 어떻게 개선할 수 있을까?

솔라테크는 이러한 고민을 해결하기 위해 외부 환경을 체계적으로 분석하고, 사업 전략을 재정비하여 지속 가능한 성장을 도모할 계획입니다. 이를 통해 시장의 변화에 빠르게 적응하고, 새로운 성장 기회를 모색하고자 합니다.

6. SWOT 분석

기업 환경이 빠르게 변화함에 따라 조직은 내부 역량을 극대화하고 외부 기회를 효과적으로 활용하기 위해 전략적 의사결정을 내려야 합니다. 이러한 과정에서 SWOT 분석(Strengths, Weaknesses, Opportunities, Threats)은 조직의 현재 상태를 명확히 파악하고 미래의 성장 전략을 수립하는 데 필수적인 도구로 자리 잡고 있습니다. SWOT 분석은 조직의 강점과 약점을 파악하고, 외부 환경에서 발생하는 기회와 위협을 평가함으로써 보다 나은 의사결정을 지원합니다[105].

SWOT 분석은 경영, 마케팅, 전략 기획, 프로젝트 관리 등 다양한 분야에서 적용될 수 있으며, 이를 통해 조직은 자신의 경쟁력을 강화하고 장기적인 목표를 효과적으로 달성할 수 있습니다. 특히, 불확실성이 높은 비즈니스 환경에서는 SWOT 분석이 변화에 대한 대응 전략을 수립하는 데 중요한 역할을 합니다[106].

가. SWOT 분석의 개념

SWOT 분석은 조직의 내외부 환경을 평가하여 강점(Strengths), 약점(Weaknesses), 기회(Opportunities), 위협(Threats)을 식별하고 이를 토대로 전략적 계획을 수립하는 기법입니다. 강점과 약점은 내부 환경을 평가

---

105. Ivanenko, V., Klimova, I., & Morozov, V. (2024). SWOT analysis: Navigating sustainability amid uncertainty. Економіка. Управління. Інновації.

106. King, T., Freyn, S., & Morrison, J. (2023). SWOT Analysis Problems and Solutions: Practitioners' Feedback into the Ongoing Academic Debate. Journal of Intelligence Studies in Business, 13(1), 30-42.

하는 요소로, 조직의 자원, 역량, 운영 프로세스 등을 포함합니다. 반면, 기회와 위협은 시장 환경, 경쟁 상황, 법적 요인 등 외부 환경을 평가하는 데 초점을 맞춥니다(King et al., 2023).

이 기법의 핵심은 조직이 내부 강점을 활용하여 기회를 극대화하고, 약점을 보완하여 외부 위협을 최소화하는 데 있습니다. SWOT 분석은 단순한 현황 파악을 넘어, 장기적인 경쟁 우위를 확보하고 지속 가능한 성장을 지원하는 전략적 의사결정 도구로 활용됩니다(Ivanenko et al., 2024).

나. SWOT 분석의 정의

SWOT 분석은 조직의 내부 환경과 외부 환경을 종합적으로 분석하여 경영 전략을 수립하는 기법으로 정의됩니다. 이를 통해 조직은 강점을 활용하여 기회를 극대화하고, 약점을 보완하여 외부의 위협을 최소화할 수 있습니다(Ivanenko et al., 2024).

SWOT 분석의 주요 목적은 시장 변화에 대한 적절한 대응 방안을 마련하고, 기업이 효율적으로 자원을 배분할 수 있도록 지원하는 것입니다.

SWOT 분석은 다음과 같은 요소로 구성됩니다.

- **강점**(Strengths)은 조직이 경쟁에서 우위를 점할 수 있는 내부 요인을 의미하며, 브랜드 명성, 강력한 재무 상태, 숙련된 인력 등이 포함됩니다.
- **약점**(Weaknesses)은 조직이 개선해야 할 내부 요인으로, 부족한 자원, 경쟁력 약화, 조직 구조의 문제 등을 포함합니다.
- **기회**(Opportunities)는 외부 환경에서 조직이 성장할 가능성을 의미하

며, 시장 확대, 신기술 도입, 법적 규제 완화 등이 이에 해당합니다.

- **위협**(Threats)은 외부 환경에서 발생할 수 있는 위험 요소로, 새로운 경쟁자의 등장, 경제 불황, 정부 규제 강화 등이 포함됩니다(King et al., 2023).

다. SWOT 분석을 위한 절차
SWOT 분석을 체계적으로 수행하기 위한 절차는 다음과 같습니다 (Ivanenko et al., 2024).

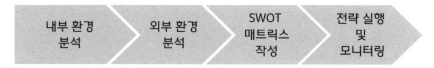

그림 10-6 SWOT 분석 프로세스

1) 내부 환경 분석
- 조직의 강점과 약점을 파악하기 위해 자원, 운영 프로세스, 경쟁력을 평가합니다.
- 조직의 역량과 부족한 요소를 분석합니다.

2) 외부 환경 분석
- 시장 동향, 경쟁 환경, 기술 변화 등을 분석하여 기회와 위협을 평가합니다.
- 글로벌 및 지역적 경제 변화가 조직에 미치는 영향을 고려합니다.

3) SWOT 매트릭스 작성
- 내부 및 외부 분석 결과를 바탕으로 SWOT 매트릭스를 작성하여 전략적 방향성을 도출합니다.

- 강점–기회를 활용하는 SO 전략, 약점–기회를 활용하는 WO 전략, 강점–위협을 최소화하는 ST 전략, 약점–위협을 최소화하는 WT 전략을 도출합니다.

4) 전략 실행 및 모니터링
- SWOT 분석 결과를 바탕으로 실행 계획을 수립하고, 진행 상황을 모니터링하며 지속적인 피드백을 반영합니다.
- 조직의 전략적 목표와 분석 결과의 정합성을 점검합니다.

라. SWOT 분석을 위한 예시 프롬프트
SWOT 분석을 위해 단계별로 다음과 같은 프롬프트를 활용할 수 있습니다.

1) 내부 환경 분석 프롬프트
- "우리 조직의 가장 큰 강점은 무엇인가요?"
- "현재 운영 프로세스에서 개선이 필요한 부분은 무엇인가요?"
- "우리가 경쟁사 대비 우위에 있는 요소는 무엇인가요?"

2) 외부 환경 분석 프롬프트
- "우리 조직이 직면한 주요 시장 기회는 무엇인가요?"
- "시장에서 발생할 수 있는 위협 요소는 무엇인가요?"
- "경쟁업체의 성장 전략이 우리 조직에 미치는 영향은?"

3) SWOT 매트릭스 작성 프롬프트
- "우리의 강점을 활용하여 시장 기회를 극대화하는 방법은 무엇인가요?"
- "약점을 보완하여 새로운 시장 기회를 창출할 방법은 무엇인가요?"

- "위협 요소에 대응하기 위한 강점 기반 전략은 무엇인가요?"

4) 전략 실행 및 모니터링 프롬프트

- "실행된 전략의 성과를 측정하기 위한 주요 지표는 무엇인가요?"
- "지속적인 피드백을 반영하는 데 필요한 조치는 무엇인가요?"
- "SWOT 분석 결과를 향후 계획 수립에 어떻게 반영할 수 있나요?"

기업 사례: 그로웰(Growell)   AI

그로웰은 2018년에 설립된 유기농 식품 브랜드로, 건강한 라이프 스타일을 추구하는 소비자들에게 천연 원료를 사용한 프리미엄 식품을 제공하고 있습니다. 초기에는 품질과 브랜드 스토리를 강조하며 충성도 높은 고객층을 확보했으나, 최근 몇 년간 유기농 시장의 경쟁 심화와 소비자 요구의 변화로 인해 매출 증가 둔화와 시장 점유율 하락 문제를 겪고 있습니다.

현재 그로웰이 직면한 주요 문제는 다음과 같습니다.

- 경쟁사의 적극적인 마케팅 활동으로 인한 고객 이탈 증가
- 제품 라인업 다양성 부족으로 인한 신규 고객 유입 저조
- 원재료 가격 상승으로 인한 원가 부담 증가
- 브랜드 인지도를 높이기 위한 효과적인 전략 부재

경영진은 이러한 문제를 해결하기 위해 내부 강점과 약점을 명확히 파악하고, 외부 기회와 위협을 분석하여 지속 가능한 성장 전략을 수립할 필요성을 느끼고 있습니다. 그러나 현재의 접근 방식으

로는 경쟁 우위를 확보하고 시장의 변화에 적절히 대응하기 어려운 상황입니다.

그로웰의 주요 고민 사항은 다음과 같습니다.

- 브랜드의 강점을 더욱 강화하고, 차별화된 가치를 제공하기 위한 방안은 무엇일까?
- 시장의 기회를 활용하여 새로운 성장 동력을 확보할 방법은 무엇일까?
- 내부적인 약점을 보완하고, 비용 효율성을 개선할 전략은 무엇일까?
- 외부의 위협에 효과적으로 대응하여 경쟁력을 유지할 방안은 무엇일까?

그로웰은 이러한 고민을 해결하기 위해 내부 역량을 강화하고, 시장 환경을 종합적으로 분석하여 지속 가능한 성장을 도모할 계획입니다. 이를 통해 고객 가치를 극대화하고, 장기적인 경쟁 우위를 확보하고자 합니다.

11장

전략적 문제 해결 프로세스 프롬프팅

기업이 직면하는 문제는 단순하지 않으며, 다양한 내부 및 외부 요인이 얽혀 복합적인 양상을 띱니다. 이러한 상황에서는 특정한 하나의 경영기법만으로는 효과적인 해결책을 도출하기 어렵습니다. 따라서 다양한 경영기법을 조화롭게 결합하고, 각 기법의 장점을 극대화하는 전략적 접근이 필요합니다. **맥킨지의 7S 모델**과 같은 전략적 프레임워크는 조직의 성과를 높이기 위한 통합적 접근 방식을 제시합니다. 이 모델은 전략(Strategy), 구조(Structure), 시스템(Systems), 공유 가치(Shared Values), 스타일(Style), 인력(Staff), 기술(Skills)의 일곱 가지 요소가 서로 유기적으로 연계되어야 한다는 점을 강조합니다[107].

---

107. Chmielewska, M., Stokwiszewski, J., Markowska, J., & Hermanowski, T. (2022). Evaluating organizational performance of public hospitals using the McKinsey 7-S framework. BMC health services research, 22(7), 1-12.

조직이 지속적으로 변화하는 환경에서 경쟁력을 유지하기 위해서는 이러한 요소들을 균형 있게 조정하고 최적화해야 합니다.

프로세스 프롬프팅을 활용하면 다음과 같은 이점을 얻을 수 있습니다.

- **문제의 핵심 요인 분석:** 조직의 전략과 운영 수준에서 문제를 세분화하고, 원인을 심층적으로 분석할 수 있습니다.
- **의사결정 일관성 강화:** 기업의 비전과 전략을 명확하게 정의하고, 이를 실행 가능한 계획으로 전환할 수 있도록 돕습니다.
- **성과 향상:** 조직 전반의 구조적 및 문화적 변화를 촉진하여 지속적인 성과 개선을 유도합니다[108].

이 장에서는 McKinsey 7S 프레임워크를 알아보고 맥킨지의 문제 해결 7단계와 마케팅 전략 프로세스를 프로세스 프롬프팅과 결합하여 사례에 대해 직접 문제 해결을 해봄으로써 더욱 효과적인 의사결정과 문제 해결을 끌어내는 방법을 탐색합니다. 이를 통해 조직은 변화하는 환경에 민첩하게 대응하고, 경영 목표를 효율적으로 달성할 수 있을 것입니다.

108. Njeru, W. G., Awino, Z. B., & Adwet, K. (2017). Strategy Implementation: McKinsey's 7S Framework Configuration and Performance of Large Supermarkets in Nairobi, Kenya. Archives of Business Research, 5(6), 1-17.

1. McKinsey 7S Framework

McKinsey 7S 프레임워크는 조직의 성과와 효과성을 향상하기 위해 7가지 주요 요소(전략, 구조, 시스템, 공유 가치, 스타일, 직원, 기술)를 조화롭게 정렬하는 모델입니다. 이 프레임워크는 조직의 내부 요소 간의 상호작용을 분석함으로써 조직의 운영 및 전략 실행을 최적화하는 데 중요한 역할을 합니다.

지금부터는 McKinsey 7S 프레임워크의 개념과 적용 방안에 대해 다루며, 경영기법으로서의 실무적 적용 사례를 살펴봅니다.

가. McKinsey 7S Framework의 개념

McKinsey 7S 프레임워크는 조직의 성공을 위해 반드시 조화를 이루어야 하는 7가지 핵심 요소를 제시합니다. 이 모델은 전략적 변화를 관리하고, 조직의 문제를 해결하며, 지속적인 성장을 달성하기 위해 설계되었습니다. McKinsey 7S 프레임워크의 요소는 전략(Strategy), 구조(Structure), 시스템(Systems), 공유 가치(Shared Values), 스타일(Style), 직원(Staff), 기술(Skills)로 구성됩니다 (Chmielewska et al., 2022).

나. McKinsey 7S Framework의 정의

McKinsey 7S 프레임워크는 조직의 성과를 최적화하기 위해 7가지 내부 요소를 유기적으로 결합하는 전략적 모델로 정의됩니다(Njeru et al., 2017). 해당 프레임워크는 하드 요소(전략, 구조, 시스템)와 소프트 요소(공유 가치, 스타일, 직원, 기술)로 구성되며, 조직의 내부 정렬을 통해 경쟁력을 극대화하는 것을 목표로 합니다. 조직이 효과적으로 운영되려면 이 요소들이 상호 연계되어 조화를 이루어야 합니다[109].

다. McKinsey 7S Framework의 절차

McKinsey 7S 프레임워크를 적용하기 위한 절차는 다음과 같이 진행됩니다 (Chmielewska et al., 2022).

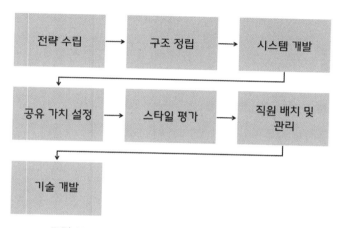

그림 11-1 McKinsey 7S Framework 분석 프로세스

1) 전략(Strategy) 수립
• 조직의 목표와 방향을 설정합니다.
• 경쟁력을 확보하기 위한 전략적 계획을 수립합니다.

2) 구조(Structure) 정립
• 조직의 구조를 명확히 정의하고, 역할과 책임을 배분합니다.

---

109. Al Tamimi, S. A. (2023). Mckinsey Model and Management Accounting Systems Requirements to Measure and Analyze Performance in Sample of Emerging Companies. International Journal of Professional Business Review: Int. J. Prof. Bus. Rev., 8(4), 21.

- 명확한 의사결정 체계를 구축합니다.

3) 시스템(Systems) 개발
- 경영 및 운영 프로세스를 표준화합니다.
- 성과 측정을 위한 시스템을 도입합니다.

4) 공유 가치(Shared Values) 설정
- 조직의 핵심 가치와 문화를 정의합니다.
- 직원들의 행동과 의사결정 기준을 정립합니다.

5) 스타일(Style) 평가
- 리더십 스타일과 조직 문화의 조화를 검토합니다.
- 조직의 목표와 일치하는 리더십 스타일을 적용합니다.

6) 직원(Staff) 배치 및 관리
- 인재 채용 및 교육 계획을 수립합니다.
- 인적 자원의 역량을 강화합니다.

7) 기술(Skills) 개발
- 조직의 핵심 역량을 평가하고, 필요한 기술을 강화합니다.
- 지속적인 교육 프로그램을 운영합니다.

라. McKinsey 7S Framework 분석을 위한 예시 프롬프트
McKinsey 7S 프레임워크 분석을 위해 단계별로 다음과 같은 프롬프트를 활용할 수 있습니다.

1) 전략(Strategy) 관련 프롬프트
- "우리 조직의 장기적 목표를 효과적으로 수립하기 위한 전략적 요소는 무엇인가요?"

- "조직의 비전과 목표를 조정하기 위한 전략적 우선순위는 무엇인가요?"
- "경쟁 우위를 확보하기 위한 주요 전략적 요소는 무엇인가요?"

2) 구조(Structure) 관련 프롬프트
- "우리 조직의 현재 구조는 효과적인가요?"
- "조직 내 의사결정 권한을 명확히 하는 방안은 무엇인가요?"
- "효율적인 조직 구조를 설계하기 위한 주요 고려사항은 무엇인가요?"

3) 시스템(Systems) 관련 프롬프트
- "운영 프로세스를 개선하기 위한 새로운 시스템은 무엇인가요?"
- "성과 측정 및 평가를 위한 핵심 시스템 요소는 무엇인가요?"
- "업무 효율성을 높이기 위한 시스템적 접근법은 무엇인가요?"

4) 공유 가치(Shared Values) 관련 프롬프트
- "우리 조직의 핵심 가치는 무엇이며, 이를 직원들에게 효과적으로 전달하는 방법은?"
- "조직의 문화적 가치를 평가하고 강화하는 방법은 무엇인가요?"
- "공유 가치를 실현하기 위한 조직 내 커뮤니케이션 전략은 무엇인가요?"

5) 스타일(Style) 관련 프롬프트
- "우리 조직의 리더십 스타일은 조직 문화와 일치하나요?"
- "효과적인 리더십 스타일을 적용하는 방안은 무엇인가요?"
- "조직의 전략적 목표에 맞는 관리 스타일은 무엇인가요?"

6) 직원(Staff) 관련 프롬프트

- "조직의 성장을 위해 필요한 인재는 어떤 역량을 가져야 하나요?"
- "인재 개발을 위한 효과적인 교육 프로그램은 무엇인가요?"
- "우리 조직의 인적 자원 전략을 최적화할 방법은?"

7) 기술(Skills) 관련 프롬프트

- "조직의 경쟁력을 강화하는 데 필요한 핵심 기술은 무엇인가요?"
- "기존 직원의 역량을 높이기 위한 프로그램은 무엇인가요?"
- "조직의 미래 요구사항을 충족하는 데 필요한 기술 개발 전략은?"

기업 사례: 넥스텍(NexTech)   AI

넥스텍은 2015년에 설립된 첨단 기술 기업으로, 스마트 디바이스 및 사물인터넷(IoT) 솔루션을 제공하고 있습니다. 급격한 기술 발전과 시장 경쟁의 심화 속에서 넥스텍은 초기 시장에서 빠르게 성장했으나, 최근 몇 년간 내부 운영의 비효율성과 조직의 방향성 혼란으로 인해 성과가 둔화되고 있습니다.

현재 넥스텍이 직면한 주요 문제는 다음과 같습니다.

- 시장 변화에 대한 전략적 대응 부족으로 인한 성장 정체
- 기능 중심의 경직된 조직 구조로 인한 의사결정 지연
- 비효율적인 시스템 운영으로 인한 업무 중복 및 생산성 저하
- 회사의 비전과 공유 가치에 대한 직원들의 이해 부족
- 리더십 스타일의 일관성 부족으로 인한 조직 문화의 혼란

- 직원 역량 개발 프로그램 미흡으로 인한 핵심 인력 이탈
- 기술 혁신 속도를 따라가지 못하는 내부 역량 부족

경영진은 이러한 문제를 해결하기 위해 전사적인 조직 개선이 필요함을 인식하고 있으며, 조직의 핵심 요소를 조화롭게 정렬하여 지속 가능한 성장을 추진해야 한다고 판단하고 있습니다.

넥스텍의 주요 고민 사항은 다음과 같습니다.

- 시장 변화에 민첩하게 대응할 수 있도록 전략을 어떻게 조정할 것인가?
- 의사결정 속도를 높이기 위해 조직 구조를 어떻게 개선할 것인가?
- 업무 효율성을 극대화하기 위한 시스템 개선 방안은 무엇인가?
공유 가치를 조직 내에 효과적으로 확산시킬 방법은 무엇인가?
- 리더십 스타일의 일관성을 유지하면서도 조직 문화를 강화할 방법은 무엇인가?
- 직원의 동기 부여 및 역량 강화를 위한 교육 프로그램은 어떻게 마련할 것인가?
- 기술 역량 강화를 통해 경쟁 우위를 확보할 방법은 무엇인가?

넥스텍은 이러한 고민을 해결하기 위해 조직의 7가지 핵심 요소를 종합적으로 분석하고, 지속 가능한 성장 기반을 구축할 계획입니다. 이를 통해 시장의 변화에 유연하게 대응하고, 경쟁력을 강화하고자 합니다.

2. 전략적 문제 해결 실습

문제 해결 7단계 실습

문제 해결은 조직의 지속 가능한 성장과 경쟁력을 확보하기 위한 핵심적인 과정입니다. 조직이 직면하는 문제는 점점 더 복잡해지고 있으며, 단일 접근 방식으로 해결하기 어렵습니다. 이에 따라 맥킨지의 문제 해결 7단계 접근법을 적용하여 문제를 체계적으로 분석하고, 전략적 해결 방안을 도출하는 것이 중요합니다. 맥킨지의 문제 해결 방법론은 명확한 문제 정의에서 시작하여, 세분화, 우선순위 설정, 계획 수립, 실행 및 검증, 전략 확정의 과정을 거쳐 최적의 해결 방안을 도출하도록 돕습니다[110].

이 접근법은 문제 정의 → 문제 세분화 → ECRS 기법을 적용한 우선순위 설정 → 우선순위별 계획 수립 → 분석 및 실천방안 도출 → 결과 종합 → 전략 확정의 7단계로 구성되며, 이를 통해 조직은 문제의 본질을 명확히 하고 효과적인 해결 전략을 수립할 수 있습니다[111].

가. 문제 해결 기법의 개념

맥킨지 문제 해결 7단계 모델은 조직이 직면한 문제를 체계적으로 분석하고, 논리적이고 실질적인 해결책을 제시하기 위해 설계된 접근 방식

---

110. Christie, D., & Viner, R. (2005). Adolescent development. Bmj, 330(7486), 301-304.

111. Deno, S. L. (2005). Problem-Solving Assessment with Curriculum-Based Measurement. Guilford Press.

입니다. 이 방법론의 핵심은 문제를 논리적으로 정의하고, 데이터를 기반으로 실행 가능한 계획을 수립하며, 지속적인 모니터링과 개선을 통해 조직의 목표를 달성하는 것입니다[112].

이 방법론은 문제를 명확하게 정의하고, 다양한 분석 도구를 활용하여 데이터를 기반으로 문제의 원인을 파악한 후, 실행할 수 있고 지속 가능한 전략을 수립하는 데 초점을 맞춥니다. 이를 통해 조직은 불확실한 비즈니스 환경에서도 명확한 방향을 설정하고 목표를 효과적으로 달성할 수 있습니다[113].

나. 문제 해결 기법의 정의

맥킨지 문제 해결 7단계 모델은 체계적이고 논리적인 문제 해결 과정을 통해 조직이 직면한 복잡한 문제를 해결하기 위한 방법론으로 정의됩니다(Christie & Viner, 2005). 이 모델의 핵심 목표는 문제의 정확한 정의와 체계적인 접근을 통해 실행 가능한 해결 방안을 도출하는 것입니다.

이 모델의 주요 구성 요소는 다음과 같습니다.

- **문제 정의**: 문제를 구체적으로 측정할 수 있게 정의합니다.
- **문제 세분화**: 세부적으로 분석하여 핵심 문제를 도출합니다.
- **우선순위 설정**: 문제의 중요도를 평가하여 해결의 우선순위를 결정

---

112. Genot, E., & Jacot, J. (2012). Taking Problem-Solving Seriously. In Logic & Cognition Conference.
113. Donaldson, C. A. (2004). Information Literacy and the McKinsey Model: The McKinsey Strategic Problem-Solving Model Adapted to Teach Information. Library Philosophy and Practice, 6(2), 1-9.

합니다.

- **계획 수립:** 각각의 문제에 대한 실행 계획을 체계적으로 수립합니다.
- **분석 및 실천방안 도출:** 데이터를 기반으로 한 실행과 분석을 실시합니다.
- **결과 종합:** 해결 과정에서 도출된 결과를 평가합니다.
- **전략 확정:** 최종 전략을 도출하여 실행 계획을 확정합니다.

다. 문제 해결 기법의 절차

맥킨지 문제 해결 7단계의 절차는 다음과 같이 진행됩니다(Donaldson, 2004).

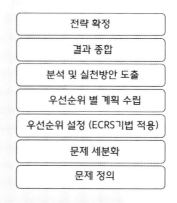

그림 11-2 문제 해결 7단계 분석 프로세스

1) 문제 정의

- 문제를 구체적으로 정의하고 목표를 명확히 설정합니다.
- SMART(Specific, Measurable, Achievable, Relevant, Time-bound) 기준[보충설명 있음]을 적용합니다.

2) 문제 세분화

- 문제를 구성 요소별로 나누어 세부적으로 분석합니다.
- MECE(Mutually Exclusive, Collectively Exhaustive) 원칙을 적용하여 중복되지 않도록 구성합니다.

3) ECRS 기법을 적용한 우선순위 설정

- 제거(Eliminate), 결합(Combine), 재배열(Rearrange), 단순화(Simplify)를 통해 우선순위를 설정합니다.
- 비용, 영향력, 긴급성 등의 기준을 활용하여 가장 중요한 문제를 선정합니다.

4) 우선순위별 계획 수립

- 해결해야 할 핵심 문제에 대한 실행 계획을 수립합니다.
- 자원 배분 및 실행 일정을 명확히 합니다.

5) 분석 및 실천방안 도출

- 수집된 데이터를 기반으로 실행 결과를 분석합니다.
- 계획에 따라 실천하고, 지속적인 모니터링을 수행합니다.

6) 결과 종합

- 실행된 결과를 종합하고, 도출된 인사이트를 문서화합니다.
- 목표 대비 성과를 측정하고 부족한 부분을 보완합니다.

7) 전략 확정

- 최종 전략을 확정하고, 실행 방안을 조정합니다.
- 지속적인 개선 계획을 수립하여 조직의 성과를 유지합니다.

라. 문제 해결 기법 분석을 위한 예시 프롬프트

문제 해결을 위해 단계별로 다음과 같은 프롬프트를 활용할 수 있습니다.

1) 문제 정의 프롬프트

- "문제의 본질적인 원인은 무엇인가요?"
- "문제를 명확하게 정의하기 위한 SMART 기준은 무엇인가요?"

2) 문제 세분화 프롬프트

- "문제를 구성 요소로 세분화할 때 가장 중요한 기준은 무엇인가요?"
- "세분된 문제 요소를 어떻게 측정하고 평가할 수 있나요?"

3) 우선순위 설정 프롬프트

- "문제 해결의 우선순위를 설정하기 위한 주요 기준은 무엇인가요?"
- "비용 대비 효과를 최적화하는 방안은?"

4) 계획 수립 프롬프트

- "실행 계획을 수립할 때 고려해야 할 핵심 요소는 무엇인가요?"
- "리소스 배분의 최적화 방안은?"

1) 분석 및 실천 프롬프트

- "분석된 데이터를 기반으로 최적의 해결 방안을 어떻게 도출할 수 있나요?"
- "모니터링 과정에서 중요한 지표는 무엇인가요?"

보충설명: SMART 기준

SMART 기준은 목표를 효과적으로 설정하고 달성하기 위한 체계적인 접근 방식입니다. 이 기준은 목표를 명확하게 정의하고, 달성 가능성과 측정 가능성을 평가하며, 조직의 전략과 일치하도록 설계하는 데 초점을 둡니다. SMART는 각각 구체적(Specific), 측정 가능(Measurable), 달성 가능(Achievable), 관련성(Relevant), 기한 설정(Time-bound)의 다섯 가지 요소로 구성됩니다.

첫째, 구체적(Specific)이란 목표가 명확하고 구체적으로 정의되어야 함을 의미합니다. 이를 위해 목표는 누가, 무엇을, 어디서, 왜, 어떻게 수행할 것인지 명확히 설정해야 합니다. 구체적인 목표는 모호함을 줄이고, 조직의 구성원들이 명확한 방향을 설정할 수 있도록 도와줍니다.

둘째, 측정 가능(Measurable)이란 목표의 달성 여부를 평가할 수 있는 기준이 있어야 함을 의미합니다. 이를 위해 정량적 또는 정성적 지표를 활용하여 진행 상황을 추적하고 평가할 수 있어야 합니다. 측정 가능성을 확보하면 목표에 대한 피드백을 제공하고, 필요한 조정을 신속하게 수행할 수 있습니다.

셋째, 달성 가능(Achievable)이란 목표가 현실적이며 조직의 역량과 자원을 고려할 때 실행 가능해야 한다는 것을 의미합니다. 이를 위해 조직의 현재 상태와 가용 자원을 평가하고, 목표 달성을 위한 적절한 전략을 수립해야 합니다. 너무 도전적이거나 비현실적인 목표는 구성원들에게 부담을 줄 수 있으므로, 실행 가능성을 고려하는 것이 중요합니다.

넷째, 관련성(Relevant)이란 목표가 조직의 비전과 전략적 방향과 일치해야 하며, 전체적인 성과 향상에 기여해야 함을 의미합니다. 조직의 우선순위와 연계되어 있는 목표는 구성원들이 동기 부여를 유지하고, 목표 달성에 집중할 수 있도록 돕습니다.

마지막으로 기한 설정(Time-bound)이란 목표 달성을 위한 명확한 시간적 기한이 설정되어야 함을 의미합니다. 목표에 대한 구체적인 마감일을 설정함으로써 구성원들은 목표를 달성하기 위한 계획을 수립하고, 일정에 맞춰 진행 상황을 평가할 수 있습니다.

이처럼 SMART 기준을 적용하면 목표가 명확해지고, 조직의 성과를 체계적으로 관리할 수 있으며, 효과적인 실행 전략을 수립하는 데 도움이 됩니다.

기업 사례: 푸드스퀘어(FoodSquare)   AI

푸드스퀘어는 2016년에 설립된 프랜차이즈 식품 기업으로, 건강하고 간편한 식사를 제공하는 것을 목표로 하고 있습니다. 빠르게 성장하면서 전국적으로 지점을 확대해 왔으며, 초기에는 높은 고객 만족도를 유지하며 시장에서 긍정적인 평가를 받았습니다. 그러나 최근 몇 년 동안 고객 만족도 하락과 매출 감소라는 문제에 직면하고 있습니다.

푸드스퀘어의 경영진은 고객 이탈률이 증가하고, 신규 고객 유입이 둔화되는 문제를 심각하게 인식하고 있습니다. 내부 분석 결과, 일부 지점에서 서비스 품질의 일관성이 부족하고, 메뉴의 다양성이 경쟁사에 비해 부족하다는 지적이 제기되고 있습니다. 또한, 가격 대비 가치에 대한 소비자 인식이 낮아지고 있으며, 일부 고객들은 대기 시간이 길어 불편을 호소하고 있습니다.

이러한 문제 속에서 푸드스퀘어의 경영진은 고객 만족도를 높이고 매출을 회복하기 위해 체계적인 접근이 필요하다고 느끼고 있습니다. 하지만 어떤 부분을 먼저 개선해야 할지, 효과적인 실행 방안을 어떻게 도출해야 할지에 대한 명확한 방향이 부족한 상황입니다.

푸드스퀘어의 주요 고민 사항은 다음과 같습니다.

- 고객 만족도를 높이기 위해 어떤 요소를 먼저 개선해야 할까?
- 서비스 품질의 일관성을 유지하기 위해 내부 운영 프로세스를 어떻게 조정할 수 있을까?
- 메뉴의 다양성과 가격 전략을 어떻게 최적화할 수 있을까?
- 대기 시간을 단축하고 효율적인 운영을 위한 방안은 무엇일까?

푸드스퀘어는 이러한 고민을 해결하기 위해 문제를 체계적으로 분석하고, 실질적인 개선 방안을 도출할 계획입니다.

푸드스퀘어(FoodSquare) 문제 해결 실습

1단계: 문제 정의

• 먼저 문제 정의를 위해서는 해당 기업의 상황과 함께 그 업계의 동향 등을 확인하고 ChatGPT에게 아이디어를 제공해달라고 하는 것도 좋은 접근법입니다.

▷ 프롬프트 예

"첨부한 파일을 검토하고 관련 업계의 동향을 검색한 후 푸드스퀘어의 문제가 어떤 것이 있는지 아이디어 5개만 제시해주세요."

이러한 문제를 해결하기 위해 업계 동향을 고려한 다음과 같은 개선 아이디어를 제시합니다:

1. **메뉴 다양성 강화 및 트렌드 반영**: 최근 소비자들은 새로운 맛과 경험을 추구하는 경향이 있습니다. 예를 들어, '스위시(Swicy)'와 같은 단맛과 매운맛을 결합한 제품이 인기를 끌고 있습니다. 푸드스퀘어는 이러한 트렌드를 반영하여 메뉴를 다양화함으로써 고객의 관심을 끌 수 있습니다.

2. **서비스 품질의 일관성 확보**: 일부 지점에서 서비스 품질의 일관성이 부족하다는 지적이 있습니다. 이를 해결하기 위해 직원 교육 프로그램을 강화하고, 표준 운영 절차(SOP)를 수립하여 모든 지점에서 동일한 서비스 품질을 유지하도록 해야 합니다.

3. **가격 대비 가치 개선**: 소비자들은 가격 대비 가치를 중요시합니다. 메뉴의 품질을 향상시키거나, 프로모션을 통해 합리적인 가격에 우수한 품질의 음식을 제공함으로써 소비자들의 만족도

• 제시된 아이디어를 통해 직접 문제를 정의하거나, ChatGPT에게 문제를 정의해달라고 요청할 수 있습니다.

☞ 회사의 다양한 상황이나 정보를 제공해 주면 훨씬 더 정교하게 문제를 정의할 수 있습니다.

▷ 프롬프트 예

"다섯 가지 아이디어 중 하나를 선택하거나, 통합해서 전체적인 문제를 해결할 가능성이 가장 큰 하나의 문제로 정의해주세요."

문제 정의:

"푸드스퀘어의 서비스 품질의 일관성 부족으로 인해 고객 만족도가 하락하고, 이로 인해 신규 고객 유입이 둔화되며, 재방문율이 감소하고 있다."

이 문제를 해결하기 위해 메뉴 다양성, 운영 효율성, 가격 전략, 피드백 시스템 등의 개별적인 요소들이 통합적으로 작용해야 합니다. 서비스 품질의 표준화와 강화를 중심으로 전사적 개선 노력을 기울이면, 고객 만족도를 높이고 매출 회복을 이끌어낼 수 있을 것입니다.

2단계: 문제 세분화

• 정의된 문제는 다양한 작은 문제들로 구성되어 있습니다. 이 사례에서도 "서비스 품질의 일관성 부족"이라는 정의된 문제는 회사 내·외부의 다양한 작은 문제들로 구성되어 있을 가능성이 있기 때문에 세분화 과정을 거쳐야 합니다.

▷ 프롬프트 예

저는 이 사례의 문제를 "푸드스퀘어의 서비스 품질의 일관성 부족"으로 정의했습니다. 이 문제는 다양한 작은 문제들로 구성되어 있을거라고 생각합니다. 이 문제를 구성하고 있을 가능성이 있는 작은 문제를 15개만 제시해주세요."

"푸드스퀘어의 서비스 품질의 일관성 부족" 문제를 구성하는 작은 문제들은 다음과 같이 나눌 수 있습니다. 이들은 운영, 인력, 프로세스, 고객 경험 등의 측면에서 발생할 수 있는 요소들입니다.

1. **지점 간 서비스 매뉴얼 차이** – 표준 운영 절차(SOP)의 미흡 또는 지점별 매뉴얼의 일관성 부족으로 인해 서비스 수준이 달라지는 문제.

2. **직원 교육 프로그램의 부재 또는 미흡** – 지점별로 교육 수준이 다르거나, 신입 및 기존 직원의 교육 내용이 표준화되지 않은 문제.

3. **서비스 제공 속도의 불균형** – 일부 지점에서는 주문 처리 시간이 길어져 고객의 불만을 초래하

3단계: ECRS 기법을 적용한 우선순위 결정

• 문제를 세분화하고 ECRS 기법을 적용하면 불필요한 요소를 제거하고, 프로세스를 최적화하여 자원의 낭비를 줄이며, 문제의 핵심을 명확히 파악할 수 있습니다.

• 이를 통해 해결 우선순위를 효과적으로 결정하고, 의사결정의 객관성을 확보하며, 지속적인 개선을 유도할 수 있습니다. 또한, 리스크를 최소화하고 조직의 성과를 극대화하는 데 이바지합니다.

▷ 프롬프트 예

"세분된 문제의 각 요소를 ECRS 기법을 적용해 5개 내외의 문제로 구체화한 후, 해결 가능성과 영향력이 높은 순으로 우선순위를 설정해 제시해주세요."

우선순위 종합 정리

1. 직원 교육 및 서비스 표준화 부족 (해결 가능성 높음, 영향력 매우 높음)
2. 주방 및 조리 프로세스의 일관성 부족 (해결 가능성 중간, 영향력 높음)
3. 서비스 운영 및 대기시간 관리 미흡 (해결 가능성 높음, 영향력 중간)
4. 고객 피드백 수집 및 반영 부족 (해결 가능성 높음, 영향력 중간)
5. 본사와 지점 간의 의사소통 부재 (해결 가능성 중간, 영향력 중간)

4단계: 우선순위별 계획 수립

• 우선순위별로 제시된 문제를 해결하기 위한 계획을 수립하는 과정에는 실행 계획을 수립할 때 고려해야 할 핵심 요소와 자사의 자원이나 인력(리소스)에 대한 고려가 포함되는 것이 좋습니다.

▷ 프롬프트 예

"위의 우선순위로 구체화한 문제를 해결하기 위해 어떻게 계획을 수립해야 하는지 각각 제시해 주세요. 특히 고려해야 할 핵심 요소와 자원이나 인력에 대한 고려도 포함해 주세요."

---

1. 직원 교육 및 서비스 표준화 부족 (우선순위 1)

계획 수립 방안:

- **교육 프로그램 개발:**
    - 표준 운영 절차(SOP)를 기반으로 필수 교육 과정 수립 (기본 서비스, 고객 응대, 위기 대응 등)
    - 신규 및 기존 직원을 위한 정기적인 교육 및 평가 체계 도입
    - 본사 주도의 온라인 및 오프라인 혼합형 교육 도입
- **검증 및 피드백:**
    - 서비스 평가 체크리스트 도입

5단계: 분석 및 실천방안 도출

• 우선순위별로 도출된 계획을 분석하고, 실천방안을 도출하는 과정에는 핵심 요소와 자원 등 리소스에 대한 정보를 제공하는 것이 좋습니다.

• 이런 정보를 제공하는 경우 보다 구체적이고 실현 가능한 실천방안이 도출될 수 있습니다.

▷ 프롬프트 예

"우선순위별로 수립된 각각의 계획에 대해 분석하고 실천방안을 구체적으로 제시해 주세요. 효과성을 확인하기 위해 검색을 통해 동일 업종의 동향을 확인해서 효과적인 실천방안을 제시해 주세요."

푸드스퀘어의 서비스 품질 일관성 문제를 해결하기 위해 우선순위별로 구체적인 실천 방안을 제시하겠습니다. 각 방안은 업계 동향과 사례를 참고하여 효과성을 높이고자 합니다.

1. 직원 교육 및 서비스 표준화 부족 (우선순위 1)
분석: 일관된 서비스 제공을 위해서는 표준화된 교육 프로그램과 매뉴얼이 필수적입니다. 현재 지점별로 서비스 수준의 차이가 발생하는 것은 이러한 표준화의 부재에서 기인할 수 있습니다.

실천 방안:
- 표준 운영 매뉴얼(SOP) 개발 및 배포:

6단계: 결과 종합

- 우선순위별로 분석된 실천방안들을 모두 통합해 전사적 전략으로 확정하기 위한 결과 종합단계에서는 제한된 자원과 인력 등 리소스를 포함해 가장 효과적인 전략을 도출하기 위한 전반적인 점검단계입니다.

▷ 프롬프트 예

"우선순위별로 제시된 구체적인 실천방안을 하나의 문제 해결 방안으로 종합해 제시해 주세요. 단계별로 어떤 것들을 먼저 수행해야 나머지 해결 방안에 긍정적인 영향을 미치는지를 고려해 주세요."

푸드스퀘어 서비스 품질 일관성 문제 해결을 위한 종합 방안
푸드스퀘어의 서비스 품질 일관성 부족 문제를 해결하기 위해 단계별 접근 방안을 종합적으로 제시합니다. 직원 교육 및 서비스 표준화를 최우선 과제로 삼고, 이를 기반으로 주방 프로세스 최적화, 운영 효율성 개선, 고객 피드백 반영, 본사-지점 간 커뮤니케이션 개선을 순차적으로 실행합니다.

1단계: 직원 교육 및 서비스 표준화 (기반 구축 단계)
목표: 모든 지점에서 동일한 수준의 서비스를 제공할 수 있도록 교육 체계와 운영 매뉴얼을 확립합니다. 이는 다른 모든 문제 해결의 기반이 됩니다.

7단계: 전략 확정

- 이 단계에서는 결과 종합과정에서 충분히 검토한 내용을 실제 적용하는 데 필요한 기간, 자원 등을 포함해 전략을 확장해 Action Plan을 도출하는 과정입니다.
- 필요한 경우, 표 등을 추가로 요청하게 되면 각각의 실천전략을 쉽게 검토하고 운영할 수 있습니다.

▷ 프롬프트 예

"이 문제를 해결하기 위해 우리에게는 2개월의 기간이 있습니다. 결과 종합을 통해 제시된 전략을 2개월 이내에 실행할 수 있도록 기간/단계별 전략/목표/실천방안 순으로 표로 제시해 주세요."(또는 엑셀로 다운로드할 수 있도록 해주세요)

2개월 실행 전략 계획

	기간	단계별 전략	목표	실천방안
1	1주차	직원 교육 및 서비스 표준화	전 직원의 서비스 표준화 및 교육 체계 확립	SOP 개발 및 배포, 직원 교육 실시, 평가
2	2-3주차	주방 및 조리 프로세스 개선	조리 프로세스의 일관성 확보 및 효율적 운영	표준 레시피 배포, 조리 동선 개선, 조리
3	4-5주차	서비스 운영 및 대기시간 단축	고객 대기시간 단축 및 서비스 속도 향상	모바일 오더 도입, 피크타임 인력 최적
4	6-7주차	고객 피드백 수집 및 반영	고객 의견 반영을 통한 서비스 개선	QR 코드 피드백 시스템 구축, 만족도 조
5	8주차	본사와 지점 간의 의사소통 강화	효율적인 커뮤니케이션 체계 구축	디지털 협업 도구 도입, 정기 미팅 체계

3. 마케팅 전략 프로세스

마케팅 전략 프로세스는 조직이 외부 및 내부 환경을 분석하고, 목표 시장을 설정하며, 효과적인 전략을 수립하고 실행하는 체계적인 과정입니다. 급변하는 시장 환경에서 경쟁 우위를 확보하고 지속 가능한 성장을 달성하기 위해 기업들은 체계적인 마케팅 전략을 수립해야 합니다. 이를 위해 다양한 분석 도구와 전략적 프레임워크를 활용하며, PEST, 3C, SWOT, STP 등의 분석을 통해 체계적이고 단계적인 접근이 필요합니다.

마케팅 전략 프로세스는 사업제안서, 사업보고서 등 다양한 형태의 자료 작성에 필수적으로 활용되는 것으로 경영컨설턴트 등 전문가들이 빈번하게 활용하는 기법입니다.

가. 마케팅 전략 프로세스의 개념

마케팅 전략 프로세스는 조직의 목표 달성을 위해 시장의 기회와 위협을 파악하고, 내부 자원의 강점과 약점을 분석하여 최적의 전략을 개발하는 과정입니다. 이를 통해 기업은 고객의 요구에 맞는 제품 및 서비스를 제공하고, 경쟁력을 강화할 수 있습니다. 특히 외부환경분석(PEST, STEEP), 내부환경분석(3C), 미디어 트렌드분석, SWOT 분석 등을 통해 구체적인 목표를 설정하고, STP 전략을 수립한 후 마케팅믹스를 통해 도출된 전략을 실행에 옮깁니다.

나. 마케팅 전략 프로세스의 정의

마케팅 전략 프로세스는 기업이 시장에서 성공을 달성하기 위해 시장 환경 분석을 통해 전략을 수립하고 실행하며, 평가 및 피드백을 거쳐 지속적으로 조정하는 일련의 과정으로 정의할 수 있습니다. 주요 요소로는 시장 조사, 목표 고객 설정, 포지셔닝, 마케팅 믹스 전략 수립 등이 포함됩니다[114].

다. 마케팅 전략 프로세스의 절차

마케팅 전략 프로세스는 다음과 같은 절차로 구성됩니다(Shtal et al., 2018).

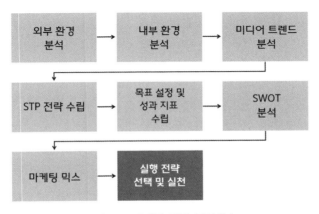

그림 11-3 마케팅 전략 프로세스

외부 환경 분석(PEST, STEEP, PESTEL 등 활용)[115]
- 정치적, 경제적, 사회적, 기술적 요인 및 환경, 법적 요인을 분석하여 시장의 기회를 파악합니다.

---

114. Kolomiets, A., Grinchenkov, D., & Vodenko, K. (2019, November). PEST-and SWOT-analysis of university internationalization factors. In Journal of Physics: Conference Series (Vol. 1415, No. 1, p. 012003). IOP Publishing.

115. Vlados, C., & Chatzinikolaou, D. (2019). Methodological redirections for an evolutionary approach of the external business environment. J. Mgmt. & Sustainability, 9, 25.

- 글로벌 트렌드 및 경쟁 환경을 평가합니다.

내부 환경 분석(3C 분석)

- 기업(Company), 경쟁사(Competitor), 고객(Customer)의 역량 및 시장 요구를 파악합니다.

미디어 트렌드 분석

- 미디어를 통한 소비자의 사용 패턴을 조사하고, 최신 트렌드와 채널의 효과성을 평가합니다.

SWOT 분석을 통한 전략적 방향 설정

- 강점과 약점, 기회와 위협을 분석하여 전략적 방향을 설정합니다.
- SO 전략(Strengths–Opportunities): 조직의 강점을 활용하여 시장의 기회를 극대화하는 전략입니다. 예를 들어, 강력한 브랜드 이미지를 활용하여 신흥 시장에 진출하는 방식이 포함됩니다.
- WO 전략(Weaknesses–Opportunities): 내부의 약점을 보완하거나 개선하여 외부 기회를 활용하는 전략입니다. 예를 들어, 부족한 기술력을 보완하기 위해 새로운 기술을 도입하고 시장 기회를 공략하는 방식입니다.
- ST 전략(Strengths–Threats): 조직의 강점을 활용하여 외부 위협을 최소화하거나 회피하는 전략입니다. 예를 들어, 강력한 고객 네트워크를 기반으로 경쟁사의 시장 침투를 방어하는 방식이 있습니다.
- WT 전략(Weaknesses–Threats): 내부의 약점을 최소화하고 외부 위협으로부터 조직을 보호하는 방어적 전략입니다. 예를 들어, 비용 절감을 통해 경쟁사의 가격 압박에 대응하는 방식이 포함됩니다.

목표 설정 및 성과 지표 수립(KPI, CSF)

- 구체적이고 측정 가능한 목표를 설정합니다.

- KPI는 조직의 목표 달성 여부를 객관적으로 평가하고 성과를 수치화하여 모니터링할 수 있도록 설정된 측정 가능한 지표(예: 매출 증가율, 고객 만족도, 시장 점유율 등)입니다.
- CSF는 조직이 목표를 달성하기 위해 반드시 성공해야 하는 중요한 요소로, 성과에 결정적인 영향을 미치는 요인을 의미합니다.

STP 전략 수립
- 시장 세분화(Segmentation), 타겟 선정(Targeting), 포지셔닝(Positioning)을 통해 명확한 전략을 구축합니다.

마케팅 믹스(4P, 4E, 4R, 4C 활용)
- 4P 전략은 제품(Product), 가격(Price), 유통(Place), 촉진(Promotion) 전략을 종합적으로 계획하는 것입니다.
- 4E 전략은 경험(Experience), 교환(Exchange), 모든 곳(Everyplace), 참여(Engagement)의 네 가지 요소를 기반으로 고객 중심의 마케팅 전략을 수립하는 방식입니다.
- 4R 전략은 관련성(Relevance), 반응성(Response), 관계(Relationship), 보상(Reward)의 네 가지 요소를 기반으로 고객 중심의 관계 마케팅 전략을 수립하는 방식입니다.
- 4C 전략은 고객(Customer), 비용(Cost), 편의성(Convenience), 커뮤니케이션(Communication)의 네 가지 요소를 기반으로 소비자 중심의 마케팅 전략을 수립하는 방식입니다.

실행 전략 선택 및 실천
- 실무 적용을 위한 실행 계획을 수립하고 평가 체계를 마련합니다.

라. 마케팅 전략 프로세스 분석을 위한 예시 프롬프트

마케팅 전략 프로세스를 분석하기 위해 단계별로 다음과 같은 프롬프트를 활용할 수 있습니다.

외부환경분석 프롬프트

- "현재 시장의 정치, 경제, 사회적 요인이 기업 전략에 어떤 영향을 미칠 수 있습니까?"
- "기술적 변화가 우리 산업에 미치는 영향을 어떻게 분석할 수 있을까요?"

내부환경분석 프롬프트

- "우리 회사의 핵심 경쟁력은 무엇이며, 경쟁사와 비교했을 때의 차별화 요소는 무엇입니까?"
- "고객의 주요 니즈와 불만 사항은 무엇인가요?"

미디어 트렌드 분석 프롬프트

- "현재 우리 산업에서 가장 주목받는 미디어 트렌드는 무엇인가요?"
- "우리 브랜드에 대한 고객의 온라인 인식은 어떻게 형성되고 있나요?"
- "소비자들이 선호하는 미디어 플랫폼의 변화는 어떻게 진행되고 있나요?"
- "우리 브랜드의 타겟 고객이 주로 이용하는 미디어 채널은 무엇인가요?"

SWOT 분석 프롬프트

- "우리의 강점을 활용하여 시장 기회를 극대화할 방법은 무엇인가요?"

- "외부 위협을 최소화하기 위한 전략은 무엇인가요?"

목표 설정 프롬프트

- "마케팅 전략의 주요 성과 지표(KPI)는 무엇이어야 하나요?"
- "단기 및 장기 목표를 효과적으로 설정하는 방법은?"

마케팅 믹스 전략 프롬프트

- "4P 전략을 효과적으로 적용하기 위해 고려해야 할 주요 요소는 무엇인가요?"
- "우리 제품의 가격 전략을 경쟁력 있게 조정하는 방법은?"

기업 사례: 네오스킨(NeoSkin)   AI

네오스킨은 2020년에 설립된 스킨케어 브랜드로, 천연 성분을 기반으로 한 기능성 화장품을 개발하여 건강한 피부를 원하는 고객을 타깃으로 성장해 왔습니다. 최근 네오스킨은 새로운 안티에이징 제품 라인을 출시할 계획을 세우고 있으며, 이를 성공적으로 시장에 도입하기 위해 정부의 사업 지원금을 신청하고 사업계획서를 준비해야 하는 상황에 직면해 있습니다.

정부의 지원을 받기 위해 네오스킨은 체계적인 사업계획서를 제출해야 하며, 이를 위해 외부 시장 환경과 내부 역량을 철저히 분석하고 구체적인 마케팅 전략을 수립해야 합니다. 경영진은 외부 환경 분석을 통해 시장의 기회와 위협을 명확히 파악하고, 내부 자원의 강점과 약점을 면밀히 검토하며 경쟁력을 강화할 방안을 모색하고 있습니다. 또한, 소비자 트렌드와 미디어 환경의 변화에 맞춰 효과적인 마케팅 전략을 수립해야 하는 과제를 안고 있습니다.

네오스킨의 주요 고민 사항은 다음과 같습니다.

- 정부 지원 사업의 요건을 충족하기 위해 어떤 전략을 수립해야 할까?
- 신제품이 타겟 시장에서 성공할 수 있도록 외부 시장 환경을 어떻게 분석해야 할까?
- 내부 자원의 강점과 약점을 파악하고, 이를 어떻게 신제품 전략에 반영할 수 있을까?
- 경쟁사와 차별화할 수 있는 포지셔닝 전략은 무엇일까?
- 제품의 마케팅 믹스를 구성할 때 고려해야 할 핵심 요소는 무엇일까?

네오스킨은 이러한 고민을 해결하기 위해 체계적인 사업계획서 작성을 위한 전략적 접근 방식을 도입할 계획입니다. 이를 통해 시장 환경 분석, 내부 역량 평가, 전략적 포지셔닝, 마케팅 실행 계획 수립 등을 단계적으로 진행하여 신제품의 성공적인 출시와 정부 지원 자금 확보를 목표로 하고 있습니다.

마케팅 전략 프로세스를 활용해서 관공서나 기업을 대상으로 사업 제안서를 작성하는 경우 보통은 과업지시서나 공고문이 제시됩니다. 이 내용은 매우 중요한 정보로 관공서나 기업이 원하는 방향으로 제안서의 방향을 결정할 수 있을 뿐 아니라 그들이 원하는 것들을 모두 제안서에 담을 가능성이 매우 큽니다.

따라서 ChatGPT 프로젝트를 이용하시는 경우 프로젝트 시작 전에 프로젝트 파일에 과업지시서나 공고문, 그리고 관련 정보나 법령 등을 업로드하고, 지침 또한 해당 과업에 적합하게 구성하는 것이 좋습니다.

지금부터 앞에 제시한 네오스킨(NeoSkin)의 기업 사례를 활용해 마케팅 전략 프로세스 실습을 해보도록 하겠습니다.

1단계: 외부환경 분석 (PESTEL 분석 활용)

• PESTEL 분석은 정치적(Political), 경제적(Economic), 사회적(Social), 기술적(Technological), 환경적(Environmental), 법적(Legal) 요인을 평가하여 시장의 기회를 파악하는 방법입니다. 이를 통해 시장의 거시적 환경을 분석하고 전략적 방향을 설정할 수 있습니다.

▷ 프롬프트 예

"우리 회사가 정부 사업지원금을 신청하기 위해 신제품 시장과 관련된
PESTEL 분석을 수행하려고 합니다. 검색을 통해 정치적, 경제적, 사회
적, 기술적, 환경적, 법적 요인을 각각 상세히 분석해 주세요. 특히 경쟁
사의 영향을 고려하여 주요 기회를 식별해 주세요."

우리 회사가 정부 사업지원금을 신청하기 위해 신제품 시장과 관련된 PESTEL 분석을 수행한 결과는
다음과 같습니다.

1. 정치적 요인 (Political Factors):

- 정부 규제 및 정책: 화장품 및 개인 위생 제품에 대한 정부 규제는 국가마다 다르며, 이러한 규
  제는 제품 개발 및 출시 과정에 영향을 미칠 수 있습니다. 예를 들어, 미국에서는 FDA가 화장품
  을 규제하며, 유럽 연합에서는 EU Cosmetics Regulation (EC) No. 1223/2009에 따라 모든 화장
  품이 시장에 출시되기 전에 안전성 평가를 받아야 합니다.
- 무역 정책: 국제 무역 정책은 화장품 및 개인 위생 제품의 수출입에 영향을 미칠 수 있습니다.
  예를 들어, CPTPP(포괄적·점진적 환태평양경제동반자협정)는 회원국 간 관세를 인하하여 글로
  벌 화장품 시장의 약 13%에 영향을 미쳤습니다.

2단계: 내부환경 분석 (3C 분석)

- 3C 분석은 기업(Company), 경쟁사(Competitor), 고객(Customer)의 역량을
  분석하여 내부 강점과 약점을 파악하는 방법입니다. 이를 통해 기업
  의 경쟁 우위를 확보할 수 있습니다.
- 자사의 정보는 AI가 탐색하는 데 한계가 있으므로 재무, 인적 자원
  등 자사만의 정보를 별도로 준비해서 제공해주는 것이 좋습니다.

▷ 프롬프트 예

"우리 기업의 내부 역량을 평가하기 위해 3C 분석을 수행해 주세요. 기
업의 강점과 약점을 분석하고, 주요 경쟁사와 고객의 요구 사항을 고
려한 차별화 전략을 제안해 주세요."

3단계: 미디어 트렌드 분석

- 미디어 트렌드 분석은 소비자들이 어떤 채널을 통해 정보를 습득하는지 조사하고, 최신 마케팅 트렌드를 분석하여 효과적인 채널을 선택하는 과정입니다.
- 자사 제품 등의 컨셉을 좀 더 구체적으로 제공하거나 타겟고객 정보 및 기존 소비자들의 정보를 추가해 주면 훨씬 더 구체적인 분석이 가능합니다.

▷ 프롬프트 예

"우리 타겟 고객이 선호하는 미디어 채널을 분석하고, 최근 소셜 미디어 및 디지털 마케팅의 주요 트렌드를 파악해 주세요. 어떤 채널이 브랜드 인지도 제고에 가장 효과적인지도 추천해 주세요."

4단계: SWOT 분석을 통한 전략적 방향 설정

• 기업의 강점(Strengths), 약점(Weaknesses), 기회 (Opportunities), 위협 (Threats)을 분석하여 전략적 방향을 설정합니다.

▷ 프롬프트 예

"지금까지 얻은 정보를 바탕으로 우리 기업의 SWOT 분석을 수행하여 강점, 약점, 기회, 위협을 도출해 주세요. 이를 기반으로 SO, WO, ST, WT 전략을 각각 제안해 주세요."

네오스킨의 내부 역량과 외부 환경을 종합적으로 평가하기 위해 SWOT 분석을 수행하였습니다. 이를 기반으로 SO, WO, ST, WT 전략을 제안드립니다.

SWOT 분석:

- 강점 (Strengths):
  - 천연 성분 기반의 기능성 화장품 개발 역량
  - 안티에이징 제품 개발 능력
  - 소비자 건강과 웰빙에 대한 관심 증가에 부합하는 제품 라인
- 약점 (Weaknesses):

5단계: 목표 설정 및 성과 지표 수립 (KPI, CSF)

• 구체적이고 측정 가능한 목표를 설정하고, 목표 달성을 위한 핵심 성과 지표(KPI)와 성공 요인(CSF)을 수립합니다.

• 정부 과제나 기업과제는 평가점수 및 기준이 명확하므로 그것들이

KPI가 될 가능성이 있습니다만, 일반적인 제품, 서비스의 출시와 관련한 계획서는 기업의 목표에 따라 KPI가 결정되며, 결정된 KPI를 달성하기 위한 CSF가 별도로 구성됩니다.

▷ 프롬프트 예

"사업지원금 획득을 위한 우리 회사의 목표를 설정하고 이를 평가하기 위한 핵심 성과 지표(KPI)와 성공 요인(CSF)을 제안해 주세요. 주요 성과 지표는 정부의 기준을 적용하면 됩니다."

정부 사업지원금을 획득하기 위해 우리 회사의 목표를 설정하고, 이를 평가하기 위한 핵심 성과 지표(KPI)와 성공 요인(CSF)을 다음과 같이 제안합니다.

목표: 정부 사업지원금 신청을 통해 신제품 개발 및 시장 진입을 위한 자금 확보

핵심 성과 지표(KPI) 및 성공 요인(CSF):

1. KPI: 사업계획서 평가 점수 85점 이상 달성

- CSF:
  - 명확하고 구체적인 사업 목표 설정
  - 시장 분석 및 전략의 철저한 준비
  - 재무 계획의 신뢰성과 타당성 확보

6단계: STP 전략 수립

- 시장 세분화(Segmentation), 타겟 선정(Targeting), 포지셔닝(Positioning)을 통해 명확한 마케팅 전략을 수립합니다.

▷ 프롬프트 예

"사업지원금 수혜를 위해 우리 제품이 시장에 출시하는 경우를 예상해 우리 제품의 시장 세분화를 수행하고, 타겟 고객을 정의한 후, 해당 시

장에서의 포지셔닝 전략을 제안해 주세요."

☞ 시장 세분화나 타겟 선정, 그리고 경쟁력 있는 포지셔닝과 관련해서
도 프롬프팅을 통해 정보를 획득할 수 있습니다(예: "우리 회사 제품의
콘셉트는 **** 입니다. 검색을 통해 이 제품과 관련된 시장 세분화를 하고 세분된
시장의 특징을 제시해주세요).

7단계: 마케팅믹스 (4P 전략 활용)

• 4P 전략은 제품, 가격, 유통, 촉진의 네 가지 요소를 종합적으로 계획
하는 전략입니다.

• 효과적인 전략을 도출하기 위해서는 앞에서 제시한 4C, 4R, 4E와 같
은 다양한 마케팅믹스 전략을 적용해 보는 것을 권장합니다.

• 서비스 마케팅의 7P는 기존의 4P(제품, 가격, 유통, 프로모션) 전략을 서비
스 산업에 맞춰 확장한 개념으로, 서비스의 특성(무형성, 이질성, 소멸성
등)을 반영한 전략적 요소들입니다. 추가로, 서비스 제공자의 역량과
태도를 의미하는 사람(People), 고객이 서비스 품질을 인식할 수 있도
록 지원하는 물리적 증거(Physical Evidence), 그리고 서비스가 제공되는

과정의 효율성과 일관성을 보장하는 과정(Process)이 포함됩니다.

▷ 프롬프트 예

"앞에서의 SWOT분석과 KPI, CSF를 통해 우리 제품에 대한 4P 전략을 수립해 주세요. 제품 특성, 가격 책정 전략, 유통 경로 및 홍보 계획을 포함한 마케팅 계획을 제안해 주세요."

네오스킨의 신제품 출시를 위한 4P 마케팅 전략을 다음과 같이 수립하였습니다.

1. 제품 (Product):

• 제품 특성:

  • 천연 성분 기반: 피부에 안전하고 친환경적인 천연 성분을 사용하여 소비자들에게 신뢰감을 제공합니다.

  • 안티에이징 효과: 과학적으로 입증된 성분을 통해 주름 개선, 피부 탄력 증진 등 노화 방지 효과를 제공합니다.

  • 지속 가능한 패키징: 환경을 고려한 친환경 포장재를 사용하여 브랜드의 지속 가능성에 대한 의지를 나타냅니다.

8단계: 실행 전략 선택 및 실천

• 수립된 마케팅 전략을 실행하기 위한 구체적인 계획을 수립하고 평가 체계를 마련합니다.

• 회사의 가용 자원 등에 대한 정보를 사전에 제공하는 경우 훨씬 더 효과적인 전략을 도출할 수 있습니다.

▷ 프롬프트 예

"수립된 마케팅 전략을 실행하기 위한 단계별 계획을 수립하고, 각 단계의 성과를 평가할 수 있는 방법을 제안해 주세요."

또는 "4P를 믹스한 구체적인 전략을 성공 가능성이 높은 걸 우선순위로 제시해 주세요."

네오스킨의 신제품 성공 가능성을 극대화하기 위해 4P(제품, 가격, 유통, 프로모션)를 통합한 구체적인 전략을 다음과 같이 제안합니다. 각 요소를 유기적으로 결합하여 효과적인 시장 진입 및 성장을 촉진할 수 있습니다.

1. 전략적 제품 포지셔닝 및 타겟 세분화 기반 맞춤형 솔루션 제공

- **제품(Product):** 천연 성분의 안티에이징 제품을 개발하여 '피부 건강을 위한 클린 뷰티'라는 브랜드 컨셉을 강화합니다.
- **가격(Price):** 소비자의 건강한 피부를 위한 투자라는 가치를 제공하기 위해 프리미엄 가격대를

우선순위 전략 제안

1. 인플루언서 및 SNS 마케팅 활용 전략 → 즉각적인 인지도 확보와 판매 촉진
2. 초기 고객 경험 극대화 체험 전략 → 고객의 실제 경험을 통한 제품 신뢰 형성
3. 전략적 제품 포지셔닝 및 맞춤형 솔루션 제공 → 프리미엄 브랜드로서의 차별화
4. 친환경 및 사회적 가치 마케팅 연계 전략 → 장기적인 브랜드 이미지 구축

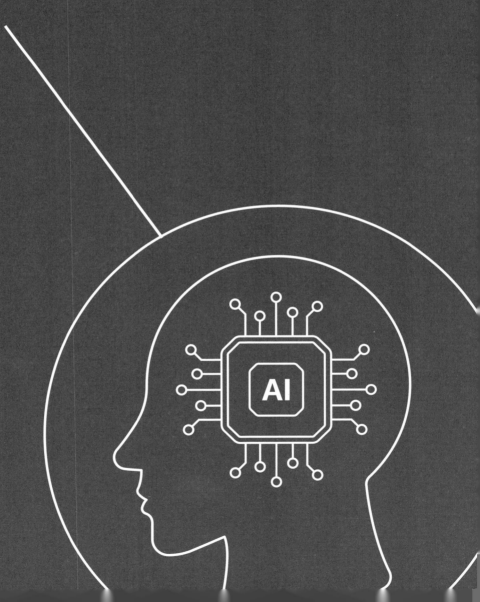

PART 3

프롬프팅을 통한
문제 해결 여정과 혁신

12장

실패 사례와 개선 전략

프롬프팅(prompting)은 대규모 언어 모델(LLM)의 성능을 극대화하기 위한 중요한 기술로, 사용자가 입력하는 명령어(프롬프트)에 따라 AI 모델의 출력 품질이 결정됩니다. 효과적인 프롬프팅은 명확하고 유의미한 정보를 제공할 수 있도록 도와주지만, 잘못된 프롬프팅은 부정확하거나 예상치 못한 결과를 초래할 수 있습니다[116]. 최근 프롬프팅 실패의 주요 원인과 이에 대한 개선 전략에 대한 연구가 활발히 진행되고 있으며, 이를 통해 모델의 신뢰성과 정확성을 높일 수 있는 방법들이 제안되고 있습니다.

---

116. Hannah, G., Sousa, R. T., Dasoulas, I., & d'Amato, C. (2024). A Prompt Engineering Approach and a Knowledge Graph based Framework for Tackling Legal Implications of Large Language Model Answers. arXiv preprint arXiv:2410.15064.

1. 프롬프팅 실패의 주요 원인

프롬프팅 실패는 크게 다음의 다섯 가지 주요 원인으로 분류할 수 있습니다. 먼저, 맥락 부족(Context Deficiency)은 모델이 충분한 배경 정보 없이 실행될 경우 발생합니다. 명확한 컨텍스트가 제공되지 않으면 모델이 부정확하거나 무관한 정보를 생성할 가능성이 큽니다. 모호한 언어 사용(Ambiguous Language)은 명확하지 않은 표현으로 인해 모델이 잘못된 해석을 하거나 원하는 결과를 제공하지 못하는 경우입니다. 단어의 다의성이나 문장의 구조적 모호성이 문제를 초래할 수 있습니다. 프롬프트의 과도한 복잡성(Excessive Complexity) 또한 실패의 원인으로 작용할 수 있습니다. 지나치게 복잡한 프롬프트는 모델이 핵심 정보를 제대로 처리하지 못하도록 하며, 불필요한 세부 정보로 인해 중요한 요소를 간과할 가능성이 큽니다.

프롬프트의 편향(Biased Prompting)은 특정 관점을 강조하는 방식으로 작성된 프롬프트가 모델의 응답 방향을 왜곡시키는 문제를 일으킬 수 있습니다. 중립적이고 객관적인 표현이 필요합니다. 마지막으로, 도메인 불일치(Domain Mismatch)는 특정 산업이나 분야에 특화된 프롬프트가 제공되지 않을 때 발생합니다. 의료, 법률, 기술 분야처럼 전문성이 요구되는 영역에서는 더욱 정교한 프롬프트 설계가 필요합니다. 이와 같은 내용을 구체적으로 살펴보면 다음과 같습니다.

가. 맥락 부족(Context Deficiency)

AI 모델은 충분한 컨텍스트가 제공되지 않으면 관련 없는 정보나 부정확한 응답을 생성할 가능성이 큽니다. 예를 들어, 법률 자문을 위한 프롬프팅이 "계약 조항 설명해 줘."와 같이 모호하게 입력될 경우, 모델은 관련 법률 조항을 명확하게 제공하지 못할 수 있습니다[117].

나. 모호한 언어 사용(Ambiguous Language)

프롬프트가 명확하지 않으면 모델이 잘못된 해석을 하거나 모호한 결과를 도출할 수 있습니다. 특정한 용어가 여러 의미로 해석될 수 있는 경우, 모델의 출력은 기대한 바와 다르게 나타날 수 있습니다[118].

다. 프롬프트의 과도한 복잡성(Excessive Complexity)

지나치게 복잡한 프롬프팅은 모델이 중요한 정보를 올바르게 처리하지 못하게 합니다. 너무 많은 정보를 한 번에 요청하는 경우, 모델은 부분적인 응답만을 제공하거나 중요하지 않은 정보를 강조할 가능성이 있습니다[119].

라. 프롬프트의 편향(Biased Prompting)

프롬프트가 특정한 방향으로 편향될 경우, 모델은 균형 잡힌 결과를 제공하지 못할 수 있습니다. 사용자가 특정 결과를 기대하며 작성한 프

---

117. White, J., Fu, Q., Hays, S., Sandborn, M., Olea, C., Gilbert, H., ... & Schmidt, D. C. (2023). A prompt pattern catalog to enhance prompt engineering with chatgpt. arXiv preprint arXiv:2302.11382.

118. Gan, C., & Mori, T. (2023). Sensitivity and robustness of large language models to prompt template in japanese text classification tasks. arXiv preprint arXiv:2305.08714.

119. Hatakeyama-Sato, K., Yamane, N., Igarashi, Y., Nabae, Y., & Hayakawa, T. (2023). Prompt engineering of GPT-4 for chemical research: what can/cannot be done?. Science and Technology of Advanced Materials: Methods, 3(1), 2260300.

롬프트는 모델의 응답 품질에 영향을 미칠 수 있습니다[120].

마. 도메인 불일치(Domain Mismatch)

특정 도메인에 특화되지 않은 프롬프팅은 AI 모델이 적절한 답변을 제공하지 못하는 주요 원인이 됩니다. 의료, 법률, 기술 분야와 같은 전문적인 주제에서는 일반적인 프롬프트보다 세분화된 용어와 문맥을 제공해야 합니다[121].

2. "프롬프트 디버깅"으로 실패를 개선하는 방법

프롬프트 디버깅(Prompt Debugging)은 인공지능 모델의 응답 품질을 향상하기 위해 프롬프트의 오류를 식별하고 수정하는 과정입니다. 이를 통해 모델의 성능을 최적화하고, 의도한 결과를 보다 정확하게 도출할 수 있도록 조정합니다. 첨부된 문서들을 근거로 프롬프트 디버깅의 주요 개념을 설명하면 다음과 같습니다(White et al., 2023).

가. 프롬프트 디버깅의 필요성

프롬프트는 모델이 학습한 데이터를 기반으로 응답을 생성하는 데

---

120. Busch, K., Rochlitzer, A., Sola, D., & Leopold, H. (2023, May). Just tell me: Prompt engineering in business process management. In International Conference on Business Process Modeling, Development and Support (pp. 3-11). Cham: Springer Nature Switzerland.

121. Colmenero-Fernandez, A. (2023). Exploring historical conceptualization of AI Stable Diffusion Model with prompt engineering techniques. Authorea Preprints.

중요한 역할을 합니다. 잘못된 프롬프트는 다음과 같은 문제를 초래할 수 있습니다:

- **응답의 비일관성:** 동일한 프롬프트에 대해 일관되지 않은 결과 제공
- **불명확한 출처:** 모델이 출처를 명확히 인식하지 못하고 부정확한 정보를 생성
- **의미 해석 오류:** 모델이 질문의 의도를 제대로 이해하지 못함

이러한 문제를 해결하기 위해 프롬프트 디버깅이 필요합니다.

나. 프롬프트 디버깅의 주요 접근 방식
프롬프트 디버깅은 다양한 접근 방식을 포함합니다:

- **반복적인 테스트 및 조정:** 모델이 응답하는 패턴을 분석하고, 프롬프트를 반복적으로 테스트하여 최적의 구조를 찾아냅니다.
- **프롬프트 템플릿 최적화:** 효과적인 템플릿을 적용하여 모델이 동일한 맥락에서 일관된 응답을 생성하도록 유도합니다.
- **사전 훈련된 프롬프트 활용:** 기존에 검증된 프롬프트 패턴을 적용하여 오류 발생 가능성을 줄입니다.

다. 프롬프트 디버깅의 단계
프롬프트 디버깅의 일반적인 단계는 다음과 같습니다:

- **문제 정의:** 프롬프트가 유발하는 문제점을 식별합니다.
- **응답 분석:** 모델의 출력을 평가하고 기대치와 비교합니다.
- **프롬프트 수정:** 식별된 문제에 따라 프롬프트를 조정합니다.
- **검증 및 반복:** 수정된 프롬프트를 테스트하고, 지속적으로 개선합니다.

라. 프롬프트 디버깅을 위한 도구

프롬프트 디버깅 도구들은 다양하게 제시되고 있습니다. 예를 들면 다음과 같습니다.

- **자동화된 분석 도구**를 활용하여 프롬프트의 성능을 실시간으로 평가할 수 있습니다.
- Prompt Engineering Catalog, ChatGPT API **로그 분석** 등의 방법을 통해 사용자가 더 효율적으로 프롬프트를 조정할 수 있습니다.

마. 프롬프트 디버깅 사례

프롬프트 디버깅은 AI 모델이 의도한 대로 응답하도록 프롬프트를 조정하고 최적화하는 과정으로, 다음과 같은 사례에서 유용하게 적용될 수 있습니다.

불명확한 질문의 수정

문제

- 프롬프트: "계약 조항의 의미를 설명해 주세요."
- AI의 응답: "어떤 계약 조항을 말씀하시는지, 구체적으로 알려주세요."

디버깅 과정

- 수정 전 문제점: 질문이 너무 일반적이어서 AI가 구체적인 정보를 제공하지 못함
- 수정 후 프롬프트: "부동산 매매 계약서에서 위약금 조항의 의미를 설명해 줘."
- 결과: AI가 특정한 계약 조항에 대해 정확한 내용을 제공.

응답의 불일관성 문제 해결

문제

– 프롬프트: "고객 불만 처리 프로세스를 설명해 주세요."

– AI의 응답(첫 번째 시도): "고객 불만 처리는 접수, 조사, 해결로 진행됩니다."

– AI의 응답(두 번째 시도): "불만은 전화, 이메일로 접수되고, 관리자 검토 후 처리됩니다."

디버깅 과정

• 수정 전 문제점: 응답의 일관성이 부족.

• 수정 후 프롬프트: "고객 불만 접수부터 처리까지의 표준 절차를 단계별로 자세히 설명해 주세요."

• 결과: 단계별로 같은 절차에 대한 일관된 응답 제공.

중복 또는 불필요한 정보 제거

문제

– 프롬프트: "다이어트 계획을 알려주세요."

– AI의 응답: "운동을 병행하는 다이어트 계획을 세우는 것이 중요합니다. 식단 조절도 필요합니다. 운동은 걷기부터 시작할 수 있습니다."

디버깅 과정

• 수정 전 문제점: 응답이 중복된 정보를 포함하고 있어 효율성이 떨어짐.

• 수정 후 프롬프트: "하루 단위의 구체적인 다이어트 계획을 식단과 운동을 포함해 설명해 주세요."

• 결과: 구체적이고 중복 없는 일일 다이어트 계획 제공.

프롬프트 구조화의 개선

문제

– 프롬프트: "마케팅 전략 수립 방법은?"

– AI의 응답: "마케팅 전략을 수립하려면 목표 시장 분석, 제품 포지셔닝, 마케팅 믹스 분석 등이 필요합니다."

디버깅 과정:

• 수정 전 문제점: 질문이 간략하여 포괄적인 응답을 제공.

• 수정 후 프롬프트: "마케팅 전략 수립의 핵심 단계인 목표 설정, 경쟁 분석, 포지셔닝 전략을 포함해 설명해 줘."

• 결과: 체계적인 마케팅 전략 수립 방법 제공.

전문적인 도메인 적용

문제

– 프롬프트: "의료 기기의 승인 절차를 설명해 주세요."

– AI의 응답: "의료 기기는 임상 시험 후, 정부 기관의 승인을 받아야 합니다."

디버깅 과정

• 수정 전 문제점: 도메인에 대한 구체성이 부족함.

• 수정 후 프롬프트: "의료기기 등록을 위한 FDA 승인 절차를 사전 승인, 임상 시험, 최종 심사 단계로 나누어 설명해 주세요."

• 결과: 단계별 상세한 승인 절차 제공.

AI 시뮬레이션

시뮬레이션은 현실 세계의 시스템, 프로세스 또는 이벤트를 가상의 환경에서 재현하는 방법입니다. 이를 통해 실제 환경에서 발생할 수 있는 다양한 변수와 조건을 실험하고 분석할 수 있으며, 비용 절감, 리스크 최소화, 효율적인 의사결정 지원 등의 이점을 제공합니다. 시뮬레이션은 물리적 시뮬레이션(예: 항공기 비행 시뮬레이터)부터 수학적 모델링(예: 금융 시장 분석), 그리고 소프트웨어 기반의 가상 시뮬레이션(예: 게임 및 가상현실)에 이르기까지 다양한 형태로 활용됩니다.

한편, AI 시뮬레이션은 전통적인 시뮬레이션 기법에 인공지능(AI) 기술을 접목하여 보다 정교하고 자동화된 분석을 수행하는 것을 의미합니다. 머신러닝, 딥러닝, 자연어 처리, 컴퓨터 비전과 같은 AI 기술이 시뮬레이션 환경에 적용됨으로써, 시뮬레이션의 정확도와 효율성이 크게 향상됩니다. AI 시뮬레이션은 단순히 가상의 환경을 재현하는 것을 넘어, 데이터 기반의 학습을 통해 지속해서 모델을 개선하고 현실 세계의 복잡한 패턴과 변수를 학습하여 더욱 정교한 예측과 최적화를 가능하게 합니다.

1. 시뮬레이션과 AI 시뮬레이션

가. 시뮬레이션

시뮬레이션은 실제 환경에서 발생할 수 있는 다양한 상황을 가상으로 재현하여 시스템의 성능을 평가하고 의사결정 과정을 최적화하는 기술입니다. 이러한 시뮬레이션은 복잡한 문제를 해결하고, 새로운 전략을 테스트하며, 위험 요소를 사전에 식별하는 데 중요한 역할을 합니다. 시뮬레이션은 다음과 같은 특징을 가집니다:

- **실험적 접근:** 실제 환경에서 수행하기 어려운 실험을 가상의 환경에서 반복적으로 수행할 수 있습니다. 예를 들어, 의료 교육에서는 환자의 안전을 보장하면서도 실수를 통해 학습할 수 있도록 합니다[122].
- **비용 및 리스크 절감:** 실생활에서 발생할 수 있는 경제적, 물리적 위험을 최소화하며 실험을 진행할 수 있습니다[123].

---

122. Winecoff, A. A., Sun, M., Lucherini, E., & Narayanan, A. (2021). Simulation as experiment: An empirical critique of simulation research on recommender systems. arXiv preprint arXiv:2107.14333.
123. So, H. Y., Chen, P. P., Wong, G. K. C., & Chan, T. T. N. (2019). Simulation in Medical Education. Journal of the Royal College of Physicians of Edinburgh. 49(1), 52-57. doi: 10.4997/JRCPE.2019.112.

- **의사결정 지원:** 다양한 시나리오를 분석하고, 발생 가능한 결과를 예측함으로써 최적의 전략을 도출하는 데 도움을 줍니다[124].
- **반복 학습 가능:** 같은 상황을 반복적으로 실험함으로써 학습 효과를 높이고, 시뮬레이션을 통한 피드백을 바탕으로 성능을 향상할 수 있습니다[125].

1) 시뮬레이션의 주요 적용 분야

- **의료 교육 및 훈련:** 의료 시뮬레이션은 임상의의 수술 기술 향상, 응급 상황 대응 훈련, 환자 안전성 강화에 활용됩니다(Weiss & Rentea, 2021).
- **경영 및 의사결정 지원:** 기업의 의사결정 과정을 최적화하고, 생산 및 물류 운영의 효율성을 높이기 위해 시뮬레이션 모델을 적용합니다[126].
- **공공 정책 및 리스크 관리:** 도시 계획 및 재난 대응 전략을 수립하는 데 활용되며, 정책의 효과를 사전 평가할 수 있습니다[127].
- **교육 및 학습 환경 개선:** 학습자의 이해도를 높이기 위해 시뮬레이션 기반 학습이 도입되며, 실제 경험을 제공하는 역할을 합니다[128].

---

124. Brazil, V., Purdy, E., & Bajaj, K. (2023). Simulation as an Improvement Technique. Cambridge University Press.
125. Weiss, T. G., & Rentea, R. M. (2021). Simulation Training and Skill Assessment in Obstetrics and Gynecology. StatPearls Publishing.
126. Tram, N. T. B. (2022). Simulation modeling—An effective method in doing business and management research. Ho Chi Minh City Open University Journal of Science-Economics and Business Administration, 12, 108-124.
127. Karlsaune, H., Antonsen, T., & Haugan, G. (2023). Simulation: a historical and pedagogical perspective. How can we use simulation to improve competencies in nursing, 1-11.
128. Rooney, D., & Nyström, S. (2018). Simulation: A complex pedagogical space. Australasian Journal of Educational Technology, 34(6). https://doi.org/10.14742/ajet.4470

2) 시뮬레이션 프로세스

시뮬레이션 프로세스는 일반적으로 다음과 같은 단계로 구성됩니다.

- **목표 설정:** 시뮬레이션의 목적 및 목표를 정의합니다.
- **모델링:** 현실 시스템을 모사할 수 있도록 가상의 모델을 구축합니다.
- **실행:** 다양한 시나리오를 통해 시뮬레이션을 수행합니다.
- **분석 및 검증: 결과 데이터를 분석하고 모델의 유효성을 검증합니다.**
- **최적화 및 적용:** 개선점을 도출하고 실제 환경에 적용합니다.

3) 시뮬레이션의 한계

- **현실성과의 차이:** 실제 환경과의 불일치 가능성이 있으며, 모든 변수를 정확히 반영하기 어렵습니다(Winecoff et al., 2021).
- **비용 및 시간 소요:** 고도화된 시뮬레이션 시스템 구축에는 많은 자원이 필요합니다(So et al., 2019).
- **모델의 복잡성:** 과도하게 복잡한 모델은 분석의 어려움을 초래할 수 있습니다(Tram, 2022).

나. AI 시뮬레이션 개요

AI 시뮬레이션은 인공지능 기술을 활용하여 다양한 환경에서 실제와 유사한 조건을 가상으로 재현하고, 이를 통해 시스템의 성능을 평가하고 의사결정 과정을 개선하는 도구입니다. 기존의 시뮬레이션 방식과 달리 AI 시뮬레이션은 방대한 데이터를 기반으로 머신러닝 및 딥러닝 모델을 적용하여 시나리오의 정확성과 적응성을 극대화할 수 있습니다.

AI 시뮬레이션의 핵심 요소는 다음과 같습니다:

- **확률적 인간 행동 모델링:** 실제 데이터를 기반으로 현실적인 행동 패턴을 재현하여 다양한 시뮬레이션 환경을 구성합니다. 예를 들어, 의료 시뮬레이션에서는 환자의 반응 패턴을 정교하게 반영할 수 있습니다[129].

- **시각화 요소 및 피드백 시스템:** 데이터를 직관적으로 분석할 수 있도록 다양한 시각화 도구를 제공하여 사용자가 변화의 영향을 쉽게 이해할 수 있도록 합니다(Schicktanz et al., 2023).

- **윤리적 의사결정 지원:** AI 시뮬레이션은 윤리적 가치 평가 및 정책 결정 과정에서 의사결정을 보조할 수 있는 도구로 활용되며, 특히 의료 및 공공 정책 분야에서 중요한 역할을 합니다[130].

1) AI 시뮬레이션의 적용 분야

- **의료 및 복지 분야:** 치매 환자를 위한 지능형 보조 기술(Intelligent Assistive Technology, IAT) 개발 시 AI 시뮬레이션을 통해 윤리적 이슈를 사전에 평가하고, 실험적인 접근 방식을 보완할 수 있습니다(Schicktanz et al., 2023).

- **도시 계획 및 교통 관리:** AI 시뮬레이션을 통해 도시 환경에서의 이동 패턴을 분석하고, 보행자 및 자율주행차의 안전성을 확보하는 데 기여합니다[131].

---

129. Schicktanz, S., Welsch, J., Schweda, M., Hein, A., Rieger, J. W., & Kirste, T. (2023). AI-assisted ethics? Considerations of AI simulation for the ethical assessment and design of assistive technologies. Frontiers in Genetics, 14, 1039839.

130. Weber-Lewerenz, B. (2021). Corporate digital responsibility (CDR) in construction engineering—ethical guidelines for the application of digital transformation and artificial intelligence (AI) in user practice. SN Applied Sciences, 3, 1-25.

131. Wu, W., He, H., He, J., Wang, Y., Duan, C., Liu, Z., ... & Zhou, B. (2024). MetaUrban: An Embodied AI Simulation Platform for Urban Micromobility. arXiv preprint arXiv:2407.08725.

- **산업 및 제조 분야:** 생산 공정 최적화를 위한 가상 시뮬레이션을 통해 비용 절감 및 운영 효율성을 높이며, 실시간으로 데이터를 분석하고 피드백을 제공할 수 있습니다[132].
- **교육 및 훈련:** 시뮬레이션 기반 학습 환경을 제공하여 학습자의 자기 조절 학습(Self–Regulated Learning)을 지원하고, 현실적인 상황을 경험할 수 있도록 돕습니다[133].

2) AI 시뮬레이션의 장점

- **리스크 최소화:** 실제 환경에서 발생할 수 있는 위험을 줄이고, 다양한 시나리오를 반복적으로 실험할 수 있습니다.
- **비용 효율성:** 실제 테스트보다 저렴한 비용으로 실험할 수 있으며, 가상 환경에서 다양한 변수를 조작할 수 있습니다.
- **확장성 및 유연성:** 다양한 산업 및 응용 분야에 맞기 쉽게 적용할 수 있으며, 맞춤형 솔루션 제공이 가능합니다.
- **데이터 기반 의사결정:** 실시간 분석 및 피드백을 통해 보다 정밀한 의사결정 지원이 가능합니다.

3) AI 시뮬레이션의 도전과제

- **데이터 품질 문제:** 시뮬레이션의 성능은 입력 데이터의 품질에 크게 의존하며, 부정확한 데이터는 결과의 신뢰성을 저하할 수 있습니다.

---

132. Hamazaki, K., & Iwata, H. (2024). AI-assisted selection of mating pairs through simulation-based optimized progeny allocation strategies in plant breeding. Frontiers in Plant Science, 15, 1361894.

133. Ruokamo, H., Kangas, M., Vuojärvi, H., Sun, L., & Qvist, P. (2023). AI-Supported Simulation-Based Learning: Learners' Emotional Experiences and Self-Regulation in Challenging Situations. Learning: Designing the Future, 175.

- **모델의 복잡성:** 현실을 완벽히 재현하기 위해서는 높은 수준의 모델링 기술이 필요합니다.
- **윤리적 고려사항:** 특히 의료 및 공공 정책 분야에서는 윤리적 기준을 충족하는 것이 중요합니다.

지금까지 알아본 시뮬레이션과 AI 시뮬레이션에 대한 비교는 아래 표에 제시했습니다.

항목	전통적 시뮬레이션	AI 시뮬레이션
데이터 활용 방식	사전 정의된 모델 기반	빅데이터 및 실시간 학습 기반
모델의 유연성	고정적, 수동 조정 필요	동적, 자동 조정 및 최적화 가능
예측 정확도	중간	고도로 정밀한 예측 가능
처리 속도	상대적으로 느림	실시간 대응 및 분석 가능
적용 범위	특정 시나리오에 국한	다양한 도메인 및 상황에 적용 가능

표. 13-1 전통적 시뮬레이션과 AI 시뮬레이션 비교

2. AI 시뮬레이션 실습

AI 시뮬레이션 실습은 인공지능을 활용하여 현실 세계의 문제를 가상 환경에서 재현하고 분석하는 과정입니다. 이를 통해 실제 환경에서 발생할 수 있는 리스크를 최소화하고, 다양한 상황을 실험하여 최적의 의사결정을 지원할 수 있습니다. AI 시뮬레이션은 의료, 제조, 금융, 교육 등 다양한 산업 분야에서 활용되며, 복잡한 시스템을 이해하고 최적화하는 데 중요한 도구로 자리 잡고 있습니다. AI 시뮬레이션은 현실적

인 행동 모델을 기반으로 의사결정을 지원할 수 있습니다(Schicktanz et al., 2023).

가. AI 시뮬레이션 실습의 개념

AI 시뮬레이션은 컴퓨터 연산 기술과 인공지능을 결합하여 실제 환경을 가상으로 구현하고, 다양한 시나리오에서 시스템의 성능을 평가할 수 있도록 지원하는 기법입니다. 이를 통해 사용자는 실제 상황을 재현하여 변화하는 조건을 분석하고 최적의 해결책을 모색할 수 있습니다. AI 기반 시뮬레이션은 머신러닝 및 딥러닝 알고리즘을 적용하여 환경을 실시간으로 학습하고 적응할 수 있도록 하는 것이 특징입니다. 데이터 중심의 접근 방식을 통해 예측 정확도를 높이며, 시뮬레이션 환경에서 학습된 모델을 실제 시스템에 적용할 때 발생할 수 있는 오류를 최소화할 수 있습니다.

AI 시뮬레이션을 통해 다양한 행동 패턴을 모사할 수 있으며, 이를 통해 기존의 실험 방식보다 신속하고 정확한 피드백을 제공할 수 있습니다(Schicktanz et al., 2023). 시뮬레이션 학습은 학습자의 자기 조절 학습을 촉진하고, 실제 환경에서 직면할 수 있는 도전과제를 해결하는 데 도움이 됩니다(Ruokamo et al., 2023). 이러한 특성으로 인해 AI 시뮬레이션은 제품 개발 과정에서의 최적화, 물류 시스템의 효율성 분석, 교육 및 훈련 환경의 개선 등 다양한 분야에서 적용되고 있습니다.

나. AI 시뮬레이션 실습의 정의

AI 시뮬레이션은 인공지능 기술을 활용하여 현실에서 발생할 수 있는 다양한 문제를 가상 환경에서 분석하고 최적의 해결책을 도출하기 위한 도구입니다. 머신러닝과 딥러닝 알고리즘을 적용하여 시뮬레이션 환경을 자동으로 조정하고 최적화할 수 있습니다. AI 시뮬레이션의 목적은 현실 세계의 복잡한 상호작용을 정확하게 모방하여 미래의 시나리오를 예측하고 다양한 전략을 평가하는 것입니다.

AI 시뮬레이션은 데이터 중심의 접근 방식을 통해 높은 수준의 예측 정확도를 제공하며, 시뮬레이션 환경은 동적으로 변화할 수 있어 다양한 시나리오 실험이 가능합니다. 또한, 반복적인 실행을 통해 모델의 성능을 지속해서 개선하고 실시간 피드백을 통해 최적의 의사결정을 지원할 수 있습니다. AI 시뮬레이션을 통한 데이터 기반의 의사결정은 실험 비용을 절감하고, 효율적인 자원 배분을 가능하게 합니다(Hamazaki & Iwata, 2024). AI 시뮬레이션을 활용하면 도시 환경에서의 보행자 흐름을 예측하고, 교통 혼잡을 최소화하는 데 이바지할 수 있습니다(Wu et al., 2024).

AI 시뮬레이션은 다음과 같은 특징을 가집니다.

- **확률적 인간 행동 모델링** – 실제 데이터를 기반으로 인간의 행동을 모방합니다(Schicktanz et al., 2023).
- **정성적 및 정량적 분석** – 실험 데이터를 수집하고 패턴을 도출합니다 (Wu et al., 2024).
- **비용 절감 및 위험 최소화** – 실제 테스트 전에 문제를 사전에 파악하고 해결책을 도출할 수 있습니다(Hamazaki & Iwata, 2024).

다. AI 시뮬레이션 실습의 절차

AI 시뮬레이션을 수행하는 일반적인 절차는 다음과 같습니다. 먼저, 시뮬레이션의 목적을 명확히 정의하고, 관련 데이터를 수집합니다. 이후, 수집된 데이터를 바탕으로 AI 모델을 개발하고, 이를 검증하여 성능을 평가합니다. 다음 단계에서는 다양한 시나리오를 설정하여 시뮬레이션을 실행하고 결과를 분석합니다. 마지막으로, 시뮬레이션 결과를 바탕으로 모델을 조정하고, 지속적으로 개선하여 최적의 성과를 도출합니다.

1단계: 요구사항 분석
- 시뮬레이션의 목적을 정의하고, 필요한 데이터를 수집합니다.
- 적용할 AI 알고리즘을 선정합니다.

2단계: 모델 개발 및 검증
- 수집한 데이터를 바탕으로 AI 모델을 개발합니다.
- 기존 시스템과의 비교를 통해 정확도를 검증합니다.

3단계: 시뮬레이션 실행 및 결과 분석
- 시뮬레이션 환경을 구축하고 다양한 시나리오를 테스트합니다.
- 분석 결과를 통해 최적의 솔루션을 도출합니다.

4단계: 개선 및 최적화
- 시뮬레이션 결과를 바탕으로 모델을 조정하고 최적화합니다.
- 지속적인 학습을 통해 성능을 향상합니다.

라. AI 시뮬레이션 실습을 위한 예시 프롬프트

AI 시뮬레이션 실습에는 단계별로 다음과 같은 프롬프트를 활용할 수 있습니다.

1) 요구사항 분석 단계
- "시뮬레이션을 통해 해결하고자 하는 주요 문제는 무엇입니까?"
- "모델에 필요한 핵심 데이터 요소는 무엇이며, 이를 어떻게 확보할 수 있습니까?"

2) 모델 개발 및 검증 단계
- "수집된 데이터를 기반으로 최적의 머신러닝 알고리즘은 무엇인가요?"
- "모델 성능을 평가하기 위한 적절한 지표는 무엇인가요?"

3) 시뮬레이션 실행 단계
- "다양한 시나리오에서 시뮬레이션 결과를 어떻게 비교하고 분석할 수 있을까요?"
- "시뮬레이션 결과를 시각적으로 표현하는 방법은 무엇이 있을까요?"

FGI(Focus Group Interview)는 특정 주제에 대해 다수의 참여자가 토론을 통해 심층적인 의견을 교환하고 인사이트를 도출하는 질적 연구 기법입니다. 이 방법은 참가자 간의 상호작용을 통해 다양한 관점과 아이디어를 얻을 수 있으며, 마케팅 조사, 정책 개발, 제품 디자인 등의 분야에서 널리 활용되고 있습니다. FGI는 그룹 토론의 시너지 효과를 통해 개별 인터뷰보다 더 풍부한 정보를 제공할 수 있습니다[134].

가. FGI 개념

FGI는 질적 연구의 한 형태로, 연구 주제와 관련된 특정 그룹을 대상으로 구조화된 질문을 통해 심층적인 의견과 태도를 파악하는 방법입니다. 이 기법은 참가자들이 자신의 경험과 생각을 공유하면서 연구자가 특정 이슈에 대한 통찰력을 얻을 수 있도록 돕습니다. FGI의 핵심 개념은 참여자 간 상호작용을 통해 새로운 아이디어를 생성하고, 특정 주제에 대한 인식을 심층적으로 분석하는 것입니다. 연구자는 참여자들이

---

134. Namey, E., Guest, G., O'Regan, A., Godwin, C. L., Taylor, J., & Martinez, A. (2022). How does qualitative data collection modality affect disclosure of sensitive information and participant experience? Findings from a quasi-experimental study. Quality & Quantity, 56(4), 2341-2360.

자유롭게 의견을 교환할 수 있는 환경을 조성하여 연구의 질을 높일 수 있습니다[135].

나. FGI 정의

FGI는 질적 데이터 수집 방법의 하나로, 연구자가 특정 주제에 대한 집단적 의견을 수집하는 데 사용됩니다. 일반적으로 6~12명의 참여자가 특정한 환경에서 연구자가 주도하는 토론에 참여하며, 다양한 의견과 경험을 공유합니다. FGI는 의사결정 과정, 제품 평가, 서비스 개선 등에서 중요한 역할을 합니다. 특히 사회적 이슈나 소비자 행동을 이해하는 데 유용하며, 정성적인 데이터 수집을 위한 필수적인 도구로 평가됩니다[136].

다. FGI 절차

FGI의 절차는 다음과 같은 단계로 진행됩니다.

- **연구 목표 설정** - 인터뷰의 목적과 기대하는 결과를 명확히 정의합니다.
- **참여자 모집** - 연구 주제와 관련된 배경을 가진 참가자를 선정하고 모집합니다.

---

135. Szymańska, A. I. (2020). Focus Group Interviews Employed in the Research Analysing Young Adults' Behaviour on the Market of Alternative Means of City Transport. Prace Komisji Geografii Przemysłu Polskiego Towarzystwa Geograficznego, 34(3), 84-95.

136. Guest, E., Vidgen, B., Mittos, A., Sastry, N., Tyson, G., & Margetts, H. (2021, April). An expert annotated dataset for the detection of online misogyny. In Proceedings of the 16th conference of the European chapter of the association for computational linguistics: main volume (pp. 1336-1350).

- **질문 개발** – 개방형 질문을 중심으로 인터뷰 가이드를 준비합니다.
- **인터뷰 수행** – 그룹의 역동성을 유지하며, 참여자들이 자유롭게 의견을 나눌 수 있도록 진행합니다.
- **데이터 분석** – 인터뷰 내용을 기록하고 주제별로 분석하여 의미 있는 패턴을 도출합니다.
- **결과 보고** – 분석 결과를 요약하여 보고서로 작성하고, 주요 인사이트를 도출합니다(Szymańska, 2020)

라. FGI를 위한 예시 프롬프트

FGI는 단계별로 다음과 같은 프롬프트를 활용할 수 있습니다.

- "FGI의 목적과 기대하는 결과는 무엇인가요?"
- "참여자의 선정을 위해 고려해야 할 요소는 무엇인가요?"
- "인터뷰에서 어떤 유형의 질문이 가장 효과적일까요?"
- "데이터 분석을 위한 효과적인 방법은 무엇인가요?"

가상 FGI는 위의 FGI 절차 중 참여자 모집, 질문 개발, 인터뷰 수행과 관련해서 AI가 생성한 가상의 데이터를 활용해 분석하는 것입니다. 이런 과정은 질적 연구에 활용될 수 있을 것으로 기대하며 사전 시장 조사, 수립 전략 운영 전 테스트 등 비정형데이터 수집에 잘 활용될 수 있을 것으로 기대되며 가상데이터와 연계되는 흥미로운 분야로 앞으로 많은 연구가 필요하다고 생각합니다.

기업 사례: 글로벌테크(GlobalTech) AI

글로벌테크는 2005년에 설립된 IT 솔루션 기업으로, 다양한 산업 분야에 맞춤형 소프트웨어를 제공하며 꾸준히 성장해 왔습니다. 그러나 최근 몇 년 동안 글로벌 경기 둔화와 업계 내 경쟁 심화로 인해 수익성이 악화하고 있으며, 이에 따라 기존의 경영 전략을 재검토해야 하는 상황에 직면해 있습니다.

현재 글로벌테크의 급여정책은 직원들의 고용 안정성을 중심으로 설계되어 있으며, 업계 평균 수준의 기본급과 일부 복리후생 혜택을 제공하고 있습니다. 그러나 회사의 경영진은 급변하는 시장 환경과 내부 생산성 향상 필요성을 고려하여 성과급 중심의 새로운 급여전략을 도입하려 하고 있습니다. 이를 통해 직원들의 동기 부여를 강화하고, 회사의 성장 목표 달성을 유도하려는 의도가 있습니다.

하지만 경영진은 이러한 급여전략의 변화가 사내 노조의 강한 반대에 직면할 가능성이 크다는 점을 우려하고 있습니다. 노조는 현재의 안정적인 급여 체계가 직원들의 만족도와 조직의 일관성을 유지하는 핵심 요소라고 보고 있으며, 성과 중심 체계로의 전환이 고용 불안을 초래할 수 있다고 판단하고 있습니다.

글로벌테크의 주요 고민 사항은 다음과 같습니다.

- 새로운 급여전략을 사내 직원들에게 효과적으로 설명하고, 수용도를 높일 방법은 무엇일까?
- 성과급 중심 전략이 직원들의 동기 부여에 긍정적인 영향을 미칠 수 있도록 어떻게 설계해야 할까?

- 노조의 반대를 최소화하고, 협력적인 분위기를 조성하기 위해 어떤 접근법이 필요할까?
- 기존의 안정성을 유지하면서도 성과 중심의 보상 체계를 단계적으로 도입할 방법은 무엇일까?

경영진은 이러한 고민을 해결하기 위해 직원들의 우려와 기대를 수렴하고, 이를 바탕으로 전략적 의사결정을 내릴 계획입니다. 직원들이 생각하는 급여 전략의 문제점과 개선 방향을 심층적으로 논의하고, 경영진의 방향성을 조율할 방안을 마련하려 하고 있습니다.

1단계: 새로운 급여정책 탐색

회사의 경우 반영하고자 하는 정책에 대한 구체적인 산출물을 가지고 있습니다. 글로벌테크가 도입하고자 하는 새로운 급여전략은 다음과 같습니다.

1. 성과급 도입 및 강화 (정량 목표 포함)
글로벌테크는 성과급을 기존 기본급의 10~30% 범위 내에서 차등 적용할 계획이며, 직원의 성과 수준에 따라 다음과 같이 구체적인 지급 기준을 설정합니다.

가. 성과 평가 기준별 성과급 지급 비율

- 상위 10%의 직원: 기본급의 30% 추가 지급

- 상위 25%의 직원: 기본급의 20% 추가 지급

- 상위 50%의 직원: 기본급의 10% 추가 지급

- 하위 50%의 직원: 성과급 미지급

나. 성과 평가 지표 (KPI) 설정 예시

- 매출 기여도: 목표 대비 110% 이상 달성 시 30% 성과급 적용

- 프로젝트 성공률: 90% 이상 목표 달성 시 20% 성과급 적용

- 고객 만족도: 4.5점(5점 만점 기준) 이상 유지 시 10% 성과급 적용

- 업무 효율성: 업무 처리 속도 15% 이상 개선 시 추가 인센티브 제공

다. 단계적 도입 목표

- 1차 시범 적용: 핵심 부서(개발팀, 영업팀) 대상, 연간 성과 평가 기준 적용

- 2차 확대 적용: 전사 적용, 분기별 평가 반영

2. 직원 동기부여 촉진 (정량 목표 포함)

직원 동기부여를 촉진하기 위해 성과급 외에도 다양한 비금전적 보상을 병행하며, 직원 만족도와 참여도를 수치화하여 관리합니다.

가. 직원 만족도 목표

- 1년 내 직원 만족도(설문 기준) 70% 이상 유지
- 성과급 도입 후 이직률 10% 감소 목표
- 사내 교육 프로그램 참여율 50% 이상 달성

나. 비금전적 보상 계획

- 교육 지원: 연간 교육비 최대 200만 원 지원 (직무 연관 교육 수강 시)
- 유연 근무제: 성과 우수 직원에게 월 2회 재택근무 옵션 제공
- 승진 기회 확대: 연간 성과 우수자 중 상위 20% 대상 특별 승진 기회 부여

다. 성과 인정 프로그램

- 우수 직원 포상(연간 5명 선정, 상금 100만 원 및 표창 수여)
- 내부 커뮤니케이션 채널을 통한 성과 공유 및 인정 시스템 구축

2단계: 참여자 생성

- 회사에서 위의 급여정책에 관련이 있는 참여자들을 생성합니다(6~12명).
- 이 과정은 가장 중요한 과정으로 실제 회사에 근무하는 근무자들의 성향을 최대한 반영할 수 있어야 합니다.

- 따라서 기존에 있는 인사자료 등 다양한 자료를 사전 학습시키는 것
  도 좋은 방법이 됩니다.

▷ 프롬프트 예

"핵심부서인 개발팀, 영업팀을 중심으로 12명의 남녀 사원부터 대리까
지 가상의 인물을(실명 제시) 만들어주세요. 글로벌테크는 남자가 60%
정도 분포하고 있고 사원 50%, 주임 30%, 대리 20% 정도 분포합니
다."

3단계: 질문 생성

- FGI(Focus Group Interview)를 위한 질문 생성이 중요한 이유는 정확한
  인사이트 도출과 의사결정 지원을 위해 참여자들이 자유롭고 의미
  있는 의견을 제시할 수 있도록 하기 때문입니다.
- 잘 설계된 질문은 참여자들이 자신의 경험과 의견을 효과적으로 공
  유할 수 있도록 유도하며, 연구 목표와 연관된 핵심 정보를 체계적으

글로벌테크 직원 목록

	부서	성명	연령	연봉
1	개발팀	조윤호	38	5606만원
2	영업팀	최성민	29	3539만원
3	개발팀	김민수	30	4513만원
4	영업팀	강준혁	31	3968만원
5	개발팀	박지훈	30	4303만원

로 수집하는 데 도움이 됩니다.

- 또한, 질문의 명확성과 구조가 인터뷰의 흐름을 원활하게 유지하여 유익한 논의를 촉진하고, 참여자들이 민감한 주제에 대해 편안하게 의견을 표현할 수 있도록 합니다.
- 결과적으로, 신뢰할 수 있고 실행 가능한 데이터를 확보하여 조직의 전략적 의사결정을 지원할 수 있습니다.

▷ 프롬프트 예

"위 정책의 반응에 대한 FGI를 실시하기 위해 내용이 최대한 반영될 수 있도록 15개의 질문을 만들어주세요."

4단계: 인터뷰 시행

글로벌테크의 새로운 성과급 중심 급여 정책 도입에 대한 직원들의 의견을 수렴하기 위해 다음과 같은 15개의 FGI(Focus Group Interview) 질문을 설계하였습니다. 이 질문들은 직원들의 우려와 기대, 정책의 수용도 및 개선 방향을 도출하는 데 초점을 맞추고 있습니다.

1. 급여 정책에 대한 전반적인 인식

1. 현재의 급여 체계에 대해 어떻게 생각하십니까? 장점과 단점은 무엇인가요?
2. 새로운 성과급 중심 급여 정책 도입에 대해 처음 접했을 때의 느낌은 어떠셨나요?

- 3단계에서 선정된 질문에 대해 가상의 인물들이 인터뷰를 수행하는 시뮬레이션을 합니다.

▷ 프롬프트 예

"위의 각각의 질문에 대해 FGI에 참여한 직원들이 최소한 하나 이상씩 응답하게 해주세요. 부서, 직위, 연봉, 활동 특성 등이 고려된 응답을

하게 해주세요. 응답 결과는 앞에서 만든 표처럼 부서/ 이름/직위/1부터 15까지 질문에 대한 답한 순으로 표로 만들어주세요."

5단계: 데이터 분석

- 위와 같은 FGI 정성 데이터는 다양한 분석이 가능합니다.
- 어떤 분석을 할 수 있는지 떠오르지 않을 때는 ChatGPT에게 "어떤 분석이 가능한지 알려주세요"라고 하면 쉽게 분석 방법에 접근할 수 있습니다.

▷ 프롬프트 예

"직원들의 급여 정책 변화에 대한 전반적인 태도를 확인하고 싶습니다. 직원들의 긍정적 vs 부정적 반응에 대한 비율분석과 함께 연봉 수준과 반응도 비교해 주세요"

1. 급여 정책에 대한 긍정적 vs 부정적 반응 비율
   - 긍정적인 반응: 50.0%
   - 부정적인 반응: 50.0%
   - 직원들의 반응이 긍정적과 부정적으로 균등하게 나뉘어 있으며, 회사의 새로운 성과급 정책 도입에 대한 의견이 분분함을 알 수 있습니다.

2. 연봉 수준과 반응 비교
   - 긍정적 반응을 보인 직원들의 평균 연봉: 4,026만원
   - 부정적 반응을 보인 직원들의 평균 연봉: 4,784만원
   - 연봉이 상대적으로 높은 직원들이 급여 정책 변화에 대해 부정적인 반응을 보이는 경향이 나타났으며, 이는 기존의 안정적인 급여 체계에 대한 선호 때문일 가능성이 있습니다.

"부서별 성과급 정책 수용도를 분석해 주세요."

"직위에 따른 정책 수용도 차이가 있는지를 분석해 주세요."

직위별 성과급 정책 수용도 분석 결과는 다음과 같습니다.

1. 긍정적 vs 부정적 반응 비율 (직위별 분석)
   - 대리: 긍정적 0%, 부정적 100%
   - 사원: 긍정적 50%, 부정적 50%
   - 주임: 긍정적 100%, 부정적 0%

2. 해석 및 시사점
   - 대리급 직원들은 새로운 성과급 정책에 대해 전반적으로 부정적인 입장을 보이고 있습니다. 이는 직위가 올라갈수록 안정적인 급여 체계를 선호하고, 성과급으로 인한 불확실성을 우려하기 때문일 수 있습니다.
   - 사원급 직원들은 긍정적(50%)과 부정적(50%) 반응이 혼재되어 있습니다. 이는 성과급 체계가 기회로 작용할 수도 있지만, 현재의 안정적인 급여 구조가 변경될 가능성에 대한 우려 때문일 수 있습니다.
   - 주임급 직원들은 성과급 정책에 대해 100% 긍정적인 반응을 보였습니다. 이는 성과급 도입이 동기부여 요소로 작용하고, 경력 발전의 기회로 인식될 가능성이 높음을 시사합니다.

이러한 분석을 통해 직위별로 정책 도입 시 커뮤니케이션 전략을 차별화해야 하며, 특히 대리급 직원을 대상으로 안정성을 보장하는 방안을 병행하여 설득하는 노력이 필요합니다. [...]

가상데이터 실습

가상데이터(Virtual Data)는 현실 데이터를 모방하여 가상의 환경에서 분석 및 테스트를 수행할 수 있도록 생성된 데이터입니다. 이러한 가상 데이터는 실제 데이터를 직접 사용하지 않고도 다양한 시뮬레이션, 시스템 검증, 연구개발 등에 활용될 수 있습니다. 특히, 민감한 개인정보 보호와 데이터 부족 문제를 해결할 수 있는 중요한 도구로 주목받고 있습니다.

최근 인공지능과 데이터 과학의 발전으로 인해 가상데이터의 정확성과 활용 가능성이 크게 향상되고 있으며, 여러 산업 분야에서 그 활용이 점점 확대되고 있습니다[137].

이에 반해 합성데이터(Synthetic Data)는 실제 데이터를 기반으로 통계적 특성을 모방하여 인공적으로 생성된 데이터로, 데이터 분석, 머신러닝 모델 학습, 시스템 테스트 등 다양한 분야에서 활용됩니다.

최근 인공지능 및 데이터 과학의 발전으로 인해 합성데이터는 실제 데이터를 대체하거나 보완하는 중요한 도구로 자리 잡고 있으며, 데이

---

137. Thiry, L., Li, L., Mémin, E., & Roullet, G. (2024). A unified formulation of quasi - geostrophic and shallow water equations via projection. Journal of Advances in Modeling Earth Systems, 16(10), e2024MS004510.

터 부족 문제를 해결하고 민감한 정보 보호를 강화하는 데 기여하고 있습니다[138].

합성데이터의 주요 특징은 데이터 프라이버시 보호, 데이터 품질 개선, 그리고 모델 성능 향상입니다. 이를 통해 기업과 연구 기관은 개인정보 유출의 위험 없이 대량의 데이터를 활용할 수 있으며, 특정 시나리오에서 발생할 수 있는 다양한 변수들을 반영한 데이터를 생성할 수 있습니다[139].

합성데이터는 주로 생성적 적대 신경망(Generative Adversarial Networks, GANs), 변분 오토인코더(Variational Autoencoders, VAEs) 등의 머신러닝 기법을 활용하여 생성되며, 데이터의 패턴과 특성을 유지하면서도 실제 데이터와 구별되는 새로운 데이터를 제공할 수 있습니다(Thiry et al., 2024).

활용 분야는 금융, 의료, 소매, 교통 등 다양한 산업에서 폭넓게 이루어지고 있으며, 특히 개인정보 보호가 중요한 헬스케어 분야에서는 합성데이터를 활용하여 환자의 민감한 정보를 보호하면서도 연구 및 분석을 진행할 방법으로 주목받고 있습니다.

합성데이터의 장점은 다음과 같습니다.

---

138. Timpone, R., & Yang, Y. (2024). Artificial data, real insights: Evaluating opportunities and risks of expanding the data ecosystem with synthetic data. arXiv preprint arXiv:2408.15260.

139. Xia, Y., Wang, C. H., Mabry, J., & Cheng, G. (2024). Advancing Retail Data Science: Comprehensive Evaluation of Synthetic Data. arXiv preprint arXiv:2406.13130.

- **데이터 프라이버시 보장:** 실제 데이터와 유사하지만, 개인정보가 포함되지 않아 GDPR, HIPAA 등 규제를 준수할 수 있음.
- **데이터 확대 가능성:** 소량의 실제 데이터만으로 다양한 시나리오의 데이터를 확장할 수 있음.
- **비용 절감:** 데이터를 수집하는 데 드는 시간과 비용을 절감할 수 있음.
- **모델 성능 향상:** 다양한 상황을 반영한 데이터로 학습하여 모델의 범용성을 높일 수 있음.

그러나 합성데이터는 실제 데이터와의 정확한 일치를 보장하기 어렵고, 생성된 데이터의 신뢰성과 유효성을 보장하기 위해 지속적인 검증과 평가가 필요합니다. 합성데이터의 평가 기준으로는 데이터의 정합성(Fidelity), 유용성(Utility), 프라이버시(Privacy)가 있으며, 이를 통해 실제 데이터와의 유사성을 평가하고, 비즈니스에서의 활용 가능성을 판단할 수 있습니다(Xia et al., 2024).

이러한 합성데이터의 특성과 가능성을 고려할 때, 기업과 연구 기관은 데이터 프라이버시 문제를 해결하고 비용 효율적으로 데이터 분석 및 AI 모델을 개발할 새로운 기회를 제공받을 수 있습니다.

구분	가상데이터	합성데이터
정의	현실 데이터를 모방한 가상의 디지털 데이터	인공지능 및 통계 모델을 사용해 생성된 인공 데이터
목적	시스템 시뮬레이션, 모델 테스트, 의사결정 지원	데이터 부족 해결, 머신러닝 모델 학습
생성 방식	디지털 트윈, 시뮬레이션 알고리즘	GAN, VAE 등 생성 모델 사용
활용 분야	제조, 의료, 교통, 에너지 관리	금융, 마케팅, 고객 행동 분석

구분	가상데이터	합성데이터
실제 데이터 유사성	현실 데이터와 높은 상관관계를 유지	현실 데이터를 기반으로 패턴을 생성
보안 및 프라이버시	실제 데이터를 보호하고 개인정보 유출 방지	개인정보를 완전히 배제한 안전한 데이터 제공

표. 13-2 가상데이터와 합성데이터 비교

본 실습에는 가상데이터에 대해 학습한 후, 가상데이터를 생성하고 활용하는 것을 체험할 수 있도록 하겠습니다.

가. 가상데이터의 개념

가상데이터는 현실 세계의 물리적, 환경적 요소를 디지털화하여 재현한 데이터를 의미합니다. 이는 주로 시뮬레이션 시스템에서 사용되며, 다양한 상황을 가정하여 시스템의 성능을 평가하거나 의사결정 지원을 위한 분석에 활용됩니다. 가상데이터는 현실 세계의 특성을 반영하기 위해 디지털 트윈 기술, 데이터 시뮬레이션 기법 및 AI 기반 생성 모델을 활용하여 생성됩니다. 예를 들어, 가상데이터는 건물의 실내 온도 예측을 위해 사용되며, 실제 데이터와 결합하여 보다 정교한 모델을 구축할 수 있습니다(Thiry et al., 2024).

나. 가상데이터의 정의

가상데이터는 물리적 실체를 가지지 않으며, 디지털 환경에서 생성 및 조작할 수 있는 데이터로 정의됩니다. 이는 기존의 실제 데이터를 기반으로 확장되거나, 특정 목적을 위해 완전히 새롭게 생성될 수도 있습니다. 가상데이터는 현실 데이터를 보완하는 역할을 하며, 특히 테스트 환경에서 중요한 역할을 합니다. 기업에서는 제품 개발 단계에서 가상데이터를 이용해 다양한 시나리오를 실험하고, 비용 절감 및 효율성을 높이는 데 활용합니다(Xia et al., 2024).

다. 가상데이터 분석을 위한 절차

1) 목표 설정 및 요구사항 정의
- 분석 목적 및 기대 효과를 명확히 정의합니다(예: 타겟 고객별 큐펫 (Q–Pet)의 선호 기능 및 수용 가능성 예측).
- 고객 특성을 반영한 데이터 요소 선정(예: 연령, 거주 형태, 기술 수용도 등).

2) 데이터 수집 및 가상데이터 생성
- 기존 고객 설문 및 시장 조사 데이터를 분석하여 가상데이터 생성을 위한 기준을 수립합니다.
- AI 및 통계적 기법을 활용하여 가상데이터를 생성합니다.
  - 데이터 소스: 기존 제품 사용자 리뷰, SNS 의견 분석, 유사 제품 시장 데이터.
  - 생성 기법: 머신러닝 모델(GAN, VAE)을 활용한 고객 특성 데이터 생성, 시뮬레이션 기반 고객 행동 패턴 모델링.
- 가상데이터 생성 시 고려해야 할 핵심 속성: 연령, 라이프스타일, 디지털 기기 활용도, 정서적 만족도 기대치, 기능 선호도 등

3) 데이터 정제 및 품질 검증
- 생성된 가상데이터의 신뢰성과 정확성을 검증하기 위한 기준을 수립

합니다.

- – 데이터 일관성 검토(중복 여부, 비현실적 데이터 제거).

- – 실사용자 데이터와의 비교를 통한 검증.

- – 시나리오별 테스트(예: 고객 유형별 반응 패턴 확인).

• 데이터 필터링 및 정제 절차를 적용합니다.

4) 데이터 분석 및 인사이트 도출

• 가상데이터 분석을 통해 다음과 같은 인사이트를 도출합니다.

- – 타겟 고객별 선호 기능 및 가격 수용 범위 분석.

- – 주요 불만 요인 및 개선 요구사항 예측.

- – 구매 가능성이 큰 고객군의 특성 파악.

• 주요 분석 기법은 다음과 같습니다.

- – 군집 분석을 통한 고객 세분화.

- – 연령 및 라이프스타일에 따른 기능 선호도 예측.

- – A/B 테스트를 통한 수용 가능성 평가.

5) 시뮬레이션 및 정책 최적화

• 가상 시나리오를 적용하여 제품 전략을 검증합니다.

- – 예: 다양한 가격 시나리오에서 고객 반응 시뮬레이션.

• 기능 추가 및 변경 시에는 고객 만족도 변화를 예측합니다.

• 최적의 제품을 구성하고 마케팅 전략을 수립합니다.

- – 채널별 맞춤형 전략(온라인 마케팅 vs. 오프라인 체험 프로모션).

6) 결과 검증 및 피드백 반영

• 실제 고객 데이터를 활용하여 가상데이터 기반 분석 결과를 검증합니다.

• 사전 테스트 및 소규모 파일럿 운영을 통해 가상데이터의 정확성을

확인합니다.

- 고객 피드백을 반영한 가상데이터 모델을 재조정합니다.

7) 보고 및 전략 수립

- 가상데이터 분석 결과를 기반으로 최종 전략 보고서를 작성합니다.
- 주요 분석 결과, 시사점, 제품 및 마케팅 개선 방안을 제시합니다.
- 향후 가상데이터 업데이트 및 추가 분석 계획을 수립합니다.

라. 가상데이터 분석을 위한 예시 프롬프트

가상데이터를 효과적으로 활용하기 위해 다음과 같은 프롬프트를 사용할 수 있습니다.

1) 데이터 생성 및 검증

- "주어진 실제 데이터와 유사한 패턴을 가지는 가상데이터를 생성해 주세요."
- "가상데이터와 실제 데이터를 비교하여 통계적 유사성을 분석해 주세요."

2) 시뮬레이션 활용

- "가상데이터를 활용하여 다양한 운영 시나리오를 시뮬레이션하고 최적의 의사결정 방안을 도출해 주세요."
- "가상데이터를 사용한 시장 예측 시나리오를 제시해 주세요."

3) 데이터 품질 평가 및 개선

- "가상데이터의 정확도를 높이기 위해 어떤 요소를 조정해야 하는지 분석해 주세요."
- "기존 시스템 성능 향상을 위해 가상데이터 적용 방안을 제시해 주세요."

기업 사례: 큐로봇(Q-Robot) AI

큐로봇은 2021년에 설립된 스마트 가전 기업으로, '삶을 더욱 따뜻하고 즐겁게'라는 비전을 바탕으로 가정용 소형 로봇을 개발하고 있습니다. 큐로봇의 최신 제품은 반려견과 같은 역할을 수행하는 가정용 소형 로봇으로, 고객의 정서적 만족과 일상 편의를 동시에 제공하는 것을 목표로 하고 있습니다.

새롭게 출시를 준비 중인 로봇 '큐펫(Q-Pet)'은 다음과 같은 특징을 가지고 있습니다.

- 귀여운 디자인: 다양한 색상과 부드러운 촉감의 외관, 감정을 표현하는 LED 눈, 자연스러운 움직임을 통해 친근감을 유도
- 감성적인 상호작용: 사용자와의 눈맞춤, 간단한 감정 표현, 음성 명령 인식 기능
- 스마트한 반응: 음성 명령에 따라 반응하고, 주인의 행동 패턴을 학습하여 맞춤형 알림 제공
- 일상 보조 기능: 간단한 일정 알림, 건강 체크 기능, 스마트 홈 기기 연동
- 충전 및 배터리 효율: 자동 충전 기능과 에너지 절약 모드

큐로봇의 경영진은 큐펫의 성공적인 시장 진입을 위해 타겟 고객을 대상으로 사전 평가를 진행하고자 합니다. 하지만 소비자들의 기대를 정확히 파악하고, 제품의 특성과 차별화 포인트를 명확히 전달하는 것이 중요한 과제로 남아 있습니다.

큐로봇의 주요 고민 사항은 다음과 같습니다.

- 타겟 고객의 요구를 정확히 파악하고, 이를 어떻게 제품에 반영할 수 있을까?
- 큐펫의 감성적인 요소를 강조하는 마케팅 전략은 무엇이 있을까?
- 가격 대비 만족도를 높이기 위한 최적의 기능 조합은 무엇일까?

반려동물 대체 혹은 보완재로서 소비자들의 수용 가능성은 어느 정도일까?

큐로봇은 이러한 고민을 해결하기 위해 타겟 고객을 대상으로 사전 평가를 실시하고, 고객의 피드백을 바탕으로 제품을 최적화하는 전략을 추진할 계획입니다. 이를 통해 고객 만족도를 높이고, 성공적인 시장 진입을 목표로 하고 있습니다.

큐로봇(Q-Robot) 사례 실습은 가상데이터 생성까지만 진행하도록 하겠습니다.

1단계: 목표설정 및 요구사항 정의

• 목표 설정 및 요구사항 정의는 가상데이터 분석의 방향을 명확히 하고, 분석의 초점을 고객의 실제 니즈와 비즈니스 목표에 맞추는 데 필수적입니다.

• 명확한 목표가 없으면 데이터 생성 및 분석 과정에서 불필요한 변수나 비효율적인 방법이 도입될 가능성이 커집니다.

• 또한, 정확한 요구사항 정의를 통해 가상데이터의 신뢰성과 활용 가능성을 극대화하고, 의사결정의 정확성을 높일 수 있습니다.

▷ 프롬프트 예

"첨부한 사례를 볼 때 이 제품의 타겟 고객은 누구일까요?"

▷ 프롬프트 예

"타겟고객을 싱글족, 1~2인 가족과 반려견을 키울 수 없는 가정, 그리고 노년층 및 독거노인으로 한정하겠습니다. 이들의 특성과 니즈에 대해 구체적으로 제시해 주세요"

2단계: 데이터 수집 및 가상데이터 생성

- 데이터 수집 및 가상데이터 생성은 실제 고객의 요구와 행동 패턴을 반영하여 더 정확한 제품 및 서비스 전략을 수립할 수 있도록 도와줍니다.
- 이를 통해 현실에서 수집하기 어려운 다양한 시나리오를 모의실험하고, 새로운 시장 기회를 탐색할 수 있습니다.
- 또한, 민감한 개인정보 보호와 비용 절감 측면에서 효과적인 대안이 되어 데이터 기반의 의사결정을 강화할 수 있습니다.

▷ 프롬프트 예

"타겟고객에 대해 검색을 통해 이들 고객의 특성들을 도출하고, 타겟고객의 공통적인 부분 5개와 그룹별 특성 각 3개씩 뽑아주세요."

타겟 고객인 싱글족, 1~2인 가구, 반려견을 키울 수 없는 가정, 그리고 노년층 및 독거 노인의 공통적인 특성과 그룹별 특성을 다음과 같이 정리하였습니다.

공통적인 특성 5가지

1. 정서적 교감에 대한 필요성: 이들은 모두 일상에서 정서적 유대감을 형성할 수 있는 대상이나 활동을 필요로 합니다.
2. 생활 공간의 제약: 대부분 주거 공간이 제한적이어서 공간 효율성이 높은 제품이나 서비스를 선호합니다.

▷ 프롬프트 예

"타겟고객에 대한 가상데이터를 만들고 싶습니다. 일련번호(1~500)/성별/연령/소득/MBTI 성격 순으로 랜덤하게 500명을 만들어주세요. 성별은 집단별로 특성에 맞게 배분하고, 연령 또한 동일한 방식으로 해주세요. 만든 기본데이터는 표로 제시해 주세요."

일련번호	성별	연령	소득	MBTI 성격
1	남성	32	5000	INFP
2	여성	28	4500	ESTJ
3	남성	35	6000	ISFP
4	여성	29	4800	ENFP
5	남성	38	5300	ENTJ
6	여성	30	4200	INFJ
7	남성	27	3100	ISTJ

▷ 프롬프트 예

"타겟고객들이 이 로봇에 대해 기대하는 정도를 먼저 측정할 설문지가 필요합니다. 위의 내용을 모두 반영한 설문 문항 10개만 작성해 주세요. 리커트 5점 척도로 측정하고자 합니다."

▷ **프롬프트 예**

"만들어진 500명에 대해 위의 기대수준 측정 설문을 가상으로 해보려고 합니다. 보통 자기보고식 설문의 경우 3~5점에 많이 기입을 하며, 이 설문대상은 타겟고객으로 니즈가 분명하기 때문에 상대적으로 높을 가능성도 반영해 주기 바랍니다."

▷ **프롬프트 예**

"앞의 기대 설문을 만족도 설문으로 같게 바꿔주세요."

▷ **프롬프트 예**

"검색을 통해 이들 제품 특성(장점, 단점)을 파악하고 생성된 가상고객들
이 각 항목에 대해 얼마나 만족하는지 랜덤하게 측정해 주세요."

```
문항 5: 평균 4.1 (조작의 용이성)
문항 6: 평균 4.0 (유지보수 편의성)
문항 7: 평균 4.3 (주거 공간과의 조화)
문항 8: 평균 4.2 (소형 가정 환경에서의 활용성)
문항 9: 평균 3.9 (가격 대비 기능 만족도)
문항 10: 평균 4.0 (반려동물 대체 역할 만족도)
이러한 결과를 통해 큐펫(Q-Pet)이 정서적 만족도 및 디자인 만족도에서는 높은 평가를 받고 있지
만, 가격 대비 가치 부분에서는 상대적으로 개선이 필요함을 알 수 있습니다.
```

이렇게 생성된 가상데이터는 다양한 분석을 통해 성공 가능성을 타
진할 수 있으며, 많은 업종과 다양한 분야에서 활용될 수 있습니다.

3. 특정 상황별 AI 대화 및 문제 해결 과정

AI를 활용한 특정 상황별 대화 및 문제 해결 과정은 다양한 산업 분
야에서 효과적으로 적용되고 있습니다. 기업들은 고객 서비스, 의료 상
담, 법률 자문, 기술 지원과 같은 분야에서 AI를 도입하여 사용자와의
상호작용을 자동화하고 효율성을 높이고 있습니다.

이러한 AI 대화 시스템은 자연어 처리(NLP) 기술을 활용하여 사용자
의 의도를 파악하고, 상황에 맞는 적절한 응답을 제공하며, 반복적인 학
습을 통해 점진적으로 성능을 향상합니다. 특히, 특정 상황에서 AI가 제
공하는 솔루션의 신뢰도를 확보하기 위해 프롬프트 엔지니어링이 중요

한 역할을 하며, 이는 올바른 질문과 적절한 가이드를 통해 정확하고 신뢰할 수 있는 답변을 도출하는 데 필수적입니다(Hannah et al., 2024).

본 장에서는 특정 상황별 AI 대화의 개념과 정의를 설명하고, 다양한 상황에서 적용 가능한 대화 및 문제 해결 프롬프트의 예시를 제시합니다.

가. 특정 상황별 AI 대화 및 문제 해결 과정의 개념

특정 상황에서의 AI 대화란 사용자가 직면한 문제를 해결하기 위해 AI와의 상호작용을 통해 적절한 조언이나 해결책을 제공하는 일련의 과정입니다. 이러한 AI 대화는 단순한 정보 제공을 넘어, 사용자의 질의 의도를 분석하고 문맥을 파악하여 더욱 맞춤화된 대응을 수행할 수 있도록 설계됩니다. 예를 들어, 고객 서비스에서는 사용자 요청의 긴급성과 선호도를 반영한 실시간 지원을 제공하며, 의료 상담에서는 사용자 증상을 분석하여 위험 요소를 조기에 식별할 수 있습니다[140]. AI 대화의 효과적인 운영을 위해 자연어 처리(NLP), 기계 학습(ML), 데이터 분석과 같은 기술이 결합되며, 특히 대화의 흐름을 유지하고 연속적인 응답을 보장하기 위해 컨텍스트 추적과 대화 모델의 지속적인 개선이 필요합니다. AI 대화의 주요 구성 요소로는 입력 분석, 대화 흐름 제어, 해결 방안 제시, 사용자 피드백 반영 등이 있으며, 각 요소가 유기적으로 작용하여 효과적인 상호작용을 제공합니다.

---

140. Deroy, A., & Maity, S. (2024). Prompt Engineering Using GPT for Word-Level Code-Mixed Language Identification in Low-Resource Dravidian Languages. arXiv preprint arXiv:2411.04025.

나. 특정 상황별 AI 대화 및 문제 해결 과정의 정의

특정 상황별 AI 대화는 다음과 같이 정의할 수 있습니다.

첫째, 입력 분석을 통해 사용자의 질문을 이해하고 의미를 도출하며, 키워드 추출 및 문맥 분석을 통해 사용자의 요구사항을 명확히 파악합니다[141].

둘째, 문맥 유지 및 추론을 통해 과거의 대화 이력을 바탕으로 일관된 답변을 제공하고, 복잡한 질의에 대해 적절한 해결책을 제시할 수 있도록 합니다.

셋째, 해결 방안 제시 단계에서는 사용자의 문제 해결을 위해 적절한 가이드라인, 프로세스 및 실행 가능한 솔루션을 제공합니다.

마지막으로, 결과 평가 및 피드백 반영을 통해 제공된 솔루션의 정확성과 만족도를 평가하고, 지속적인 개선을 위한 학습 데이터를 축적합니다[142]. 이를 통해 AI는 특정 시나리오에서 더욱 정교하고 신뢰할 수 있는 답변을 제공할 수 있습니다.

다. 상황별 AI 대화의 프롬프트 예

다음은 다양한 상황에서 사용할 수 있는 AI 대화 프롬프트의 예시입니다.

---

141. Beurer-Kellner, L., Fischer, M., & Vechev, M. (2023). Prompting is programming: A query language for large language models. Proceedings of the ACM on Programming Languages, 7(PLDI), 1946-1969.

142. Zhang, B. et al. (2023). Prompting Large Language Model for Machine Translation: A Case Study.

1) 고객 서비스 관련 상황

- 사용자 질문: "반품 정책을 알고 싶어요."
- 프롬프트 예시: "고객이 반품 정책에 대해 질문하면, 제품 구매 날짜와 상태를 확인한 후, 해당 정책을 명확히 설명해 주세요."

2) 의료 상담 상황

- 사용자 질문: "두통이 심해요. 어떻게 해야 할까요?"
- 프롬프트 예시: "사용자의 두통 증상에 대해 추가적인 질문(예: 지속 시간, 강도, 동반 증상 등)을 통해 정보를 수집하고, 가능한 원인 및 대처 방안을 제공해 주세요."

3) 법률 자문 상황

- 사용자 질문: "근로 계약 해지 시 법적 조언이 필요해요."
- 프롬프트 예시: "사용자가 근로 계약 해지에 대해 질문하면, 해당 국가의 노동법을 참고하여 계약 해지 조건과 관련된 조언을 제공해 주세요."

라. 문제 해결 과정의 프롬프트 예

특정 상황에서 AI가 문제를 해결하기 위한 과정을 안내하는 프롬프트의 예시는 다음과 같습니다.

1) 고객 불만 처리 문제 해결

- 문제 상황: "고객이 제품 품질에 대해 불만을 제기함."
- 프롬프트 예시: "고객 불만 접수 시, 먼저 문제의 정확한 내용을 파악하고, 해결 가능한 옵션을 제시한 후, 고객 만족도를 유지하기 위한 보상 방안을 논의해 주세요."

2) 기술 지원 문제 해결

- 문제 상황: "프린터가 작동하지 않음."
- 프롬프트 예시: "프린터 문제를 해결하기 위해 먼저 전원 상태를 확인하고, 오류 메시지를 분석한 후, 단계별 해결 방법을 제공해 주세요."

3) 재무 상담 문제 해결

- 문제 상황: "개인 재정 계획이 필요함."
- 프롬프트 예시 "사용자의 수입, 지출 및 재무 목표를 수집한 후, 예산 계획 및 저축 전략을 제안해 주세요."

미래를 디자인하는
프로세스 프롬프팅

1. AI와 협력적 문제 해결의 가능성

가. AI 발전이 미치는 영향과 협력적 문제 해결의 중요성

AI의 발전은 경영 환경에 지대한 영향을 미치고 있습니다. 기업은 AI를 활용하여 데이터 분석을 자동화하고, 의사결정의 속도와 정확성을 높이며, 비용을 절감할 수 있습니다[143]. 이러한 기술적 혁신은 기존의 경영 전략을 재정립할 필요성을 제기하며, 단순한 기술 도입을 넘어 AI와 인간이 협력하여 문제를 해결하는 방식으로 나아가야 함을 시사합니다[144].

---

143. Saha, G. C., Menon, R., Paulin, M. S., Yerasuri, S., Saha, H., & Dongol, P. (2023). The impact of artificial intelligence on business strategy and decision-making processes. European Economic Letters (EEL), 13(3), 926-934.

144. Yu, G., Kasumba, R., Ho, C. J., & Yeoh, W. (2024). On the Utility of Accounting for Human Beliefs about AI Behavior in Human-AI Collaboration. arXiv preprint arXiv:2406.06051.

협력적 문제 해결이란 AI와 인간이 각자의 강점을 살려 함께 문제를 해결하는 과정을 의미합니다. AI는 방대한 데이터를 분석하고 규칙성을 찾아내는 데 탁월하지만, 인간은 직관적 판단과 창의적 문제 해결 능력을 보유하고 있습니다[145]. 따라서 AI의 분석 능력을 인간의 의사결정 과정에 결합하는 협력적 문제 해결 방식이 경영 혁신의 핵심 요소로 부각되고 있습니다.

기업은 AI와의 협력을 통해 새로운 가치 창출 기회를 모색하고, 빠르게 변화하는 시장 환경에 적응하기 위해 조직의 구조와 프로세스를 재구성할 필요가 있습니다. 이러한 변화는 기업의 경쟁력을 높이며, 지속 가능한 성장의 기반을 마련하는 데 중요한 역할을 합니다[146].

나. AI와 인간의 공생적 역할

AI와 인간의 협업은 상호 보완적인 관계를 기반으로 합니다. AI는 데이터 분석 및 자동화, 반복 작업 수행에서 높은 효율성을 발휘하며, 인간은 전략적 의사결정과 창의적 해결책 도출에 강점이 있습니다(Wu et al., 2023). 이러한 조합은 기업이 복잡한 문제를 보다 효과적으로 해결할 수 있도록 돕습니다.

AI의 역할은 다음과 같이 정의할 수 있습니다.

---

145. Guo, Z., Wu, Y., Hartline, J., & Hullman, J. (2024). Unexploited Information Value in Human-AI Collaboration. arXiv preprint arXiv:2411.10463.

146. Ali, M. N., & Ali, M. M. (2024). The future of human-AI collaboration in software development. Academic Journal on Innovation, Engineering & Emerging Technology, 1(1), DOI: https://doi.org/10.69593/ajieet.v1i01.151

- **데이터 기반 의사결정 지원:** AI는 빅데이터를 활용하여 시장 동향, 고객 행동 패턴 및 운영 효율성을 분석하여 의사 결정자에게 중요한 인사이트를 제공합니다[147].
- **업무 자동화:** 반복적이고 규칙적인 작업을 자동화함으로써 인간이 더욱 창의적인 업무에 집중할 수 있도록 지원합니다(Guo et al., 2024).
- **실시간 모니터링 및 대응:** AI는 실시간 데이터를 분석하여 신속한 대응을 가능하게 하며, 이를 통해 경영 리스크를 줄일 수 있습니다(Saha et al., 2023).

반면 인간은 다음과 같은 역할을 수행합니다.

- **전략적 사고 및 비즈니스 맥락 파악:** AI가 제시하는 분석 결과를 토대로 적절한 전략을 수립하고 의사결정을 내립니다(Ali & Ali, 2024).
- **윤리적 판단 및 창의적 문제 해결:** AI가 다룰 수 없는 도덕적, 윤리적 요소를 고려하고 창의적인 솔루션을 개발합니다(Wu et al., 2023).
- **고객 경험 및 감성적 요소 통합:** 인간의 직관과 공감 능력은 고객과의 관계 형성 및 브랜드 충성도 제고에 중요한 역할을 합니다(Saha et al., 2023).

AI와 인간의 공생적 역할을 성공적으로 결합하기 위해서는 조직 내 AI 활용 전략을 명확히 정의하고, AI의 한계를 보완할 수 있는 인간의 개입 방식을 정립해야 합니다.

147. Tang, X., Dai, H., Knight, E., Wu, F., Li, Y., Li, T., & Gerstein, M. (2024). A survey of generative AI for de novo drug design: new frontiers in molecule and protein generation. Briefings in Bioinformatics, 25(4), bbae338.

다. 협력적 문제 해결을 통한 경영 혁신 사례

AI와 인간의 협업을 통해 성공적으로 문제를 해결한 기업 사례는 AI의 실질적인 효과를 입증하는 중요한 자료가 됩니다.

• 의료 분야: IBM Watson의 협업 사례

IBM의 Watson AI는 의료진과 협력하여 방대한 의학 논문 및 환자 데이터를 분석함으로써 암 진단의 정확도를 높였습니다. 인간 의사는 AI가 제공하는 데이터를 토대로 최종 결정을 내리며, 이를 통해 오진 가능성을 줄이고 환자 맞춤형 치료 계획을 수립할 수 있었습니다(Wu et al., 2023).

• 제조업: Siemens의 AI 기반 스마트팩토리

Siemens는 AI를 활용한 스마트팩토리 도입을 통해 생산 공정을 자동화하고 품질 관리를 강화했습니다. AI는 실시간으로 생산 데이터를 분석하여 불량률을 줄이고, 공정 최적화를 지원하며, 인간 작업자는 AI의 분석 결과를 바탕으로 지속적인 개선을 주도하고 있습니다(Guo et al., 2024).

• 금융 분야: JP Morgan의 AI 도입 사례

JP Morgan은 AI를 활용하여 시장 데이터를 분석하고 투자 전략을 최적화하는 데 성공했습니다. AI는 트렌드 예측 및 리스크 분석을 담당하며, 금융 전문가들은 이를 활용해 전략적 투자 결정을 내리는 방식으로 운영하고 있습니다(Saha et al., 2023).

이와 같은 사례들은 AI와 인간의 협력이 기업의 혁신을 촉진하고 경영 효율성을 극대화하는 데 중요한 역할을 한다는 점을 보여줍니다.

라. 향후 AI와 협력적 문제 해결의 확산 전망

AI와의 협력적 문제 해결은 앞으로 더욱 다양한 산업으로 퍼질 것으로 예상합니다. AI 기술이 발전함에 따라 기업들은 더욱 정교한 AI 시스템을 도입하고, 이를 통해 의사결정 과정을 혁신할 것입니다(Saha et al., 2023).

- **스마트 서비스의 확산**

AI 기반의 챗봇 및 가상 비서 서비스가 더욱 발전하여 고객 지원과 내부 프로세스 자동화를 더욱 정교하게 수행할 것으로 보입니다(Wu et al., 2023).

- **맞춤형 솔루션 제공**

AI는 고객 데이터를 분석하여 개인화된 제품 및 서비스를 제공하는 데 중요한 역할을 할 것이며, 이를 통해 소비자 경험이 향상될 것입니다(Ali & Ali, 2024).

- **윤리적 AI 도입의 확대**

AI의 신뢰성과 투명성을 강화하기 위한 윤리적 접근이 더욱 강조될 것이며, 인간 중심의 AI 개발 및 활용이 더욱 중요한 이슈로 부각될 것입니다(Guo et al., 2024).

2. 혁신 촉진을 위한 프롬프트 엔지니어링의 역할

프롬프트 엔지니어링은 인공지능(AI)의 활용도를 극대화하기 위한 핵심적인 접근 방식으로, 기업의 경영 혁신을 촉진하는 데 중요한 역할을 하고 있습니다. AI 기술의 발전으로 인해 기업들은 복잡한 문제를 해결하고, 더 나은 의사결정을 내리기 위해 생성형 AI를 활용하고 있습니다. 프롬프트 엔지니어링을 효과적으로 적용함으로써 기업은 더욱 정밀한 데이터를 기반으로 전략을 수립하고, 운영 효율성을 높이며, 고객 경험을 개선할 수 있습니다[148].

프롬프트를 적절히 설계하면, 기존의 데이터 기반 의사결정을 보다 정교하게 수행할 수 있으며, AI의 잠재력을 극대화할 수 있습니다. 특히 전략 기획, 운영 및 품질 관리, 고객 경험 향상 등 다양한 분야에서 AI 프롬프팅을 활용할 수 있으며, 이를 통해 새로운 비즈니스 모델을 도입하거나 조직 전반의 혁신을 촉진할 수 있습니다[149].

본 장에서는 프롬프트 엔지니어링의 정의 및 필요성, 경영 혁신을 위한 적용 방법, 비즈니스 혁신을 위한 구체적인 활용 방안, 그리고 조직 내 프롬프팅 도입 전략에 대해 구체적으로 살펴보겠습니다.

가. 프롬프트 엔지니어링의 정의 및 필요성

프롬프트 엔지니어링이란 AI 모델의 성능을 최적화하고, 원하는 결과를 효과적으로 도출하기 위해 AI에 제공하는 입력(프롬프트)을 설계하고 개선하는 과정입니다. 이를 통해 기업은 더욱 효율적으로 AI를 활용하

---

148. White, J., Fu, Q., Hays, S., Sandborn, M., Olea, C., Gilbert, H., ... & Schmidt, D. C. (2023). A prompt pattern catalog to enhance prompt engineering with chatgpt. arXiv preprint arXiv:2302.11382.

149. Okumus, F. (2003). A framework to implement strategies in organizations. Management decision, 41(9), 871-882.

여 복잡한 문제를 해결할 수 있습니다.

AI 모델은 기본적으로 학습된 데이터에 기반을 두어 응답을 생성하지만, 프롬프팅의 품질에 따라 출력 결과의 품질과 유용성이 크게 달라집니다. 따라서 적절한 프롬프팅 기법을 적용하면 AI의 분석 능력을 극대화하고, 인간의 직관적 사고를 보완하는 도구로 활용할 수 있습니다(White et al., 2023).

특히, 기업 환경에서는 다음과 같은 측면에서 프롬프트 엔지니어링이 필요합니다.

- **효율적인 의사결정 지원:** 경영진이 데이터에 기반을 둔 정확한 결정을 내릴 수 있도록 AI 모델의 출력을 조정합니다.
- **운영 최적화:** 생산 및 서비스 운영 과정에서 AI를 활용해 품질 문제를 사전에 식별하고 대응할 수 있도록 합니다.
- **고객 경험 개선:** 개인화된 서비스 제공을 통해 고객 만족도를 향상하고, 장기적인 고객 충성도를 확보할 수 있습니다(Busch et al., 2023).

나. 경영 혁신을 위한 프롬프팅 적용 방법

1) 전략 기획과 의사결정에서의 활용

프롬프트 엔지니어링은 기업의 전략적 기획 및 의사결정에서 중요한 도구로 사용됩니다. 경영진은 AI가 제공하는 데이터 인사이트를 바탕으로 더 빠르고 정확한 결정을 내릴 수 있습니다.

프롬프팅을 통해 다음과 같은 방법으로 전략 수립을 지원할 수 있습니다.

- 시장 동향 분석을 위한 데이터 수집 및 인사이트 도출
- 시나리오 분석을 통한 최적의 전략 선택
- 경쟁사 분석을 위한 데이터 기반 모델 구축

이러한 접근 방식을 통해 경영진은 더욱 신속하고 정확한 의사결정을 내릴 수 있으며, 경쟁 우위를 확보할 수 있습니다[150].

2) 운영 및 품질 개선을 위한 접근법

AI 프롬프팅은 기업의 운영 및 품질 관리 프로세스를 최적화하는 데 중요한 역할을 합니다. 이를 통해 품질 문제를 조기에 감지하고, 효율적인 대응 전략을 수립할 수 있습니다(Okumus, 2003).

운영 및 품질 개선을 위한 프롬프팅 활용 예시는 다음과 같습니다.

- **생산 공정 최적화:** AI를 통해 불량률을 분석하고, 공정 개선 기회를 식별합니다.
- **서비스 품질 관리:** 고객 피드백 데이터를 분석하여 서비스 향상 방안을 도출합니다.
- **실시간 모니터링:** 운영 지표를 실시간으로 분석하여 즉각적인 문제 해결을 할 수 있습니다.

이러한 접근법은 비용 절감과 운영 효율성 증대에 기여하며, 기업의 경쟁력을 강화하는 데 중요한 요소가 됩니다(Busch et al., 2023).

---

150. Clavié, B., Ciceu, A., Naylor, F., Soulié, G., & Brightwell, T. (2023, June). Large language models in the workplace: A case study on prompt engineering for job type classification. In International Conference on Applications of Natural Language to Information Systems (pp. 3-17). Cham: Springer Nature Switzerland.

3) 고객 경험 향상을 위한 활용 사례

AI 기반 프롬프팅을 통해 기업은 고객 맞춤형 서비스를 제공하고, 고객 만족도를 높일 수 있습니다.

구체적인 활용 사례로는 다음과 같은 것들이 있습니다.

- **개인화된 추천 시스템:** 고객의 과거 구매 데이터를 분석하여 맞춤형 추천을 제공합니다.
- **자동화된 고객 지원:** 챗봇을 활용하여 빠르고 정확한 고객 응대 제공이 가능합니다.
- **소셜 미디어 분석:** 고객의 피드백을 분석하여 브랜드 인식을 개선합니다.

이러한 사례는 고객 중심의 비즈니스 전략을 수립하는 데 중요한 도구로 활용될 수 있습니다(White et al., 2023).

다. 프롬프팅을 활용한 비즈니스 모델과 프로세스 혁신 방안

프롬프트 엔지니어링은 단순한 운영 개선을 넘어, 새로운 비즈니스 모델을 도입하고 혁신적인 프로세스를 창출하는 데 핵심적인 역할을 합니다.

기업은 프롬프팅을 통해 다음과 같은 혁신을 추진할 수 있습니다.

- **신규 시장 개척:** AI를 활용한 데이터 분석을 통해 새로운 고객층을 발굴할 수 있습니다.
- **디지털 전환 가속화:** 프롬프팅을 활용한 자동화 프로세스를 도입하여 비용 절감이 가능합니다.
- **서비스 혁신:** 고객 니즈 분석을 기반으로 혁신적인 서비스 모델 개발

이 가능합니다.

이러한 접근법은 기업의 장기적인 성장을 지원하는 데 중요한 역할을 합니다(Busch et al., 2023).

라. 조직 내 프롬프팅 활용을 확산시키기 위한 단계적 접근법

프롬프팅 도입을 성공적으로 추진하기 위해서는 체계적인 접근법이 필요합니다. 다음과 같은 단계적 접근법을 통해 프롬프팅의 효과를 극대화할 수 있습니다.

- **파일럿 프로젝트 실행**: 소규모 프로젝트를 통해 초기 효과 검증을 할 수 있습니다.
- **조직 차원의 역량 개발**: 직원 교육 및 프롬프팅 활용 가이드 제공이 가능합니다.
- **성과 분석 및 최적화**: 프롬프팅 적용 후, 성과를 측정하고 지속적인 개선을 할 수 있습니다.

이러한 전략적 접근은 프롬프팅이 조직 내에 성공적으로 정착할 수 있도록 지원합니다(Okumus, 2003).

3. "프롬프트 엔지니어"라는 새로운 직업의 가능성

AI 기술이 급속히 발전함에 따라 프롬프트 엔지니어라는 새로운 직업이 등장하고 있습니다. 프롬프트 엔지니어는 AI의 성능을 극대화하기 위해 효과적인 입력을 설계하고 최적화하는 전문가로, 기업의 AI 도입 및 활용에 중요한 임무를 수행합니다[151]. AI 모델의 품질과 성능은 제공되는 프롬프트의 적절성에 크게 영향을 받으며, 이러한 필요성은 기업들이 더욱 정교한 프롬프팅 기술을 요구하도록 만들고 있습니다[152].

프롬프트 엔지니어는 다양한 산업에서 AI 시스템이 더욱 정확하고 유용한 결과를 도출할 수 있도록 도와주는 중요한 인력을 의미합니다. 특히, 자연어 처리(NLP) 기반의 대규모 언어 모델이 점점 더 많은 비즈니스 프로세스에 적용됨에 따라, 이들 전문가의 필요성은 더욱 커지고 있습니다[153].

본 장에서는 프롬프트 엔지니어의 정의 및 역할, 필수 역량, 적용 분야, 직업 전망, 그리고 프롬프팅을 통한 미래 경영 혁신에 대해 다룹니다.

가. 프롬프트 엔지니어의 정의 및 역할

프롬프트 엔지니어란 AI 모델과의 상호작용을 최적화하여 조직이 원하는 결과를 효과적으로 도출할 수 있도록 하는 전문가를 의미합니다 (Zhou et al., 2023). AI 모델은 학습된 데이터를 기반으로 작동하지만, 적절한 프롬프트 없이는 원하는 결과를 제공하지 못할 수 있습니다. 따라

151. Strobelt, H., Webson, A., Sanh, V., Hoover, B., Beyer, J., Pfister, H., & Rush, A. M. (2022). Interactive and visual prompt engineering for ad-hoc task adaptation with large language models. IEEE transactions on visualization and computer graphics, 29(1), 1146-1156.

152. Zhou, Y., Muresanu, A. I., Han, Z., Paster, K., Pitis, S., Chan, H., & Ba, J. (2022). Large language models are human-level prompt engineers. arXiv preprint arXiv:2211.01910.

153. Wang, J., Shi, E., Yu, S., Wu, Z., Ma, C., Dai, H., ... & Zhang, S. (2023). Prompt engineering for healthcare: Methodologies and applications. arXiv preprint arXiv:2304.14670.

서 프롬프팅 엔지니어는 모델의 성능을 극대화하기 위해 다음과 같은 핵심 임무를 수행합니다.

- **AI 모델 성능 최적화:** 주어진 목표에 따라 AI가 정확하고 일관된 출력을 생성할 수 있도록 프롬프트를 설계합니다.
- **프롬프트 실험 및 최적화:** 다양한 프롬프트 구조와 문구를 실험하여 가장 효과적인 접근 방식을 도출합니다.
- **도메인별 프롬프트 커스터마이징:** 특정 산업 및 업무 요구에 맞춘 프롬프트를 적용합니다.
- **AI 윤리 및 투명성 확보:** AI의 신뢰성과 공정성을 유지하기 위한 가이드라인을 제공합니다[154].

이러한 임무를 수행하기 위해 프롬프트 엔지니어는 AI의 기본 원리를 이해하고, 비즈니스 목표에 맞춘 전략적 사고를 할 수 있어야 합니다.

나. 필수 역량 및 요구 기술

프롬프트 엔지니어가 성공적으로 업무를 수행하기 위해서는 다음과 같은 역량이 요구됩니다(Wang et al., 2023).

1) 자연어 처리 및 AI 이해
- AI 모델의 작동 원리와 자연어 처리 기술에 대한 이해가 필요합니다.
- GPT 및 유사한 대규모 언어 모델의 동작 방식을 숙지해야 합니다.

---

154. Oppenlaender, J., Linder, R., & Silvennoinen, J. (2023). Prompting AI Art: An Investigation into the Creative Skill of Prompt Engineering. University of Jyväskylä, University of Tennessee.

2) 도메인 지식과 문제 해결 능력

산업별 요구사항에 대한 깊은 이해와 분석 능력이 필요합니다.

- 다양한 비즈니스 과제를 해결하기 위한 논리적 접근을 할 수 있어야 합니다.

3) 창의적인 사고와 논리적 접근

최적의 프롬프팅 전략을 개발하기 위한 창의적 사고력이 필요합니다.
AI 모델의 한계를 인식하고 대안을 마련하는 문제 해결 역량이 필요합니다.

이러한 역량은 조직의 AI 활용 성숙도를 높이고, 경쟁력을 확보하는데 중요한 역할을 합니다(Oppenlaender et al., 2023).

다. 다양한 산업에서 프롬프트 엔지니어의 역할 예시

프롬프트 엔지니어는 다양한 산업에서 AI의 성능을 향상시키는 데 이바지하고 있습니다. 주요 적용 분야는 다음과 같습니다.

1) 의료 산업

- AI 기반 진단 보조 시스템의 정확도 향상을 위한 프롬프트를 설계합니다.
- 의료 기록 분석 및 요약 자동화를 통한 의사결정을 지원합니다(Wang et al., 2023).

2) 금융 산업

- 고객 맞춤형 금융 상품 추천 및 리스크 분석을 통해 최적화합니다.
- 사기 탐지를 위한 프롬프팅 전략을 개발합니다(Zhou et al., 2023).

3) 마케팅 및 고객 서비스

- AI 챗봇을 활용한 고객 문의 대응을 향상시킵니다.
- 개인화된 광고 콘텐츠 생성 및 추천 시스템을 개발합니다.

이와 같은 적용 사례는 AI가 기업의 핵심 프로세스를 지원하는 방식에 변화를 주고 있습니다.

라. 프롬프트 엔지니어의 성장 가능성과 경력 개발 로드맵

프롬프트 엔지니어의 직업 전망은 매우 밝으며, AI 도입이 증가함에 따라 프롬프트 최적화를 위한 전문성이 더욱 요구될 것입니다 (Oppenlaender et al., 2023).

향후 5년 동안 프롬프트 엔지니어의 수요는 다음과 같은 이유로 증가할 것으로 예상합니다.

- AI 기반 비즈니스 솔루션 도입 확대
- AI의 성능 및 정확도를 보장하기 위한 프롬프팅 기술 필요성 증가
- 프롬프팅을 위한 표준화된 교육 및 자격증 프로그램 개발

경력 개발 로드맵은 다음과 같습니다.

- **기본 기술 습득:** AI 및 자연어 처리 모델의 이해가 필요합니다.
- **프롬프팅 실무 경험:** 다양한 산업에서의 프롬프트 설계 경험을 축적합니다.
- **전문성 심화:** 특정 도메인에 특화된 프롬프팅 기법을 연구하고 적용하며 전문성을 강화시킵니다.

프롬프트 엔지니어는 향후 AI 전문가와 협력하여 보다 정교한 AI 활용 전략을 수립할 수 있을 것입니다(Wang et al., 2023).

마. 프롬프팅을 통한 미래 경영 혁신

프롬프트 엔지니어는 조직의 디지털 혁신을 주도하는 핵심 역할을 수행합니다.

- **핵심 요약:** 프롬프팅은 AI의 잠재력을 극대화하며, 이를 통해 경영 혁신의 기반을 마련할 수 있습니다.
- **독자 행동 유도:** 독자는 프롬프팅 학습을 통해 AI와의 협업 방식을 개선할 수 있습니다.
- **미래 비전 제시:** AI와 프롬프팅의 발전은 경영 프로세스를 혁신하고, 조직의 성장을 가속할 것입니다(Zhou et al., 2023).

우리는 살아가면서 끊임없이 선택과 도전을 맞이합니다. '어떻게 더 나은 결과를 도출할 수 있을까?', '문제를 해결하는 최적의 방법은 무엇일까?'라는 질문은 삶의 방향을 설정하는 중요한 출발점이 됩니다. 나의 삶 역시 이러한 질문을 중심으로 성장해 왔으며, 학문과 실무를 오가며 새로운 해답을 찾아가는 과정이었습니다. 생산직 직공에서 시작해 보험 회사와 안경업계에서의 다양한 경험과 학문적 연구를 결합하여 기업과 사회에 긍정적인 영향을 미치는 것은 나의 핵심 가치였으며, 이러한 경험들이 이 책을 집필하는 원동력이 되었습니다.

올바른 질문이 더 나은 미래를 만든다

모든 변화는 올바른 질문에서 시작됩니다. 질문을 통해 우리는 문제의 본질을 이해하고, 해결 방안을 모색하며, 혁신의 기회를 발견하게 됩니다. AI 시대에서 더욱 중요한 것은 '어떻게 AI를 활용하여 우리의 삶을 개선할 수 있을까?'라는 본질적인 질문을 던지는 것입니다. 우리는 정보의 홍수 속에서 표면적인 답변에 만족하기보다는, 심층적인 질문을 통해 더 나은 미래를 설계해야 합니다.

AI는 단순한 자동화 도구를 넘어 우리에게 새로운 관점을 제시하고 사고의 틀을 확장하도록 돕습니다. 올바른 질문을 던지면 AI는 방대한 데이터를 기반으로 인사이트를 제공하며, 이를 통해 우리는 보다 효율적이고 창의적인 문제 해결을 실현할 수 있습니다. 조직의 전략 수립에서부터 개인의 성장 계획에 이르기까지, 질문을 중심으로 하는 사고방식은 더 나은 미래로 나아가는 강력한 도구가 될 것입니다.

프로세스 프롬프팅을 통한 성장의 여정

프로세스 프롬프팅은 AI와 협력하여 문제를 해결하고 새로운 가치를 창출할 수 있도록 돕는 강력한 방법론입니다. 프로세스 프롬프팅을 통해 우리는 스스로 질문을 정교하게 만들고, AI의 힘을 활용하여 더 나은 답을 찾아가는 여정을 경험할 수 있습니다. 이는 단순한 기술적 도구를 넘어, 사고의 방식 자체를 변화시키는 과정입니다.

누구나 프로세스 프롬프팅을 통해 전문가로 성장할 수 있습니다. 중요한 것은 AI의 출력을 맹목적으로 따르는 것이 아니라, 자신의 전문성을 바탕으로 AI의 역량을 최적화하는 것입니다. 지속적인 학습과 실험을 통해 프롬프팅 기술을 익힌다면, 보다 정확한 의사결정을 내릴 수 있으며, 기업의 성과 향상과 개인의 성장 모두를 달성할 수 있습니다.

이 책이 제공하는 다양한 프로세스 프롬프팅 전략을 활용한다면, 독자들은 현실의 문제를 보다 체계적으로 분석하고 효과적으로 해결할 수 있을 것입니다. 다양한 경영기법과 사례를 바탕으로 실전에서 AI를 활용하는 방식을 이해하고 적용함으로써, AI와 함께 성장하는 즐거움을 느낄 수 있을 것입니다.

마무리하며

이제 AI는 우리 삶의 일부이며, 올바른 질문과 적절한 프롬프팅을 통해 우리는 AI와 협력하여 더 나은 미래를 만들어갈 수 있습니다. AI의 발전 속도는 더욱 빨라지고 있으며, 이러한 변화의 흐름 속에서 주도적인 자세를 갖추는 것이 중요합니다. 독자 여러분이 AI를 단순한 도구로 여기지 않고, 자신의 전문성을 기반으로 창의적으로 활용할 수 있도록 이 책이 안내자가 되기를 바랍니다.

스스로 질문을 던지고, AI를 통해 그 해답을 탐색하며, 자신의 성장 가능성을 확장해 보세요. 도전하는 과정에서 새로운 기회를 발견하고, AI와의 협력을 통해 더욱 의미 있는 성과를 끌어낼 수 있을 것입니다. 이제는 AI와 함께 변화의 주체가 되어, 자신감을 가지고 새로운 가능성에 도전할 때입니다.

감사의 글

이 책을 마무리하며, 함께해 준 많은 분께 깊은 감사를 전합니다.

먼저, 언제나 묵묵히 곁에서 응원해 준 사랑하는 아내 수연과 딸 우령에게 감사의 마음을 전합니다. 당신들의 따뜻한 격려와 인내가 없었다면 이 책을 완성하는 과정이 지금보다 훨씬 험난했을 것입니다. 그리고 내 삶의 큰 기둥이 되어준 수암가족들에게도 고마움을 전합니다. 늘 나의 도전을 지켜봐 주고, 때로는 따끔한 조언을, 때로는 따뜻한 위로를 건네주신 덕분에 한 걸음씩 나아갈 수 있었습니다.

이 책을 집필하는 동안, 수많은 영감을 주신 분들이 있었습니다. "이게 되네? 챗GPT 미친 활용법" 시리즈를 집필한 오힘찬 님, 그리고 다양한 AI 관련 도서로 지식의 폭을 넓힐 수 있도록 도와주신 민진홍·정수필 님, 김진중 님, 서휘승 님 등 여러 저자님께 깊이 감사드립니다. 앞선 여러분의 발자국과 통찰이 없었다면 이 책의 방향을 잡는 데 어려움이 컸을 것입니다. 또한, 새로운 관점을 제시하고 배울 기회를 제공해 주신 커리어해커 알렉스 님, 오은환 님, 김연지 님, 허민석 님, 오빠두엑셀 님을 비롯한 여러 유튜버 분들께도 감사드립니다. 다양한 시각과 실전 경험을 공유해 주신 덕분에 더 나은 접근 방식을 고민할 수 있었습니다. 유데미 강좌를 통해 만나게 된 Julian Melanson과 Benza Maman 역시 빼놓을 수 없습니다. 온라인이라는 공간 속에서도 깊이 있는 가르침을 주셨고, 이론을 통해 실제로 구현하는 방법을 배우는 데 큰 도움이 되었습니다.

무엇보다도, 이 책을 쓰는 용기를 갖게 해 준 겨울특강 수강생 여러분께 진심 어린 감사를 드립니다. 여러분과 함께 고민하고 토론했던 순간들이, 결국 이 책을 통해 더 많은 사람에게 도움을 줄 수 있도록 만드는 원동력이 되었습니다.

이 책을 집필하는 과정에서 AI와 데이터 기반 도구들의 힘을 적극 활용하였습니다. ChatGPT, Claude, Perplexity를 통해 다양한 분석과 프롬프트 실험을 진행하며, 최신 트렌드와 실무 적용 사례를 연구했습니다. 또한, Canva를 활용하여 시각 자료를 제작하고, SCISPACE, Google Scholar 등을 통해 논문과 연구 자료를 조사하며 신뢰할 수 있는 정보에 기반을 둔 내용을 구성했습니다. 기술이 발전하면서, AI는 단순한 도구가 아니라 지식 탐구와 문제 해결의 강력한 파트너가 되고 있습니다. 이 책 역시 그러한 협업의 결과물이며, 독자 여러분이 AI를 활용한 새로운 방식의 사고와 접근법을 경험하는 계기가 되길 바랍니다.

저는 누군가 자신이 가진 지식을 나누려 노력할 때, 이 세상에 선한 영향력을 끼칠 수 있다고 믿어왔습니다. 한 사람의 작은 불씨가 모여 커다란 빛을 밝힐 수 있듯, 우리 각자가 가진 작은 지혜의 조각들이 모일 때 세상은 더 밝고 따뜻해질 수 있습니다.

이 책은 그런 마음을 담아 세상에 내어놓은 저의 작은 시도입니다. 어려운 시기를 헤쳐나가는 중소상인과 중소기업 CEO분들, 경영 전략·기획 담당자, 컨설턴트, 교육자, 예비 창업자뿐 아니라 변하는 세상에 당황해하는 중간관리자, 그리고 인생의 전환점에서 고민하는 모든 분에게 이 책이 작은 등불이 되어주기를 소망합니다. 여러분의 마음 한구석을 환히 비추고, 앞으로 나아갈 힘과 용기를 북돋아 주는 존재가 되었으면 합니다.

저 혼자만의 힘으로는 결코 이루지 못했을 이 책은, 수많은 분의 격려와 도움이 있었기에 빛을 볼 수 있었습니다. 언제나 제 곁을 지켜주신 소중한 가족들, 귀한 가르침으로 앞길을 밝혀주신 선생님들, 흔쾌히 지식을 공유해 주신 동료 작가분들과 크리에이터분들까지. 이 책의 페이지마다 여러분의 손길과 마음이 스며있습니다.

우리가 서로 마음을 나누고 지혜를 더할 때, 분명 따뜻하고 빛나는 내일을 만들어갈 수 있을 것입니다. 그 희망찬 미래를 향해 함께 걸어가겠습니다. 여러분 모두의 앞날에 행복과 축복이 가득하시길 기원합니다.

진심으로 감사합니다.
안산에서 저자 드림